教育部人文社会科学重点研究基地四川大学南亚研究所

尼泊尔特莱地区治理研究

高 亮 ● 著

国际文化出版公司

·北京·

图书在版编目（CIP）数据

尼泊尔特莱地区治理研究 / 高亮著． -- 北京：国际文化出版公司，2023.1
 ISBN 978-7-5125-1476-8

Ⅰ．①尼⋯ Ⅱ．①高⋯ Ⅲ．①社会管理-研究-尼泊尔 Ⅳ．① D735.53

中国版本图书馆 CIP 数据核字（2022）第 223390 号

尼泊尔特莱地区治理研究

作　　者	高　亮
统筹监制	吴昌荣
责任编辑	马燕冰
品质总监	张震宇
出版发行	国际文化出版公司
经　　销	全国新华书店
印　　刷	北京虎彩文化传播有限公司
开　　本	710 毫米 ×1000 毫米　　16 开 20 印张　　　　　　　　340 千字
版　　次	2023 年 1 月第 1 版 2023 年 1 月第 1 次印刷
书　　号	ISBN 978-7-5125-1476-8
定　　价	88.00 元

国际文化出版公司
北京朝阳区东土城路乙 9 号　　邮编：100013
总编室：（010）64270995　　传真：（010）64270995
销售热线：（010）64271187
传真：（010）64271187-800
E-mail：icpc@95777.sina.net

目 录

引言		1
绪论		5
第一章	核心概念界定与理论概述	45
第二章	特莱地区的边疆特征	63
第三章	政治治理模式：由独裁专制到民主法治	97
第四章	经济治理模式：由殖民掠夺到开放合作	133
第五章	社会治理模式：由全面歧视到多元共存	179
第六章	对特莱地区治理的评价与反思	219
结语		249
参考文献		255
附录1	《苏高利条约》	275
附录2	尼共（毛主义）40点诉求	279
附录3	精英人物访谈提纲	287
附录4	精英人物访谈实施情况	291
附录5	访谈记录选摘	295
附录6	尼泊尔大事年表	307
致谢		313

引言

"治国必先治边"，不断推进边疆治理体系和边疆治理能力的现代化是实现国家治理体系和治理能力现代化的重要组成部分。边疆治理历来是中国治国理政的核心内容之一，边疆治理的成败关乎中国特色社会主义建设的成败和中华民族的伟大复兴。完善边疆治理体系、提升边疆治理能力是当前边疆治理的关键，需要在边疆治理理论和实践层面的创新，构建符合中国边疆地区实际的治理模式，这一过程需要批判和吸收中国历朝历代边疆治理实践的经验和教训，也应当借鉴其他国家在治理其边疆问题上的得失。

尼泊尔作为"一带一路"倡议的参与国和我国西部的邻国，对我国西部边疆地区的安全、稳定和发展具有重要影响。其南部的特莱地区是一片位于喜马拉雅山脉南麓、印度次大陆北部的狭长平原地带，在18世纪末被廓尔喀王国统一前，该地区在政治上始终处于较为原始的部落自治形态，且部落的影响范围极为有限，受极端自然环境的影响，其绝大部分土地上仍是尚待开发的自然状态。特莱地区特殊的自然和人文条件对尼泊尔国家统一、经济建设、社会变迁和政治变革的过程产生了重要影响，促进了统一的尼泊尔王国的诞生，在此后的经济开发、人口迁移、文化特征、族群关系、政治秩序、外来干涉等多种因素的作用下，特莱地区的治理也在各个时期呈现出不同的问题，治理者在不同的治理理念指导下又在各个领域采取了不同的治理措施，塑造了特莱地区今天的政治、经济和社会面貌，形成了一套独特的治理模式，这一过程呈现出"小国家、大边疆"的特征。

本研究首先从理论发展和现实需求出发，一方面是在既有的地理边疆观、文化边疆观和政治边疆观的基础之上，进一步论证了国家领土和人口规模大小与边疆问题是否突出并无绝对关联，且其边疆问题在特定环境下更为突出、对其国家治理的影响更为深远，以边疆治理的视角来研究特莱地区治理过程及其模式具有合理性。另一方面，结合尼泊尔在中国西部边疆安全和"一带一路"建设中的重要地位，特别是考虑到印度不断加大对特莱地区渗透的现实背景，论述了选取特莱地区治理模式为研究对象的必要性。

在梳理国内外前辈学人关于边疆治理和特莱地区治理研究成果的基础上，本研究构建了自身的理论分析框架，遵循问题导向的原则，将研究的重

尼泊尔特莱地区治理研究

点放在特莱地区政治、经济和社会领域治理模式及其演变上，分别探寻其演变的动力、采取的具体治理举措和相应治理模式的形成，并结合实地调研和对当地精英人物的访谈，对特莱地区的治理活动进行客观的评价，归纳其经验、教训。

本研究的内容整体上分为三个板块，第一个板块是绪论和理论探讨，交代了研究的缘起和意义，对国内外相关文献进行了述评，阐述了研究采用的方法和分析框架、研究内容，以及研究的难点和创新之处。从治理理论到边疆治理理论、从边疆到小国的边疆进行了逻辑演绎，构建起本研究的理论基础，并对研究涉及的核心概念"边疆""边疆问题""治理理念""治理模式"进行了界定和辨析。

第二个板块包括第二、三、四、五章，是本研究的主体，首先分析了特莱地区治理在政治、经济和社会领域面临的问题，着重展现相关问题的流变性特征。其次是对以上三个领域治理问题的展开，分别分析了具有深远影响的治理举措和相应治理模式形成及其演变的动力，包括特莱地区政治治理模式从独裁专制到有限民主模式、再演变为民主法治模式的过程。其经济治理模式从殖民掠夺模式到单向依附模式，最终过渡到开放合作模式的过程；其社会治理模式从全面歧视模式到强制融合模式，到形成多元共存模式的过程。厘清了这些问题治理的脉络和进展，从而准确、全面地呈现特莱地区治理模式形成和演变的过程。

第三个板块包括第六章和结语两个部分，是本研究的总结和提炼部分。从国家核心利益至上的学术立场出发，结合本人 3 次对尼泊尔特别是特莱地区的实地调研和对尼泊尔各界数十人次的访谈，对特莱地区治理的效果和影响进行了评价，认为其最重要的成就在于成功维护和巩固了国家统一，实现了对特莱地区的经济开发，加强了特莱地区与尼泊尔其他地区的联系，使尼泊尔作为统一的多民族国家的基础得以巩固。但在政治秩序、族群关系、联邦与地方关系、应对印度等国施加的外部影响等方面仍然存在诸多问题，民主联邦的政治制度还不健全，特莱平原与山区的关系对立，特莱地区印度裔移民群体与尼泊尔山区移民群体之间的关系严重对立，特莱地区印度裔移民群体的国家认同也存在错位现象，还出现了联邦政府与特莱地区地方政府相互博弈的局面，经济高度依赖印度，以及由此衍生的特莱地区乃至尼泊尔国家层面受印度政治干涉的问题短时间内难以得到解决。

绪论

一、问题的提出

2013年，党的十八届三中全会正式提出："全面深化改革的总目标是完善和发展中国特色社会主义制度，推进国家治理体系和治理能力现代化。"[①]其中，国家治理体系由国家的制度体系构成，包括经济、政治、文化、社会、生态文明和党的建设等各领域体制机制、法律法规安排，治理能力则是运用国家制度管理社会各方面事务的能力，包括改革发展稳定、内政外交国防、治党治国治军等各个方面。边疆治理是国家治理的重要组成部分，在国家治理体系和治理能力现代化进程中占据突出地位。2015年，习近平总书记在中央第六次西藏工作座谈会上提出了"治国必先治边"的重大论断，党的十九大报告明确提出："加快边疆发展，确保边疆巩固、边境安全。"[②]党的十九届四中全会决议中进一步提出："加强边疆治理，推进兴边富民"[③]，将边疆治理提升到国家战略的高度，构建现代化的边疆治理体系和推动边疆治理能力现代化成为新时代边疆治理的根本目标。

边疆地区是国家领土的边缘性部分，是国家治理能力的薄弱环节，既是各类资源蕴藏丰富、发展潜力巨大的国家经济增长空间，又是各类矛盾交织、治理难度较高的国家发展短板，边疆治理的成败关系到中华民族伟大复兴的实现。历史一再证明，边疆地区的长治久安是国家强盛的保障，国家的衰亡往往是由边疆地区动乱开始的，因此，边疆地区的安全、稳定和繁荣是边疆治理的根本目标。要实现边疆地区的长治久安，需要在党的领导下发挥中央

[①] 习近平：《切实把思想统一到党的十八届三中全会精神上来》，《求是》，2014年第1期。

[②] 习近平：《决胜全面建成小康社会，夺取新时代中国特色社会主义伟大胜利——在中国共产党第十九次全国代表大会上的报告》，http://www.xinhuanet.com/2017-10/27/c_1121867529.htm。

[③] 新华社：《中共中央关于坚持和完善中国特色社会主义制度 推进国家治理体系和治理能力现代化若干重大问题的决定》，http://www.gov.cn/zhengce/2019-11/05/content_5449023.htm。

尼泊尔特莱地区治理研究

政府的主导作用,理顺边疆的政治、经济、文化和社会发展的关系,化解边疆地区和社会中的种种矛盾,使其在健康的环境中运行。

有利的外部环境对于边疆治理也是极为重要的,边疆地区既受到国内因素的制约,也因其地理特殊性而暴露在外部环境影响之下,邻国治理的成败和对外政策的调整都会超越边界线的限制,而对中国的边疆治理产生影响。同样的,中国边疆地区的良好治理也将对周边地区带去积极影响,带动整个区域的治理改善。同时,其他国家,尤其是周边国家对本国边疆地区、边境地区的治理模式、经验也值得中国借鉴,避免陷入与其类似的错误,也有助于中国理解其相关政策的逻辑、预判其政策走向,从而趋利避害。

由此,本研究以尼泊尔特莱地区的治理为研究对象、以边疆地区的治理为视角,主要是基于以下几点考虑:

第一,尼泊尔对中国西部边疆治理具有重要的战略意义。

首先,尼泊尔对于中国西部边疆地区的国防安全意义重大。尼泊尔的地缘战略位置极为重要,其处在中印两个崛起中的大国之间,与两个邻国都保持着较好的双边关系,在中印边界问题短时间内无法彻底解决且不时发生摩擦、对峙事件的背景下,尼泊尔成为中印两国重要的战略缓冲地带,尼泊尔在中印之间保持中立、实现自我发展和繁荣符合中国的利益,有利于中国西部边疆地区国防安全的巩固。

其次,尼泊尔对于中国边疆地区对外开放意义重大。中尼两国边界线长达1400余公里,与中国西藏自治区接壤,尼泊尔自古以来就是西藏对外联系的桥梁,在中国大力推进西部边疆地区对外开放、推动"一带一路"建设的背景下,尼泊尔可以扮演中国自西部连接南亚地区的桥梁角色,通过跨喜马拉雅立体互联互通网络建设,成为西北部"中巴经济走廊"和西南部"孟中印缅经济走廊"之外的另一个重要对外开放通道。

再次,尼泊尔对于中国西部边疆地区的反分裂斗争意义重大。习近平总书记2013年就提出,"治国必治边、治边先稳藏"[1],尼泊尔是除印度之外的境外流亡藏人第二大聚居地,特莱地区的开放边界也是中国境内不法人员外逃的主要通道,境外"藏独"分子对境内实施渗透和破坏的也往往以尼

---

[1] 人民网:《习近平谈"治边稳藏":六大方略解决西藏发展问题》,http://cpc.people.com.cn/xuexi/n/2015/0906/c385474-27547908.html。

泊尔为基地和跳板，尼泊尔对于边界和其境内藏人的有效管控，对于西藏的稳定具有直接影响。

最后，尼泊尔是美国对华围堵战略的一环。美国自20世纪50年代以来就将尼泊尔作为其对华战略的重要工具，先后在此扶植"藏独"武装叛乱势力、支持"藏独"组织等，唐纳德·特朗普就任美国总统后又通过"印太战略"拉拢尼泊尔遏制中国，加强对尼泊尔的援助，以"千年挑战集团"（MCC）援建项目在特莱地区推动基础设施建设，以民生等项目加快对特莱地区的宗教和文化渗透，并逐步向尼泊尔北部、抵近中国西藏的区域渗透，以人道主义救援项目为名义加强军事合作，其目标直接指向中国。

第二，特莱地区治理是尼泊尔国家治理的核心问题。

从历史的角度来看，尼泊尔对特莱地区的治理过程是一个权威从初步建立到不断加强、再到逐步消解的过程。尼泊尔一直到18世纪中期完成统一后才将特莱地区首次纳入版图，优越的自然条件和至关重要的地理位置使该地区成为尼泊尔维护国家统一、主权独立的关键，王室和取代王室进行统治的拉纳家族都将特莱地区作为维持其统治的战略屏障和物质保障，对该地区采取了特殊的治理政策，造成了当地族群关系、经济体系和社会结构的特殊状态，这些问题在20世纪90年代逐渐爆发，改变了整个国家的政治走向。

从现实的角度来看，对特莱地区的治理又面临着如何建立新的权威的问题，尼泊尔在经历了20世纪90年代初的民主运动、持续10年的内战后又进行了近10年的制宪进程，特莱地区一直是这些政治变革运动的主要议题，争取区域和族群权利平等的呼声使当政者不得不做出回应，其结果就是实行联邦制度。在新的制度框架下，特莱地区争取更大自主权力和联邦政府避免让渡权力的博弈将在未来很长时间内延续，在历史上就一直存在的外部势力对特莱地区治理的干涉行为也将继续存在，且有进一步加深的风险。由此，对内处理好联邦与特莱地区，以及特莱地区与国内其他地区的关系，对外协调与其他国家的关系、化解其插手特莱地区事务、分裂尼泊尔的风险就成为尼泊尔国家治理中的焦点。

第三，特莱地区本身及其治理的过程具有典型的边疆特征。

从自然地理的角度来看，特莱地区是位于尼泊尔版图南部、与印度接壤的一条狭长地带，地形地貌、气候、环境等一系列自然条件与该国北部地区

尼泊尔特莱地区治理研究

差异巨大，在历史上交通不便、通信落后等因素的限制下，与国家其他部分的联系极为有限，对国家的主体部分而言，特莱地区历来是难以统御的边远之地。

从人文特征的角度来看，早期的特莱地区是一片尚未开发的处女地，邻近地区人口的迁入和增殖使该地区形成了迥异于尼泊尔主体民族的马德西人族群，其语言、习俗和对国家的认同等文化特征也更接近邻国印度，并成为印度的文化附庸，对本国而言，特莱地区是文化上的化外之地。

从治理过程的角度来看，自特莱地区被纳入尼泊尔的版图，历代的王朝和政府都根据所处时代的治理需要对该地区采取了特殊的治理策略，在政治、经济和社会领域形成了一整套有别于其他地区的治理模式，维护了国家的统一和独立，并努力促进国家的政治整合和民族融合，具有十分典型的边疆治理特征。

第四，国内学界对特莱地区治理的研究有待加强。

尼泊尔国内、印度和西方学术界对于特莱地区的研究起步较早、研究深入、涉及学科多样、研究成果丰富，大量的西方非政府组织在特莱地区开展活动，对当地情况的掌握十分全面。美国和印度的政府机构自20世纪50年代就开始在特莱地区进行开发援助活动，对当地有着非常强的影响力，尤其是印度与尼泊尔之间边界开放，印度公民可自由出入特莱地区，在当地从事商业等各类活动，特莱地区的居民在文化上与印度联系紧密，且存在传统的通婚关系，因此，印度在特莱地区既有特殊的利益诉求，也拥有巨大的影响力。中国对尼泊尔的研究主要集中在四大方向：一是对尼泊尔历史、宗教和社会文化方面的研究，尤其是佛教传播、尼泊尔种姓制度、民族关系等的研究；二是对中尼双边关系的研究，包括两国政治关系、地区地缘政治等内容；三是对中尼经贸关系的研究，包括贸易、投资、旅游合作等；四是自然类、环境类研究，集中在高原地区、环喜马拉雅区域的环境保护、气候变化应对等。但是，中国学界对于特莱地区的历史和现实问题研究较少，尤其是对于该地区治理的历史脉络和最新进展没有进行深入而系统的研究。

综上所述，本研究选取尼泊尔特莱地区的治理这一动态过程为研究对象，以边疆治理的特殊视角来审视尼泊尔的治理者在各个历史时期所开展的治理活动，探究其所面临的治理问题、采取的治理政策，以及由此形成的治理模式及其演变，结合对尼泊尔国内具有代表性的政治和文化精英人物的访谈，形成对尼泊尔特莱地区治理的评价与反思，以期对我国的边疆治理活动有所启示。

二、研究的意义

由于国内学界对特莱地区的研究尚不够丰富，更没有通过边疆视角对其进行研究的先例，本研究以此为研究对象，具有一定的理论和现实意义。

（一）理论意义

一是进一步拓展边疆概念的内涵。传统的地理边疆观、文化边疆观和经济边疆观都将"异质性"作为边疆是否存在、边疆概念能否成功构建的重要前提条件，进而默认了国家领土面积和人口规模的大小决定了主体与边缘之间异质性是否存在，从而断定小国不存在边疆，这种观点认为异质性与国家规模大小是绝对的正相关关系，忽略了小国也可能因地理、历史、文化等复杂原因形成主体部分与边缘部分的巨大异质性。由政治学的边疆观来看，国家治理能力的边缘和薄弱部分也成其为边疆，尼泊尔特莱地区本身及其治理的过程在地理、历史、文化、政治、族群等各个视角下都具备了典型的边疆特征，对这一问题的研究可以进一步拓展对边疆概念内涵的认识。

二是进一步论证边疆的流变性特征。边疆并不是一经形成或构建就一成不变的，其形成和构建的过程与国家所处的地缘战略环境、国内和国际权力结构，甚至自然因素密切相关，因此边疆自身的范围、边疆问题的特征和存在与否、边疆治理方略等也都随着前述条件的改变而改变。本研究从历史的角度将尼泊尔特莱地区治理问题产生、演变过程分为四个不同时期，并从其国内政治发展、国际政治环境等角度分别论述该问题作为边疆问题在不同时期的性质和特点，检视其在这一过程中采取的政治治理、经济治理和社会文化治理政策，从中发现其发展的规律性。

三是进一步探索边疆治理理论。现有的边疆治理研究对象主要集中在中国和美国、俄罗斯、印度等国土面积巨大国家的边疆，而对于国力弱、国家规模较小国家的治理则罕有从边疆治理的角度进行研究的，本研究利用边疆治理的视角和分析方法对尼泊尔特莱地区的治理历史进行回顾，探索小国家在治理异质性区域方面的经验和教训，一方面，力图拓展边疆治理研究的对象范围，使其不再局限于大国，另一方面，力图丰富边疆治理的理论，探讨"小国家、大边疆"的治理难题。

（二）现实意义

第一，从我国边疆治理的角度来看，本研究对于我国西部边疆，特别是西藏的治理有着较大的启示意义。一方面，特莱治理问题产生和演变的过程也伴随着尼泊尔历届政府为解决该问题的种种努力，呈现出非常明显的阶段性特征，分别出现了国家分裂危机、国家认同危机和族群分裂危机，尼泊尔统治者先后采取了以维护国家统一、加强民族国家建设和推动政治整合为主要手段的治理策略，这一过程中的成败得失值得深入研究和借鉴。另一方面，特莱地区的治理自始至终受到强大的外部势力的影响，印度与尼泊尔特莱地区边界开放，一直是该问题主要的利益攸关方，将该问题作为其介入尼泊尔政治的重要抓手。美国等西方国家以人权作为旗帜，通过对尼政府间援助和非政府组织参与，推动特莱地区族群等问题扩大化、国际化，研究该问题对于中国的反分裂斗争也具有一定的启示意义。

第二，从中尼双边合作的角度来看，本研究有利于我国在对尼交往中规避风险。自20世纪90年代以来，特莱地区治理问题一直是该国国内政局发展主要的制约因素，2015年8月颁布的新宪法作为民主化进程的最终成果仍在接受事实的检验，特莱地区仍然是这一成果能否经得起检验的关键因素，一旦失败，尼泊尔将再次陷入政治乱象丛生的局面，研究该问题、判断该问题的走向，对于我国政策的制定具有重要的参考价值。特莱地区是尼泊尔的经济命脉所在，也是该国未来发展的主要方向，中国在尼泊尔的利益将无法避免地延伸到该地区。同时，马德西政党势力不断整合，已经成为尼泊尔政坛不可小觑的一支力量，中国对尼关系发展难以避免与马德西势力的接触，为长远计，也应当对该问题进行深入研究。

第三，从地区稳定的角度来看，本研究着眼中国周边安全、未雨绸缪。特莱地区与马德西人群体的诉求并未在尼泊尔2015年新宪法中完全得到满足，包括非法移民及其后裔、跨国婚姻配偶及其子女的国籍问题，少数族裔权益保护、更大自治权利等，其仍然将修宪作为主要的斗争手段，但游行示威、暴力恐怖活动时有发生。其次，特莱分离运动的根源未消除，美国和英国为相关独立组织及其活动提供支持和便利，其演化为更为剧烈的独立运动的可能性仍然存在，一旦此类情况发生，与尼泊尔交往日益密切的中国西部边疆地区都将受到外溢效应的影响，而且，这一区域也与印度东北部地区邻近，后者长期以来一直受到分离主义的影响，局势时有动荡，特莱地区治理的走向将对该地区形成示范效应。

第四，从地缘政治环境的角度来看，本研究着眼印度在该问题上的战略考量。印度作为南亚地区的大国，对其邻国的政策历来带有霸权主义色彩，以印度裔人口为武器，插手干涉邻国内政是其惯用的手段，尼泊尔国内一直存在对印度逐渐将尼泊尔锡金化的担忧，而印度在特莱地区问题上的作为很大程度上也符合这一特征。2015年尼泊尔新宪法颁布后，印度不惜以实施禁运来逼迫尼当局就范，其野心可见一斑。此外，通过特莱地区治理问题影响尼泊尔政局走向，以避免尼泊尔过度倒向中国是印度的另一重要战略意图。同时，东部特莱地区紧邻印度东北部的西里古里走廊，即所谓"鸡脖子"区域，控制该地区有利于印度缓解该走廊对其构成的战略限制。

三、国内外研究综述

为开展本研究，笔者搜集、阅读了一批与研究主题相关的文献资料，综述分为以下三个部分：一是国外研究现状，包括代表性的边疆理论，对特莱地区早期历史的研究、特莱地区治理和特莱地区马德西族群问题的研究；二是国内研究现状，包括对国内边疆理论的梳理、中国边疆学的回顾、边疆治理研究和国内学者对尼泊尔的研究；三是在前两部分回顾的基础上对前人已有的研究进行评述。

（一）国外研究现状

1. 代表性的边疆理论

第一，美国的边疆理论。美国关于边疆变迁与历史发展的关系的研究是较为系统的。1893年，特纳（Frederick Jackson Turner）发表《边疆在美国历史上的重要性》，提出了著名的"边疆假说"，由此开创"边疆学派"。特纳认为，边疆是推动美国社会历史进步的核心动力，"美国的发展不单是一条直线的前进运动，而是在不断推进的边境线上向原始状态的回归和在该地区的新发展。美国的社会发展不断在边疆重头反复进行"。[①] 他的"边疆假说"与"自由土地""西进运动""移动的边疆"密切相关。特纳认为，在北美殖民地，存在法国人的殖民地以商业边疆为主导，英国人的殖民地以农业边疆为主导，他将美国的边疆划分为商人的边疆、牧场主的边疆、矿工的边疆以及农民的边疆等。1890年前美国边疆是不断移动、变化着的，这一过程中正是由于"自由土地区域的存在"，皮货商人、矿工、畜牧者和农民波浪式地相继越过大陆，出现"西进运动"。因此使美国的边疆向西不断"移动"、国土不断拓展。认为各殖民地在独立战争期间之所以能够形成统一战线，是因为有之前管理边疆时的合作所奠定的基础。而边疆对于美国发展的作用在于，一是边疆让美国成为各民族的大熔炉，二是通过开拓边疆使美国减少了对英国的依赖，三是在边疆对美国政府的立法产生了重大影响。[②] 但其最重要的影响是"促进了民主在美国和欧洲的发展"。[③] 特纳强调边疆在美国历史上的意义，认为边疆促进了美国特殊的民族性的形成；边疆使美国民族摆脱"旧社会"的思想束缚，使美国社会有着强烈的"拓荒者"精神，因而边疆是美国式民主的产生地。

20世纪60年代，肯尼迪政府时期，为与苏联争夺制空权，巩固美国的世界霸主地位，随着美国科技发展出现了"新边疆"理论。利用美国先进的技术和强大的经济实力去开拓新的领域，迎接新的挑战，在空间技术上赶超苏联，并在其他领域保持美国的领先地位。20世纪80年代，里根政府又提出了"高边疆"理论。这一理论的核心是"保护性战略防御"体系，其军事目标是通过抢占太空的战略控制权而使苏联的核武库失去作用，从而确保美国及其西方盟国的生存；经济目标是把太空工业化。冷战结束后，为维持美国影响下的单极霸权世界，面对全球性的威胁，美国认为先发制人地去进攻是唯一有效的消灭威胁的办法。在此基础上重新确定"主权"的含义，因为恐怖分子没有主权的约束，在反对恐怖威胁方面，美国需要发挥直接和不受任何约束的作用，提出了"人权高于主权"的理论，在这种背景下，美国传统的现实主义和自由主义战略已无法解决现实的安全问

---

① [美]弗里德里克·杰克逊·特纳：《美国边疆论》，董敏、胡晓凯译，北京：中国出版集团有限公司，2011年，第2页。
② 同上，第19—23页。
③ 同上，第27页。

题。"利益边疆"理论应运而生。

第二，德国的边疆理论。1897年，德国地理学家拉泽尔（Friedrich Ratzel）发表《地理政治学》，提出了国家是一个"空间有机体"的观点，成为地缘政治学的开端，马汉（Alfred Thayer Mahan）的"海权论"、麦金德（Halfard John Mackinder）的"大陆心脏学说"等相继出现。地缘政治学的不少内容论及边疆问题或国家领土问题，因而与边疆相关的理论就成为重要的组成部分。拉泽尔的国家"空间有机体"认为，国家是一个特定的人群集团或民族在特定的土地上所形成的组织，是一种单纯细胞的国家有机体。这是一个不断生长的空间性的有机体，正是增长的国家倾向于侵吞那些不太成功的国家，并会对那些最有战略和经济价值的地区进行扩张。每个国家需要以这种方式获得发展，否则就会被那些相对成功的国家吞并而灭亡。他提出"地理的扩张，更加如此的是政治扩张，是运动中物体的所有特性，交替地前进扩张和倒退收缩"[①]，而"这种运动的目的是建立国家而征服空间"[②]。因此，国家作为一个可以不断生长的空间有机体，首都是其头脑、心脏与肺腹，边疆是它的末端器官；生长的地域就成为它的四肢，公路、铁路、水道则是它的循环系统。较为"成功"的有机体末端器官（边疆地区）自然能够不断扩展，与之相对的则是邻国边疆地区的不断退缩乃至整个国家领土被强者吞噬。

第三，沙俄—苏联的边疆理论。19世纪70年代以后，沙俄持续向中亚、东北亚和东南欧扩张疆土，掠夺包括中国在内的国家的领土，沙俄政府为扩展疆土提出了种种"理论"，对边疆民族采取了压制、压迫政策。沙俄早期的理论主要为"恢复世袭地产论""维护正教信仰""从异教徒压迫下解放斯拉夫人"等，后期的理论是泛斯拉夫主义、"自愿归附论""请求保护论"，前后又相互关联，有内在的继承性。19世纪末，为侵占中国萨雷库勒岭以西的帕米尔地区，这一理论出现新变种——"浩罕继承论"，即沙俄谎称这些地区历史上属于浩罕，浩罕又被沙俄侵占，沙俄因此有权继承这些地区。

冷战时期苏联的边疆理论，大肆推动海洋扩张、全球扩张。勃列日涅夫

---

① 转引自孙宏年：《相对成熟的西方边疆理论简论（1871—1945）》，《中国边疆史地研究》，第15卷，2005年第2期。

② 同上。

尼泊尔特莱地区治理研究

执政时期发表了一系列宣扬苏联扩张主义的声明和宣言，并由此形成了"勃列日涅夫主义"，包括"有限主权论""国际专政论""社会主义大家庭论""大国特殊责任论"等。苏联把这种理论适用于对其他国家的压制和侵略。

第四，英国的边疆理论。英国的边疆理论是其在殖民扩张时期提出和发展的，这些理论的作用在于为其在世界各地的殖民扩张活动辩护，是一套殖民边疆理论。寇松（George Nathaniel Curzon）作为英国的殖民官员、学者，是这种殖民边疆理论的代表人物，出版了《波斯与波斯问题》《远东问题》《中亚细亚的俄国》《边界线》等著作，在这些著作中论述了他维护英帝国在世界各地殖民地中的强大地位和维护海外殖民地的长治久安等观点。19世纪末，他指出远东还有少数国家的"政治边界尚未确定"，一旦"政治归属、政治边界确定下来，商业的开发就将启动"。为维护并巩固英国在远东的强大地位，强调了解远东各国边疆、边界的迫切性，建议英国的外交部、印度事务部搜集有关的资料，为以后的外交决策服务。他把边疆线视为一个帝国的成功和这个民族维护帝国意志的关键。

2. 关于特莱地区早期情况的研究

从18世纪末开始，殖民者、探险家就不断对该地区进行考察，目的在于为殖民扩张服务。如1811年英国军官柯克帕特里克上校（Kirkpatrick. W）出版的《尼泊尔王国现状记录：1793年使团对这个国家的观察》（*An Account of the Kingdom of Nepal Being the Substance of Observation Made During A Mission to That Country*），详细记录了其在尼泊尔每天的行程路线和见闻。一些关于旅行日志、宗教、种族的介绍、研究著述得到出版，如《在尼泊尔、不丹、西藏、锡金、缅甸与阿萨姆邦之间的道路》（*Routes in Nepal，Bhutan，Tibet，Sikkim，Burma Between Assam and Burma*）；从第二次世界大战结束后至20世纪90年代，随着人类学的发展，西方的人类学家对特莱地区和马德西人进行了更为深入的研究，集中在民族、宗教和习俗变迁等人类学领域。这一时期，海门道夫出版了《赤裸的纳加人》（*The Naked Nagas，Head-Hunters of Assam Buddhism Highlanders*）。

3. 特莱地区治理相关的研究

西方和尼泊尔本国的学者对于特莱地区的研究视角各有不同，有基于历

绪论

史视角的，有基于人类学田野调查视角的，也有专门针对特定领域政策进行分析的，其研究成果对于本研究的开展具有重要的参考价值。

第一，基于特莱地区治理历史的研究。

路德维希·F. 斯蒂勒（Ludwig F. Stiller, S.J.）于 1976 年出版的《沉默的哭泣：1816—1839 年的尼泊尔人民》（*The Silent Cry, The People of Nepal: 1816-1839*）详尽地回溯了 1814 年前后尼泊尔与东印度公司之间发生战争的种种背景，以及沙阿王朝对特莱地区的治理手段。路德维希在本书中对于尼泊尔的统治者们为何能够在战败后继续维持统治的分析是极为透彻的，他认为独特的土地制度、特莱地区的持续保有，以及英国殖民者对尼泊尔统治者的支持是其封建统治能够延续的根本原因。从路德维希对于尼泊尔早期的统治者们对于特莱地区的治理手段的描述可以看出，这一地区在国家政权存续和国家统一方面自国家诞生就具有无可替代的重要作用。

拉姆·曼莫汉·沙（Ram Manohar Shah）在他的《中部之国：马德西人的战争、殖民化和依赖援助的国家之旅》（*The Middle Country: Traverse of Madhesh Through War, Colonization & Aid Dependent Racist State*）一书中，认为尼泊尔的统治者对特莱地区实际上是进行的殖民统治，对特莱地区实施了殖民掠夺，尼泊尔在这个时期实际上是分为了两个不同的国家：一个是以高种姓政治精英为代表的高山国家，一个是以低种姓马德西人群体为代表的平原国家。王室在 1951 年夺回政权后实施的一系列民族主义政策称之为"种族主义的民族主义"[1]，国王政府所实施的土地、国籍、语言、文化等改革政策的出发点是基于对马德西群体的种族歧视的，目的是固化业已形成的权力结构。[2]

T. 路易斯·布朗（T. Louise Brown）的《尼泊尔民主的挑战》（*the Challenge to Democracy in Nepal*）一书，是对尼泊尔自 20 世纪 50 年代恢复国王统治以来国内治理历程的回顾研究，路易斯认为，国王治理下的国家尽管在民主程度上有所进步，但"高种姓人群仍然占据了绝大多数的公务员职位和民意代表机构"[3]。路易斯的研究发现，自 19 世纪以来，国内和平

---

[1] Ram Manohar San, *The Middle Country: The Traverse of Madhesh through War, Colonization&Aid Dependent Racist State*, Adroit Publications, New Delhi, 2017. p.164.

[2] Ibid., pp.201−205.

[3] T. Louise Brown, *the Challenge to Democracy in Nepal*, Routledge, 2010. p.54.

尼泊尔特莱地区治理研究

带来的山区人口爆炸使耕地不堪重负，大量的人口为寻求生计开始向特莱平原移民，20世纪50年代中期是特莱地区移民高潮来临的节点，这一时期疟疾得到了有效的控制和治疗，更多的移民能够在此生活下去。路易斯对无党派评议会制度下的尼泊尔社会进行研究后认为，该体制是国王为维护其独裁统治而设计实施的，并不是真正的民主，且压制了国内低种姓族群和边缘族群，使矛盾在强力下被暂时控制。

迪帕克·塔巴（Deepak Thapa）与班蒂塔·斯贾帕迪（Bandita Sijapati）合著的《一个被围困的王国：尼泊尔的毛主义叛乱，1996—2004》（*A Kingdom Under Siege: Nepal's Maoist Insurgency, 1996—2004*）一书，是对1996年爆发的尼泊尔人民战争的深刻背景、过程和巨大影响的研究，其对内战爆发根源的分析尤为深刻。迪帕克认为，经济上的极端落后、发展极度缓慢和不公正是内战爆发的经济根源，这也是为什么毛派游击队能够在最为贫穷的特莱农村获得广泛的支持。尼泊尔的统治者是由高种姓政治精英组成的，包括马德西人在内的少数族群被完全忽视、边缘化，"资金和大工程被投入到平原地区，但却始终只惠及高种姓人群……人们把改变现状的唯一希望寄托在毛派身上"。[①]

此外，阿迪亚·阿迪卡里（Aditya Adhikari）的《子弹与选票箱：尼泊尔毛派革命的故事》（*the Bullet and the Ballot box: the Story of Nepal's Maoist Revolutions*）、曼珠斯利·塔巴（Manjushree Thapa）的《新共和国之战：尼泊尔当代史》（*Battles of the New Republic: a Contemporary History of Nepal*）、库尔·昌德拉·高塔姆（Kul Chandra Gautam）的《迷失在转型之中：在毛派游击战和大地震的乱局中重建尼泊尔》（*Lost in Transition: Rebuilding Nepal from the Maoist Mayhem and Mega Earthquake*），都是对尼泊尔民主转型期历史和社会变动的深入研究，对本研究具有重要的参考意义。

第二，基于人类学调查的研究。

包括弗里德里克·盖奇（Frederick H.Gaige）于1975年出版的其博士学位论文《尼泊尔的区域主义与民族团结》（*Regionalism and National Unity in Nepal*），是对特莱地区治理进行研究的早期文献之一，盖奇认为，以山区高种姓政治精英为代表的尼泊尔主流社会对异质性巨大的特莱地区既

[①] Deepak Thapa, Bandita Sijapati, *A Kingdom Under Siege: Nepal's Maoist Insurgency, 1996-2004*, Himal Books, Kathmandu, 2003.p.79.

绪论

不了解，也不信任，因此希望通过强行推进同化政策来消除这种异质性，这种政策实际上是一种内部的"殖民政策"。[1]

哈里·班席·贾（Hari Bansh Jha）在《特莱群体与尼泊尔的族群融合》（*The Terai Community and National Integration in Nepal*）中基于1990年对特莱地区的田野调查，认为自20世纪60年代起，由于山区人口增长带来的饥饿问题、疟疾得到控制和有效治疗，使山区的人们不再害怕进入特莱地区的原始森林生活、生产，争夺生存空间是导致特莱地区印度裔移民和原住民的人口数量占总人口的比例不断下降，更加被边缘化是造成马德西族群问题的主要原因。哈里对国王政府在无党派评议会体制下实施的语言政策进行了研究，认为强行推动尼泊尔语教育的做法实际上适得其反，并没能使不同民族更加融合，而是加深了矛盾。

迪帕克·乔达里（Deepak Chaudhary）的《尼泊尔的特莱/马德西：基于人类学的研究》（*Tarai/Madhesh of Nepal：An Anthropological Study*）是对特莱—马德西群体的人类学研究。迪帕克认为，尼泊尔主流社会一直对特莱地区的马德西族群存在误解，相信马德西人是近代以来从印度迁入的移民及其后裔，而迪帕克的研究认为，特莱地区其实是尼泊尔文明的发祥地，今天的山区居民实际上是发源于平原而后迁入山区的，山区人口爆炸后又大量回迁到特莱平原。[2]迪帕克在研究中运用人类学方法调查了特莱地区的族群、种姓、语言、习俗、教育水平和状况，以及经济状况等方面的情况，研究显示特莱地区的族群在教育和经济地位等方面都不同程度地表现出落后的特点。

南达·R.什雷斯塔（Nanda R. Shrestha）以人类学田野调查的方法，从边疆移民的视角研究特莱地区的移民问题，其论文《尼泊尔特莱地区的边疆定居点与山区移民的无地现象》（*Frontier Settlement and Landlessness among Hill Migrants in Nepal Terai*）发表于1989年，通过对特莱地区长期的田野调查，南达的研究发现，尼泊尔向特莱边疆地区移民虽然在一定程度上缓解了山区的人口压力，但对于国家区域发展不平衡、阶级不平等方面并

---

[1] Frederick H. Gaige, *Regionalism and National Unity in Nepal*, Khathmandu, 2009. p.88.

[2] Deepak Chaudhary, *Tarai/Madhesh of Nepal: An Anthropological Study*. Ratna Pustak Bhandar, Kathmandu, Nepal. 2011. pp.13-25.

尼泊尔特莱地区治理研究

没有太多的积极作用，政府应当在如何开发这些过剩的人力资源方面有所作为。①南达与拉贾（Raja P.Velu）和丹尼斯（Dennis Conway）合著的论文《边疆移民与向上流动性：以尼泊尔为例》（*Frontier Migration and Upward Mobility: The Case of Nepal*）同样基于田野调查，研究发现从山区来到特莱平原的移民在社会经济地位提升方面并没有明显的改善，原因在于其移民时间较晚，特莱平原的开发高潮已经过去，而这些移民在原先所在的社区也是无地的赤贫阶级，移民到特莱地区后也没有改善自身处境的资本，同时，在特莱平原发展本身就滞后的情况下，就业机会更是微乎其微，因此，只有少数经济社会地位原本就尚可的移民实现了地位的进一步提升，其他移民则仅仅是实现了空间上的移民。②

此外，英国人类学家艾伦·麦克法兰（Alan Macfarlane）教授长期驻扎尼泊尔从事人类学田野调查，前后长达30余年，对特莱地区和尼泊尔中部地区，尤其是古隆人群体的研究极为深入，出版的著作包括《尼泊尔的古隆人》（*Gurungs of Nepal: A guide to the Gurungs*）、《尼泊尔与古隆人》（*Nepal and the Gurungs*）、《古隆人的社会世界》（*The Social World of the Gurungs*）、《尼泊尔：成为一个人类学家，1966—1971》（*Nepal: Becoming an Anthropologist 1966—1971*）《尼泊尔的极端主义与发展》（*Fatalism and Development in Nepal*）等著作。

第三，基于特定领域政策的研究

莱奥·E.罗斯（Leo E. Rose）于1965年发表的论文《1965年的尼泊尔：专注土地改革》（*Nepal in 1965: Focus on Land Reform*）是对尼泊尔自1964年开始的一项重要土地改革政策的研究。莱奥认为，由于尼泊尔主要的耕地集中在南部的特来平原，因此此项改革也是主要针对这一区域所进行的。然而，改革并没有打破固有的利益结构，其效果是有限的。③

---

① Nanda R. Shrestha, Frontier Settlement and Landlessness among Hill Migrants in Nepal Terai, *Annals of the Association of American Geographers*, Vol. 79, No. 3 (Sep., 1989), pp.370-389.

② Nanda R. Shrestha, Raja P. Velu, Dennis Conway, Frontier Migration and Upward Mobility: The Case of Nepal, *Economic Development and Cultural Change*, Vol. 41, No. 4 (Jul., 1993).

③ Leo E Rose, Nepal in 1965: Focus on Land Reform, *Asian Survey*, Vol. 6, No. 2 (Feb., 1966), pp. 86-89.

绪论

霍雷思·B. 利德（Horace B. Reed）于 1979 年发表的论文《尼泊尔教育与民族团结、经济发展和社会公正》（*Nepalese Education Related to National Unity, Economic Development and Social Justice*），是对 20 世纪 50 年代国王重新掌握国家政权后尼泊尔教育领域改革的全面梳理。霍雷思认为，通过采用统一的教材、课程和语言等关键手段，尼泊尔政府成功地增强了国内众多民族对国家的认同，但教育资源的分配仍然存在区域性和族际的不均衡问题。同样，教育改革对于经济发展和促进社会公平和进步也有非常明显的促进作用。①

莫纳·拉佐（Mona Laczo）的《被剥夺的个人身份：尼泊尔的公民权与女性》（*Deprived of an individual identity: citizenship and women in Nepal*）从尼泊尔的国籍政策入手，分析了尼泊尔男性和女性在获取该国国籍方面的种种差异，认为造成尼泊尔少数族群，尤其是少数族群女性在国籍方面巨大问题的根源是男女地位不平等所造成的，女性获取国籍必须有男性亲属的证明，如姻亲和血亲，因此，尼泊尔必须要首先解决性别歧视问题才能在国籍问题上取得进展。②

理查德·贝吉特（Richard Burghart）的《尼泊尔民族国家观念的形成》（*The Formation of the Concept of Nation-State in Nepal*）一文，从历史的角度回顾了尼泊尔民族国家概念建构的历程。理查德认为，对尼泊尔而言，民族国家同样是一个从西方引入的概念，自 19 世纪以来的尼泊尔统治者们虽然没有在主观上主动采取推动民族国家建设的行动，但其从自身政治需求出发而采取的种种政策却在客观上促进了该国民族国家概念的形成。③

帕玛南德（Parmanand）于 1986 年发表的论文《尼泊尔的印度人群体与印度的尼泊尔人群体：民族融合问题》（*The Indian Community in Nepal and the Nepalese Community in India: The Problem of National Integration*）一文，直接将特莱平原的马德西人群体称为"在尼泊尔的印度人群体"并进

---

① Horace B Reed, Nepalese Education Related to National Unity, Economic Development and Social Justice, *Comparative Education*, Vol. 15, No. 1, Special Number（3）: Unity and Diversity in Education（Mar., 1979）, pp. 43–61.

② Mona Laczo, Deprived of an Individual Identity: Citizenship and Women in Nepal, *Gender and Development*, Vol. 11, No. 3, Citizenship（Nov., 2003）, pp. 76–82.

③ Richard Burghart, The Formation of the Concept of Nation-State in Nepal, *The Journal of Asian Studies*, Vol. 44, No. 1（Nov., 1984）, pp. 101–125.

行研究，帕玛南德认为，尼泊尔封闭、集权的政治制度和强势政策将使业已存在的族群关系紧张问题进一步恶化。①

4. 关于内战、马德西运动和制宪进程的研究

卡帕纳·贾（Kalpana Jha）的著作《马德西浪潮与争议下的尼泊尔观念》（The Madhesi Upsurge and the Contested Idea of Nepal），从尼泊尔的民族国家建设与马德西族群认同发展之间的矛盾冲突这一角度研究了马德西运动。卡帕纳认为，20世纪90年代尼泊尔进入多党民主制时期后，马德西人族群认同又进一步发展，这一过程中有两个因素极为关键：一是尼泊尔共产党毛派在内战过程中对马德西人群体的不断发动，二是西方的非政府组织对马德西族群的大力支持。②

毗湿奴·拉杰·乌普莱提（Bishnu Raj Upreti）与苏曼·巴布·包德尔（Suman Babu Paudel）等主编的《被忽视还是代表不足？尼泊尔特莱－马德西冲突的辩解》（Ignored or ill-represented? The Grievance of Terai-Madhes Conflict in Nepal）是在2007年爆发的第二次"人民运动"背景下，对特莱—马德西问题的历史发展轨迹、现实原因和影响的研究。认为以山区高种姓政治精英为代表的尼泊尔主流社会对特莱地区移民和原住民群体的歧视是历来有之的，从最开始的定居点计划、选举权政策、语言和习俗政策，以及经济政策等就一直将其作为非国民或二等国民对待。③

卡尔亚·巴克塔·马蒂玛（Kalyan Bhakta Mathema）的专著《马德西起义：族群的复兴》（Madheshi Uprising: The resurgence of ethnicity）以2007年马德西族群起义为切入点，深入探讨这一具有历史意义的事件背后的历史和现实根源，及其对尼泊尔社会和政治发展的影响。卡尔亚的研究认为，马德西族群起义的根源是其长期以来被排除在国家政治生活之外造成的，无党派评议会制度下的国王独裁统治暂时压制了其反抗，1990年开始的多党民

---

① Parmanand, The Indian Community in Nepal and the Nepalese Community in India: The Problem of National Integration, *Asian Survey*, Vol. 26, No. 9（Sep., 1986）, pp. 1005-1019.

② Kalpana Jha, *The Madhesi Upsurge and the Contested Idea of Nepal*, Springer, 2017. pp.79-81.

③ Bishnu Raj Upreti, Safal Ghimire, Suman Babu Paudel, *Ignored or Ill-Represented? the Grievance of Terai Madhes Conflict in Nepal*, Adroit Publications, 2012. pp.19-53.

主制使长期以来被压抑的民意爆发[①]，但是，自治程度的提高可能会进一步滋长特莱地区的分离主义，使尼泊尔面临分裂的风险。[②]

迪彭德拉·贾（Dipendra Jha）的《尼泊尔联邦：审判与琐事》（*Federal Nepal: Trails and Tribulations*）是对尼泊尔第二届制宪会议在起草2015年宪法过程中，马德西群体与尼泊尔主要政党势力在国籍问题、公民权利、省份划分等马德西群体尤为关注的问题上进行反复斗争的研究。迪彭德拉认为，尼泊尔的公民社会在争取民主的过程中起到了至关重要的作用，但在涉及公民权利平等的问题上，主流社会在对马德西人群体的集体性歧视方面却扮演了保守的统治者角色。

毗什奴·帕塔克（Bishnu Pathak）与迪文德拉·乌普莱提（Devendra Uprety）合著的研究报告《特莱－马德西：寻求以认同为基础的安全》（*Tarai-Madhes: Searching for Identity Based Security*）认为，造成马德西问题爆发的一个重要原因是沉重的赋税，由于特莱平原历来是尼泊尔主要的粮食产地、工业区域、进出口贸易前沿，因此也成为尼泊尔主要的财政收入来源，被征收各种沉重的赋税，造成了马德西人经济上的沉重负担。[③]20世纪60年代以来，马亨德拉国王企图通过语言、教育、宗教、习俗等方面的强制性改革同化马德西人，使其实现尼泊尔化，此举被称作"文化民族主义"（Cultural Nationalism），同时，大量鼓励山区民众向特莱平原移民、开发森林，稀释马德西人口在特莱地区总人口中的占比。[④]

克里希纳·哈奇图（Krishna Hachhethu）的研究报告《马德西民族主义与尼泊尔国家的重构》（*Madheshi Nationalism and Restructuring the Nepali State*）认为，马德西政治力量在2007年马德西族群起义中的崛起，标志着马德西民族主义（Madheshi Nationalism）的崛起，示威游行的人群公开打出了"山区人滚出马德西地区"（Pahadis out of Madhesh）、"打倒山区人的

[①] Kalyan Bhakta Mathema, *Madheshi Uprising: The Resurgence of Ethnicity*, Mandala Book Point, Kantipath, Kathmandu, Nepal.2011. pp. 39–69.

[②] Ibid., pp. 74–76.

[③] Bishnu Pathak, Devendra Uprety, *Tarai-Madhes: Searching for Identity Based Security*, Conflict Study Center, Nepal. October 14, 2009.

[④] Ibid.

尼泊尔特莱地区治理研究

统治"（Down with hill administration）的口号[1]，这表明，以马德西人为代表的平原族群与山区族群之间的对立形成了，马德西人将斗争的对象模糊化为整个山区族群，加剧了国家不同族群的紧张关系。克里希纳认为，尼共（毛）在马德西民族主义形成的过程中起到了关键性作用，该党在内战期间大力发动马德西人，利用其群体性受压迫、被边缘化的集体记忆来唤起他们对政府的不满和仇恨，并允诺给予马德西人联邦制下的高度自治。克里希纳的研究发现，特莱地区的人口中有约36%来自山区，而在马德西族群起义期间，很多来自山区的人口也喊出了"我说尼泊尔语，但我也是马德西人"[2]的口号，可见由于不存在语言、宗教和文化上的泛马德西认同，因此族群和地区认同就成为马德西人的主要认同因素，可见马德西人（Madhesh）这一称呼已经具有了地理和文化的双重意义，实施联邦制，以民主的形式将马德西人纳入国家政治主流中来，是解决该问题的一个可行方案。

尼泊尔陆军上校桑托什·库马尔·达卡尔（Santosh Kumar Dhakal）提交给美国陆军战争学院的战略研究报告《尼泊尔的特莱－马德西运动》（*Terai-Madhesh Movement in Nepal*）认为，马德西问题的存在对于尼泊尔国家安全的影响是十分严重的，主要体现在其对尼泊尔独立、主权和领土完整的威胁上，由于尼－印关系的特殊性，双方都将印度干涉尼泊尔内政当作理所当然的事，这使尼泊尔主权独立一直无法得到保障。[3] 而一些马德西政客一直将独立作为与加德满都的当局讨价还价的筹码，特莱地区具有肥沃的分离主义土壤，随着其自治程度的提高，对尼泊尔领土完整的威胁也在升高。

由联合国开发署（UNDP）发表的报告《尼泊尔的制宪》（*Constitution Making in Nepal*）是关于尼泊尔第一届制宪会议进程的全方位报告，其中用约一半的篇幅重点阐述了马德西问题在制宪进程中的地位和有关势力的诉

---

[1] Krishna Hachhethu, *Madheshi Nationalism and Restructuring the Nepali State*, Paper presented at International Seminar on "Constitutionalism and Diversity in Nepal" Organized by Centre for Nepal and Asian Studies, TU. in collaboration with MIDEA Project and ESP-Nepal 22-24 August 2007. Kathmandu, Nepal.

[2] Ibid.

[3] Santosh Kumar Dhakal, *Terai – Madhesh Movement in Nepal*, United States Army War College Class of 2017, Standard Form 298（Rev. 8/98）, Prescribed by ANSI Std. Z39.18.

求，认为能否有效回应马德西问题将是制宪会议能否成功的关键。①

由玛格纳斯·哈特巴克（Magnus Hatlebakk）和夏洛特·瑞达（Charlotte Ringdal）于2013年为迈尔森研究所（Chr. Michelsen Institute，CMI）撰写的研究报告《尼泊尔国家重构的经济和社会基础》（*The Economic and Social Basis for State-Restructuring in Nepal*）认为，尼泊尔经济社会发展极不平衡，南部平原人口集中，经济发展远远优于北部和中部山区，各个城市又远远优于乡村，因而如何划定联邦制下各省份的范围，成为尼泊尔制宪过程中最为复杂、也最富争议的问题。②该研究报告从各个地区的贫困率、经济发展禀赋等经济社会发展指数入手，旨在为尼泊尔划分省份提供参考，从而确保新划分的各省在经济社会发展水平方面不至于差距过大。

由挪威奥斯陆国际和平研究所（International Peace Research Institute，Oslo PRIO）杰森·麦克连恩（Jason Miklian）撰写的研究报告《尼泊尔特莱地区：族群冲突的构成》（*Nepal's Terai: Constructing an Ethnic Conflict*），通过对马德西问题从产生、发展到激化过程的研究，认为要妥善地解决马德西问题，应当首先解决以下7个方面的问题，第一，化解马德西人单独建省的诉求，并安抚其他100余个少数族群的情绪。第二，鼓励马德西政党"马德西联合民主阵线"（UMDF）更多地参与国家主流政治生活，而不是仅限于解决马德西问题，成为一个民族主义政党。第三，吸纳马德西人进入尼泊尔军队。第四，吸纳马德西人进入国家公务体系。第五，化解过去几十年山区族群对平原马德西族群歧视政策所累积的仇恨，使其不至于演化成暴力活动。第六，解决特莱地区的安全问题，即族群暴力活动。第七，回应特莱地区塔鲁人要求不与马德西族群一同建省、拒绝被其所裹挟的诉求。③

此外，马尼·尼帕尔（Mani Nepal）等人的论文《越不平等、越多杀戮：尼泊尔的毛主义叛乱》（*More Inequality, More Killings: The Maoist Insurgency in Nepal*）、拉宾德拉·米什拉（Rabindra Mishra）的论文《印度在尼泊尔毛主义叛乱中的角色》（*India's Role in Nepal's Maoist*

---

① UNDP, *Constitution Making in Nepal*. Report of a Conference organized by the Constitution Advisory Support Unit, UNDP. 3 - 4 March 2007, Kathmandu, Nepal.

② Magnus Hatlebakk, Charlotte Ringdal, *The economic and social basis for state-restructuring in Nepal*, Report 2013: 1, January 2013.

③ Jason Miklian, *Nepal's Terai: Constructing an Ethnic Conflict*, International Peace Research Institute, Oslo（PRIO）PRIO South Asia Briefing Paper #1.

尼泊尔特莱地区治理研究

Insurgency）、马达夫·乔西（Madhav Joshi）与 T. 大卫·梅森（T. David Mason）的论文《尼泊尔的土地制度、民主与叛乱：农民对叛乱和民主的支持》（Land Tenure, Democracy, and Insurgency in Nepal: Peasant Support for Insurgency Versus Democracy）等，是对尼泊尔内战及其根源的深入研究；普拉茂德·K. 康塔（Pramod K. Kantha）的论文《理解尼泊尔的马德西运动及其未来轨迹》（Understanding Nepal's Madhesi movement and its future trajectory）、由尼泊尔马德西基金会（Nepal Madhes Foundation, NEMAF）等非政府组织于2011年发布的调查报告《特莱地区的武装暴力活动》（Armed Violence in the Terai），是对特莱地区各种武装暴力活动的全面记录和评估。联合国安理会、联合国难民事务署、美国卡特基金会、联合国妇女儿童组织等国际机构都针对内战、马德西运动和制宪进程发布了大量的工作报告，对于全面了解这些重大事件的全景意义重大。

（二）国内研究现状

1. 关于边疆概念内涵的研究

周平教授的《如何认识我国的边疆》一文认为，"我国的边疆研究首先要解决的问题便是，全面地审视中国边疆形成和演变的过程，把我国的边疆置于国家疆域的基础上，结合世界疆域变化和其他国家的边疆实践，从自己国家治理和国家发展的立场出发，对我国的边疆形成准确而完整的认知"[1]，进而在《边疆研究的国家视角》一文中提出，"构建各种视角研究间的通约性，而达此目的的有效途径，便是各个视角的边疆研究都在'边疆是国家疆域的边缘性区域'这个判断的基础上来构建自己对边疆的基本认识或界定；边疆研究的基本学术立场的统一，则要求各个学科的研究者围绕国家的治理和发展需要来研究边疆，并使其成果服务于国家的治理和发展"[2]。周平教授认为，边疆是"国家统治范围内的一个特定区域，离开了国家的政治统治，就谈不上边疆"[3]，将国家统治范围的一部分划为边疆，目的是实现对这些特定区域的有效治理，随着历史的发展，一些曾经被认

---

[1] 周平：《如何认识我国的边疆》，《理论与改革》，2018年第1期。
[2] 周平：《边疆研究的国家视角》，《中国边疆史地研究》，2017年第2期。
[3] 周平等：《中国边疆治理研究》，北京：经济科学出版社，2011年第1页。

绪论

为是边疆地区的区域也不再成其为边疆,因此,边疆并不是一种客观的存在,而是在"一定客观条件基础上主观认定的产物"[①],也就是说边疆具有建构性。

罗中枢教授的《论边疆的特征》认为,"边疆是一个蕴含着诸多对立统一关系的集合体,并在对立统一关系中呈现出一系列特征——边疆体现了历史与现实的多样性和连续性,是在多重力量互动过程中国家建构的产物,是边缘与中心的矛盾统一体,是伸缩性与波动性并存的一种相对稳定状态,是在离心和向心的双向运动中形成的圈层,是国家之间利益划分和冲突的'缓冲区',是各种区别、对立和差异互鉴的界面,是国内与国外交往互动的重要依托,是主体与客体相互作用的结果"。[②]

方盛举教授在《新边疆观:政治学的视角》一文中提出,主流边疆观基本上都是基于历史学和民族学研究的视野,认为在政治学视野下,边疆不仅包括"边缘性区域",也应当包括"边缘性领域",政治学视角下的边疆,就是"国家治理中国家权力存在管控风险的边缘性区域或领域",是"国家体系构成部分的边疆,就是国家治理对象的边疆,即国家的边疆"。就此提出了新边疆观,认为应当"把边疆的政治性和行政性、边缘性和一体性、特殊性和一般性、实体性和建构性、历史性和现实性等统一起来"。[③]

马大正研究员从6个方面来概括边疆的内涵:第一,边疆是一个地理概念,是靠近国界线的边远地区。第二,边疆是一个历史概念,是随着中国统一多民族国家的形成和发展而逐渐形成和固定下来的。第三,边疆是一个政治概念,是由治向治过渡的特定区域。第四,边疆有军事方面的含义,是国防前沿、边防地区。第五,边疆具有经济方面的含义,边疆地区的经济类型和发展水平与内地有着较大差别。第六,边疆也具有文化方面的含义。[④]

李丽博士在其博士学位论文中将学术界对于边疆内涵的研究归纳为四个方面:第一,"边疆"具有地理位置标识与国界划分之内涵。第二,"边

---

① 周平:《国家视阈里的中国边疆观念》,《政治学研究》,2012年第2期。
② 罗中枢:《论边疆的特征》,《新疆师范大学学报(哲学社会科学版)》,第39卷,2018年第3期。
③ 方盛举:《新边疆观:政治学的视角》,《新疆师范大学学报(哲学社会科学版)》,第39卷,2018年第2期。
④ 马大正:《当代中国边疆研究(1949—2014)》,北京:中国社会科学出版社,2016年,第2—8页。

尼泊尔特莱地区治理研究

疆"具有区别于一国内地或腹地的异质性之内涵。第三，"边疆"具有行政层次区划之内涵。第四，"边疆"具有一国主权象征性、地缘特殊性与对外前沿性之内涵。①在此基础上，李丽博士将边疆定义为："以国家主权为核心，以国家认同为纽带，以国家利益为取向，集政治、军事、经济、社会文化等综合因素于一体的邻近国家边界的地域。"②

杨明洪教授在《反"边疆建构论"：一个关于"边疆实在论"的理论解说》中提出，"边疆建构论"将边疆概念放在建构主义的框架内思考问题，但基于对边疆本身的理解，人们将边疆置于不同的时代和国家形态下加以阐释是存在不足的，因为"边疆建构论"有固有的逻辑前提，将边疆的存在与国家的大小联系起来，暴露了其理论的弱点，认为"边疆建构论""只在王朝国家的前提下成立"③，认为建构论提出的"治理边疆是边疆出现的原因"是"本末倒置"④，由此，杨明洪教授提出了"边疆实在论"，并且认为"边疆的存在与否不取决于国家的大小，而取决于边疆的功能是否发挥出来"。⑤

此外，马大正、邢广程、袁剑、孙勇、方铁、李国强、郑灿等国内学者均从不同角度对边疆学概念的阐释和理解、对中国边疆学学科的构建和发展等重大问题进行了深入研究，这些学者的学术成果对于本研究如何更好地理解和运用边疆有关知识具有十分重要的启示和指导意义。

2. 国内关于边疆治理的研究

孙保全、赵建彬在《"边疆治理"概念的形成与发展》一文中全面梳理了"边疆治理"概念形成和发展的历史过程，认为历史上的"治边"话语和"边政"概念对今天"边疆治理"概念的形成产生了深刻影响。随着边疆治理概念被明确界定、提出和普遍应用，边疆治理研究始渐成为一个专门的研究领域。"云南大学周平教授率先在政治学规范和国家治理视角下开展了边疆研究。"⑥

---

① 李丽：《印度东北边疆治理研究》，云南大学博士学位论文，2016年5月。
② 同上。
③ 杨明洪：《反"边疆建构论"：一个关于"边疆实在论"的理论解说》，《新疆师范大学学报（哲学社会科学版）》，第39卷，2018年第1期。
④ 同上。
⑤ 同上。
⑥ 孙保全、赵健杉：《"边疆治理"概念的形成与发展》，《广西民族大学学报（哲学社会科学版）》，第39卷，2017年第3期。

绪论

马大正研究员主编的《中国边疆经略史》对中国自夏商周时期至清朝的历朝历代经略边疆的主要思想、制度、机构，以及对重要边疆地区的治理活动进行了全面而系统的梳理，认为中国古代的传统治边思想可以分为三个方面，即夷夏之防观、以华变夷观和因时、因地、因人而治观，"是一个以大一统思想和华夷思想为基础的政治思想体系，它反映了对不同地区施以不同强度统治的中国古代边疆观，具有多层次的、动态的、有继承性的特点"。①

在2008年发表的《我国的边疆与边疆治理》一文中，周平教授对"边疆治理"概念进行了清晰的界定，明确提出："国家必须运用政权的力量，动员其他社会力量，运用国家和社会的资源，去解决边疆问题，这就形成了边疆治理。从本质上看，边疆治理是一个运用国家权力并动员社会力量解决边疆问题的过程。"②此后，在《论我国边疆治理的转型与重构》《国家视阈里的中国边疆观念》《边疆在国家发展中的意义》等多篇论文，以及《中国边疆治理研究》《中国边疆政治学》等多部著作中，周平教授进一步对边疆治理与"边疆治理"概念进行了全面阐释，认为"当代的边疆治理，应该打破中央政府与边疆地方政府之间的界限，打破政府与民间组织之间的界限，打破公共组织与私营组织之间的界限，打破组织机制与个人之间的界限，构建一个多中心、开放式的治理结构"。③

余潇枫、徐黎丽、谢贵平等学者从非传统安全的角度对边疆治理进行研究，着眼于边疆地区所面临的日益严重的非传统安全威胁，并提出应由此构建"边疆安全学"。余潇枫教授等学者合著的《边疆安全学引论》提出，我国边疆地区不仅具有涉外的复杂性、民族的差异性、文化的多样性、威胁的潜在性等特点，而且"守边、管边、控边"的独立性、分散性和涉外性特点也比较明显，更重要的是边疆地区的"固边、治边、富边"的艰巨性、复杂性和自治性特点也十分突出。揭示了中国社会转型期"边安"研究的新特点。谢贵平教授的《认同建构：新疆安全治理的新路径》《"三维一体化"治理："维稳"、"维权"与"维心"——基于新疆长治久安的思考》等论文，突破了国内边疆治理研究重经济、轻人文，重宏观、轻微观的局限，开拓了边疆治

---

① 马大正：《中国边疆经略史》，武汉：武汉大学出版社，2012年，第730页。
② 周平：《我国的边疆与边疆治理》，《政治学研究》，2008年第2期。
③ 周平等：《中国边疆治理研究》，北京：经济科学出版社，2011年，第33页。

尼泊尔特莱地区治理研究

理族际主义取向、区域主义取向之外的人际主义取向。谢贵平教授的博士论文《认同能力建设与边疆安全治理研究》从认同能力建设的角度分析边疆的安全治理问题，认为"边疆不同行为体间的认同冲突与认同危机是边疆安全威胁的主要来源，边疆安全的根本是认同安全，边疆安全治理的核心就是以认同解决异质冲突问题"[1]，加强认同能力建设是维护边疆安全的有效途径。对于如何加强认同能力建设，谢贵平教授从国内和国际两个方面进行了论证，认为国内层面应当推行"维稳、维权和维心的三维一体化模式，在国际层面需要向周边国家乃至相关国家弘扬和合主义思想"。[2]

高永久、何修良等学者将边疆治理放到"一带一路"建设的时代大背景下进行考察。何修良在《"一带一路"建设和边疆治理新思路——兼论"区域主义"取向的边疆治理》一文中提出，随着"一带一路"倡议的实施，边疆被置于巨大的场域之中，边疆治理需要在更广阔的地理空间中进行谋划与发展。"区域主义"取向的边疆治理符合了边疆空间场域变化的趋势，立足解决边疆地区多样性区域性问题，实现了对"族际主义"治理取向内涵的共生与超越，进一步完善和丰富了边疆治理理念。实施"区域主义"取向的边疆治理，需要正确认识和判断边疆治理在"一带一路"建设背景下的内部区域特征和外部空间环境，通过边疆治理的战略重构、制度重构和实践重构，促进边疆治理发展。高永久、崔晨涛合著的论文《"一带一路"与边疆概念内涵的重塑—兼论新时代边疆治理现代化建设》认为，在"一带一路"语境下，边疆在国家发展格局中的意义得到重新解读，边疆的概念内涵在"一带一路"倡议中重塑。自提出之日起，"一带一路"倡议从话语建构到行动倡导、从发展目标到中国方案、从交往指南到合作范式，就与新时代边疆治理现代化建设形成了实践上的契合、逻辑上的自洽与战略上的统一。"一带一路"倡议为新时代中国边疆治理现代化的实现提供了前所未有的契机。

此外，关于边疆治理、边疆学方面的学术专著、论文集还包括余太山主编的《西域通史》（中州古籍出版社，1996）；欧文·拉铁摩尔著、唐晓峰译的《中国的亚洲内陆边疆》（江苏人民出版社，2005）；吴楚克的《中国边疆政治学》（中央民族大学出版社，2005）；弗里德里克·杰克逊·特

---

[1] 谢贵平：《认同能力建设与边疆安全治理》，浙江大学博士学位论文，2015年。
[2] 同上。

纳的《美国边疆论》（中国出版集团公司、中国对外翻译出版有限公司，2011）；巴菲尔德著、袁剑译的《危险的边疆——游牧帝国与中国》（江苏人民出版社，2011）；马大正的《热点问题冷思考——中国边疆研究试十讲》（上海辞书出版社，2013）；余潇枫、徐黎丽、李正元等合著的《边疆安全学引论》（中国社会科学出版社，2013）；周平等主编的《中国边疆政治学》（中央编译出版社，2015）；马大正的《当代中国边疆研究（1949—2014）》（中国社会科学出版社，2016）；唐晓峰、姚大力等的《拉铁摩尔与中国边疆》（生活·读书·新知三联书店，2017）。这些著述从中外边疆的历史、现实和未来等不同角度进行了深入研究，奠定了中国边疆政治学、边疆治理研究的坚实基础，对本研究的开展具有重要的启示和指导意义。

国内学者对其他国家的边疆治理研究也是一个重要的领域，李朝辉的博士论文《美国的边疆架构与国家发展》分析了美国在不同时期的发展与边疆架构形式之间的互动关系，认为"两者互动紧密、环环相扣，形成了双螺旋上升的互动模式"，"中国需要前瞻性地调整边疆架构，以发挥其对国家发展的助推作用"。[①] 李丽的博士论文《印度东北边疆治理研究》，通过对印度自独立以来各个时期在其东北6个邦和伪阿鲁纳恰尔邦（我藏南地区）实施的治理政策的研究，发现"印度东北边疆治理以实现东北边疆的和平与繁荣为目标，形成了一套多元主体解决多重问题、充分保护部落民权益、注重国际合作的边疆治理新路径。同时也发现印度东北边疆治理还存在基层自治机构治理不利、犯罪量居高不下、行政管理程序缺乏透明度、官僚阶层腐败严重、基础设施建设缓慢、无法满足日益增长的经济发展需求等问题"。提出了扩大我国与印度东北边疆的经济合作，逐步推进"孟中印缅经济走廊"建设的思考。李丽的研究，尤其是分析的逻辑框架对本研究有非常大的启示，展示了利用边疆治理的理论分析其他国家治理活动的可行性。

此外，关于边疆治理的博士论文，包括李强的《英属印度西北边疆政策和中国西部边疆危机：1757—1895年中、英在喜马拉雅山区、喀喇昆仑山区和帕米尔地区争端的研究》（暨南大学，2005）、林士俊的《清末边疆治理与国家整合研究》（中央民族大学，2010）、朱金春的《现代国家构建视野下的边疆治理研究》（中央民族大学，2012）、石正义的《影响我国边

---

① 李朝辉：《美国的边疆架构与国家发展》，云南大学博士学位论文，2015年。

尼泊尔特莱地区治理研究

民族地区安全稳定的美国因素研究》（中央民族大学，2012）、吕朝辉的《当代中国陆地边疆治理模式创新研究》（云南大学，2015）、李庚伦的《我国陆地边疆政治安全治理研究》（云南大学，2017）。

3. 国内学者关于尼泊尔的研究

一是对尼泊尔国内政治改革、革命进程，包括其自20世纪90年代以来的民主、和平进程进行的研究。如王艳芬的《共和之路—尼泊尔整体变迁研究》，梳理了尼泊尔自20世纪中叶以来的每一次政体变迁，揭示了该国政体变迁背后的突出特征，比如，该国政体始终在独裁与民主之间反复颠倒转换，在政局动荡的情况下社会发展几乎停滞。其实现民主的手段极为单一，主要政党都将街头政治作为主要的政治手段，将该国的民主称为"非自由的民主"。王宏纬、鲁正华编著的《尼泊尔民族志》是国内对尼泊尔民族问题进行研究最早的著作之一，该书出版于1989年，较为详尽地介绍了当时尼泊尔国内的民族构成、民族问题等情况，具有较高的参考价值。王宏纬主编的《列国志·尼泊尔》出版于2004年，是国内较早的系统介绍尼泊尔国情、民情和社情的专著。此外，还有大量以此为主题的学术论文、学位论文发表，在此不一一列举。

二是对尼泊尔外交政策、经贸政策，包括尼-印关系、中-尼关系和中-尼-印等重要双边、三边关系进行的研究。如2009年蓝建学发表的《21世纪的中国-尼泊尔关系：国家利益的视角》一文认为，中国与尼泊尔之所以能够长期保持友好关系，根本原因在于双方拥有巨大的共同利益，并从政治和经济角度分析了这些利益的关键所在，并探讨了中尼共同利益的限制性因素。2014年出版的王宗的专著《尼泊尔印度国家关系的历史考察（1947—2011）》一书，详细梳理了尼印自1947年以来的关系发展历史，将两国关系的发展分为特殊关系时期、特殊关系破裂等6个时期，并探究了这6个时期里两国关系变动的背景和原因，为全面理解尼印关系提供了一个较为清晰的视角。近年来国内学者对中尼在"一带一路"建设背景下进行双边合作的研究成果较多，涉及面较广。

三是对尼泊尔国内民族、宗教、文化等进行的研究。如胡仕胜的《尼泊尔民族宗教概况》（《国际资料信息》，2003年第3期）、《中国民族报》2009年3月20日的专题报道《尼泊尔的民族政策出了什么问题》、李静玮、包有鹏的《尼泊尔女性主义的缘起与进程》(《湖南科技大学学报（社会科学版）》，2015年第2期)、李静玮的《仪式如何再造传统：读〈仪式视角下的夏尔巴人〉》(《世界宗教文化》，2015年第3期)、《光明日报》2016年8月7日的报道《尼泊尔的语言政策》、李玮、周晓微的《佛教还是印度教？——盖尔纳论纽瓦尔人的宗教》(《西南边疆民族研究》2016年第10期)、《西南民族大学学报（哲学人文社会科学版）》(2018年第1期)。

（三）国内外研究述评

1. 国外研究述评

从国外对特莱地区治理相关议题的进行研究的成果来看，其主要呈现出以下几个特点：

一是起步早。西方殖民者早在18世纪就开始了对这一地区进行研究、探索，数百年来一直延续，为后世的研究者留下了宝贵的资料。二是数量多。由于长时间的积累和各方对该问题的兴趣，西方国家、尼泊尔国内学者、与此议题相关的印度学者都贡献了大量的研究成果。三是范围广。不同时期、不同专业背景的学者从历史、政治、军事、文化、语言、宗教等不同领域、不同学科对相关议题进行了研究。总结国外学者对该问题研究可以得出其对该问题的几个基本判断：

第一，特莱地区特殊的地理、历史条件是造成该地区及其治理具有边疆特征的最根本客观原因，平原河谷、物产丰饶、战略位置特殊等因素使特莱地区成为尼泊尔必须保住的国运之地。

第二，特莱地区马德西人群体的构成说法迥异，一是马德西人群体自身认为其是当地土著、且有着灿烂辉煌的文明历史；二是尼泊尔官方认为大多数马德西人是来自印度北部各个邦的移民，是非尼泊尔人；三是西方学者认为马德西人有来自印度等地的移民，也有来自尼泊尔山区的移民。对于该群体人口数量的说法也是差别巨大，官方倾向于将马德西人群体人口规模尽量淡化，而后者则倾向于夸大。

第三，马德西人群体长期以来受到系统性的歧视。尼泊尔各个时期的统治者都对马德西人群体实施歧视和压迫政策，使其经济、政治、社会、文化

尼泊尔特莱地区治理研究

地位等都受到抑制,这是造成马德西人一再反抗的直接原因。

第四,特莱地区治理从其产生、发展到今天的存续过程始终有外部因素的参与,东印度公司、英印当局、独立后的印度等强大的外部势力使尼泊尔统治者在该地区治理过程中动辄得咎,这些因素至今仍在发挥作用。

第五,马德西族群认同、政治意识觉醒、政治势力整合在该问题发展的过程中已逐步发展起来,"马德西"一词的内涵已经从最初带有歧视意味的标签变成该群体团结的标志,他们将成为尼泊尔政治领域中一支新的力量。

但是,现有的国外研究也存在一定的不足之处,体现在以下几个方面:

第一,研究的客观中立性问题。国外尤其是马德西人学者和印度学者对特莱地区治理相关议题的研究,其所采取的立场不够客观,往往是站在对统治者持批评态度的预设立场,以受害者的心态来看待统治者的治理措施,这一点表现在他们选择性地使用数据、夸大数据和对历史事实的有意歪曲,其得出的结论也就只能是所谓强者对弱者的欺凌、既得利益者对底层的压迫。

第二,价值取向问题。国外尤其是西方学者对特莱地区治理相关议题的研究,其价值取向多以"人权""民主""民族自决权"等所谓"普世价值"为价值判断的准绳,并以此来衡量尼泊尔历朝历届统治者所实施的治理政策,以现代的标准来回溯历史上的行为,得出的结论往往是不符合历史的。

第三,研究视角问题。国外学者对该领域问题的研究多从民族学、社会学、政治学、历史学等视角进行,所看到的问题是在这些视角下所呈现出的形态,而还没有学者使用边疆学和边疆治理的视角和研究方法对这一问题进行过研究,因此,对于执政者的决策逻辑和相关政策的效果评估都无法做到客观、全面。

2. 国内研究述评

从国内公开出版的学术研究成果来看,前辈学人对于边疆概念的内涵、边疆治理和边疆学学科的构建等重要议题研究成果丰硕。首先是大量对相关理论的建设性探讨。其中关于边疆概念的内涵、形态、特征等的探讨对于边疆学学科的发展具有重要意义,不同学科视角和研究方法的使用表明,跨学科的研究方法在边疆学研究中是可行的,也是问题本身的跨学科性质使然。国内学术研究成果的另一特色是大量以问题和实践为导向的应用型研究,包括对于历史上各个时期边疆治理经验和规律的探索,以及对于当下重大边疆治理问题及其治理路径的研究,尤其是对于"一带一路"建设、精准扶贫和乡村振兴等战略背景下的边疆治理问题研究,兼具现实意义和理论意义。

我国学者对尼泊尔的研究主要集中在以上提到的三个方面,对特莱地区治理鲜有专门研究,只有少数研究在涉及尼泊尔国内政治问题时会将其作为影响尼泊尔政局的因素之一而有所提及,对于特莱地区的族群也只是从族群文化的角度有所涉及,对该问题并没有专门地从治理的角度进行深入研究,形成了一定程度上的学术空白。国内研究从大处着眼,关注与中国利益密切相关的领域,但从目前尼泊尔国内政局的发展趋势来看,其新宪法实施后整个国家"重心下沉",权力地方化、多元化、地域化的特点日益明显,中尼合作也深入尼泊尔国内越来越多的领域和区域,特莱地区治理问题的存在和延续势必会触及中国在尼利益,对该问题进行深入研究的必要性和紧迫性日趋突出。

以上对于国内外研究不足的评价更多的是从广度和精度的角度来进行的,其目的不是要否定这些研究的价值,而是从中发现尚未被深入研究过的对象。本研究的目的是在以上研究视角之外从一个新的视角审视尼泊尔的国内治理问题,以便在其日益与中国利益相关的背景下,得出更加贴近中国边疆治理的价值取向和决策逻辑的客观结论。

四、研究方法和研究条件

(一)研究方法

1. 跨学科研究法。边疆学的构建需要不同学科的交叉努力,由于边疆问题涉及政治、地理、历史、军事、经济、民族、社会、宗教等众多学科,单一学科的知识和理论无法应对复杂的边疆问题,对边疆问题的治理必须从跨学科的角度来进行考虑,综合使用公共管理学、历史学、国际关系学、民族学、政治学、社会学等学科的知识和研究方法。

2. 文献研究法。尽可能全面地对国内外各种相关文献资料进行搜集和整理，挖掘和提取重要信息。西方和尼泊尔国内学者从不同的学科视角对特莱地区的政治、经济、文化、社会等诸多领域进行了大量研究，包括尼国内政府机构、在尼泊尔境内开展活动的国际非政府组织的统计数据、调研报告等，本研究一方面可以从中汲取有用的信息，从而实现对特莱地区治理相关问题的还原和定性，另一方面也可以对比不同视角对同一问题的呈现，从而更为客观地把握研究对象。

3. 演绎与归纳法。本研究将综合运用演绎法和归纳法对尼泊尔历代、历届政府治理特莱地区的政策、法律、政令进行解读，从而总结其整体特点，归纳其治理的模式及演变过程，并分析和评价相关政策所产生的背景、影响和意义。

4. 精英访谈法。本研究涉及问题现状和评价的部分将基于对特莱地区政治、文化精英的访谈，将对部分马德西政党领袖、学者、社会活动人士、记者和青年学生进行访谈，根据研究内容设计访谈问题提纲，从而掌握他们对于特莱地区历史、现实重大问题的代表性看法，得出对特莱地区治理成效的客观评价。

（二）研究条件

第一，从特莱地区治理的本质来看，其确实具有边疆问题的所有特征，与多民族国家的民族整合、族际关系等重要问题密切相关，尼泊尔历届政府也意识到了该问题的特殊性，也有针对性地采取了种种应对措施，是边疆治理的实践活动。因此，从边疆治理的视角对此问题进行研究是可行的。

第二，尽管国内学界对此问题的研究还较为少见，但国外学者对该问题的研究历史长、水平高，且多学科、多视角，对于本研究的开展具有启示性作用，尤其是在文献研究和历史分析方面。尼泊尔民主化进程以来，政府公开性、透明度提高，相关文献、档案、统计数据等的查询都较为便利。

第三，2019年5月至2020年2月，笔者利用工作机会在尼泊尔开展调研。此前的2017年6月和2018年8月，笔者两次赴尼泊尔进行特莱地区治理和特莱地区马德西问题、制宪相关议题的调研活动，积累了大量资料和信息。尼泊尔实行对华友好的外交政策，中国学者赴尼泊尔进行调研、采访不存在大的政治敏锐性，行动便利度、自由度较高，对于本研究过程中掌握第一手权威资料有所保障。

（三）访谈的设计和实施

第一，访谈对象的确定。根据研究内容安排和研究方法的选取，精英访谈研究方法的使用，目的主要是完善本研究对于特莱地区治理的评价和思考部分，佐证和充实基于文献和归纳、演绎得出的结论，使评价更加客观、准确，因此需要评估特莱地区在政治、经济和社会领域治理的成效和存在的问题，而相关领域的精英人士、专业人员的观点、态度和体验，能够最为直接地反映特莱地区治理的现状，由此，本研究将精英访谈对象的选取范围设定为具有一定社会地位、受过良好教育的与特莱地区治理密切相关的尼泊尔人士，具体而言，包括特莱地区的社会活动人士、尼泊尔政党人士、媒体记者和编辑、高校研究人员、特莱地区地方官员和社区人员、出生在特莱地区的青年学生等，详尽的访谈对象名单和身份情况见附录。

第二，访谈提纲的确定。基于研究对象历史跨度较长、涉及领域较广的特征，访谈提纲的设计围绕的是特莱地区治理成效这一主线，具体而言就是尼泊尔主流社会和特莱地区居民对于特莱地区治理重大历史和现实问题的认识，包括对特莱地区统一和融合的历史、族群关系和地域关系的现状、自身的语言、族群和种姓经历、新宪法制定和运行状况、印度与特莱地区的关系等，由于访谈对象的身份极具代表性，他们对这些问题的认识能够直接反映出特莱地区治理的得失，由此，本研究的访谈提纲共设置了三个板块，即受访者的个人经历、对历史议题和治理举措的看法，以及对现实问题的看法，总共18个问题，具体的访谈提纲见附录。

第三，访谈的实施。由于访谈对象均受过良好教育，英语水平较高，能够充分、准确地表达自己的思想，因此，访谈采取一对一交谈、一问一答的方式进行，同时，针对受访者回答的内容，笔者又进行相关的提问，但不偏离访谈提纲的主线。访谈过程严格按照客观、中立的原则进行，笔者不进行引导性或偏向性的提问和评价，仅忠实记录受访者对问题的回应。

2019年6月，笔者前往尼泊尔，至2020年1月底返回国内，其间先后在尼泊尔加德满都、齐特旺（Chitwan）、贾纳克普尔（Janakpur）、比尔甘杰（Birgunj）等地对受访人进行访谈和实地调研、座谈等，每月安排进行2—3次访谈，由于时间和距离的便利性，对部分受访对象还进行了回访。同时，与相关领域学者、从业人员和特莱地区居民等进行日常的、不受形式和时间、地点限制的交流，为本研究的实施积累了素材。此外，笔者在 2017 年 6 月和 2018 年 8 月在尼泊尔调研期间，也就相关问题进行了走访和调研。

第四，访谈内容的使用。访谈内容主要体现在研究的第六章评价和思考部分，访谈对象的观点使笔者能够更加全面、客观地审视特莱地区治理的历史和现实全貌，从而准确评价其治理过程中的成就与不足。需要注意的是，应当对受访者的身份背景、政治观点等因素加以考虑和辨别，不盲从于其看法。附录部分有摘取的部分访谈记录和现场照片。

五、研究难点和创新点

（一）研究难点

本研究的难点有三个方面，一是研究涉及的历史跨度长、范围广，需要对特莱地区政治治理、经济治理和社会治理历程进行探究，需要对尼泊尔国家的统一过程、与英国殖民者和印度的博弈过程、国内政治发展历程等诸多方面因素进行考察和权重，从中剥离出相关问题产生、演变的最根本原因和后果。

二是需要对尼泊尔各个时期的统治者对特莱地区政策的代表性治理举措进行分析，探究其采取这些政策背后的真实考虑和所处的国内外政治、经济和社会环境，把握其内在的逻辑，进而提炼其相应的治理模式。

三是在对访谈对象进行大量的访谈时，如何开展科学、客观的访谈，探寻他们的真实看法，并将这些访谈内容进行合理分析、使用。

（二）研究创新点

第一，使用新的研究视角。据笔者初步研究，国内学界对该问题的专门研究还较为罕见，大多是在进行尼泊尔国内政治局势和文化、宗教等方面的研究时，将该问题作为整体问题的一部分进行研究，所使用的视角多为传统的地缘政治、外交战略、文化宗教交流等视角，而从边疆治理的视角专门对特莱地区治理进行研究的还较为罕见。

第二，提出新的治理模式。根据尼泊尔这样的小国在特莱地区治理过程中的历史，分析其政策制定和调整的逻辑，提出关于边疆政治治理、边疆经济治理和边疆社会文化治理的新模式。

第三，针对新的研究对象。当前的边疆治理研究主要将目光锁定在中国的边疆问题和美国、俄罗斯等大国的边疆问题及其治理上，而对某些小国的具有边疆问题性质的课题关注较少，甚至认为小国没有边疆、小国不需要建构边疆的概念。通过对该问题的研究，可以实现对边疆治理研究范围的拓展，证明如尼泊尔这样的小国家在其特殊的国内和国际条件下，也存在边疆问题，也需要进行边疆治理，并且是一种"小国家、大边疆"的特殊矛盾形态。

六、分析框架和研究内容

通过以上对国内外相关研究成果的梳理可以发现，本研究的历史跨度较长，涉及尼泊尔自18世纪中期国家统一到21世纪最终实行民主联邦制度，时间跨度超过200年，涵盖的领域也较广，涉及尼泊尔的历史、政治、经济、民族、社会和宗教等多个领域，因此，必须有科学的理论进行指导。我国学者从政治学、历史学、管理学、民族学、社会学、经济学等视角研究中国的边疆治理问题，积累了大量有价值的研究成果和研究经验，这些成果和经验已经为边疆治理研究提供了多维度的研究视角，也是本研究分析尼泊尔边疆治理问题可以借鉴的重要分析框架。

边疆治理的过程是治理主体与客体互动的过程，表现为代表国家权威的中央政府运用政治、军事、经济和社会等领域的治理政策来解决边疆地区相应领域的问题，对特莱地区治理相关文献的梳理也印证了这一特点，本研究所使用的分析框架大致可以演绎为：

绪论→边疆治理理论探索→作为边疆的特莱地区→特莱边疆地区治理的问题与目标→特莱边疆地区治理的实践→特莱边疆地区治理的评价与反思→对中国边疆治理的启示。

以上分析框架的选取主要是基于对边疆治理过程中主客体互动和治理理念、治理模式以及具体治理政策之间的逻辑关系，对这些要素之间逻辑关系的梳理就构成了本研究的理论分析框架。

第一，边疆问题的构成及其演变是边疆治理模式、政策形成和演变的前提条件，后者的特殊性是由前者的特殊性所决定的。边疆特殊的自然环境和

尼泊尔特莱地区治理研究

人文条件下产生的边疆问题需要治理者有针对性地加以解决，其中的"针对性"所遵循的一系列价值取向和政策逻辑便是边疆治理的模式，精准有效的边疆治理活动建立在对边疆问题准确而清晰认识的基础之上。前辈学人在分析边疆问题时虽侧重点不同，但所采取的分析路径是相同的，即从政治、经济、文化、社会、安全等领域入手，这符合边疆问题构成的历史和现实，也是历代边疆治理实践的依据。

第二，边疆治理的路径是多元的。由于边疆问题的复杂性、多样性和流变性，边疆治理的路径也是多元化的，其中政治、经济和社会三个路径是最为传统的治理路径，新的治理路径，如网络路径、安全路径等也在陆续被讨论和实践。但是，在实践中各种路径往往是被综合运用的，要严格区分或将其割裂开来是不可能的。因此，对治理路径的划分可以坚持问题导向，依据其所要解决的具体问题来进行划分，从而尽可能保证划分的客观性。

第三，边疆治理的过程受到诸多外部因素的影响。首先，边疆的政治、经济和文化等领域的活动并不是在一个完全封闭的环境中独立运行，而是受到邻国、第三国和本国其他地区的多重影响。边疆地区是一国领土的边缘部分，与他国接壤或邻近，在跨界民族、经贸、宗教、通婚等诸多因素影响下，他国对边疆地区的影响力甚至强于本国。其次，边疆地区也是一国治理能力的边缘性地带，国家对边疆地区的控制力度弱于其核心区域，使其成为敌对国家干涉本国内政、挑起冲突和动乱的首要目标，这使边疆地区的外部环境更加复杂。因此，在分析边疆治理活动时必须要考虑到其在所处时代的外部国际环境。

第四，中央政府所代表的国家是边疆治理活动的主体，并且在传统的边疆治理过程中占绝对的主导地位，新的治理主体的出现并不能动摇中央政府的这一主导地位，而是起到了从属和补充的作用。对边疆治理活动成败的评价应当坚持以国家利益为价值取向，以维护国家的统一、确保边疆的安全和稳定、实现边疆地区的发展为准则，边疆地区的政权稳固性、居民对国家的认同度、族群关系、经济发展状况等要素就成为边疆治理有效性的重要参照指标。

以上的逻辑演绎是通过边疆的视角对尼泊尔特莱地区治理进行研究的理论分析框架，呈现了相关要素之间的逻辑关系，具体而言可大致由以下的研究框架结构图来展示（见图1-1）。

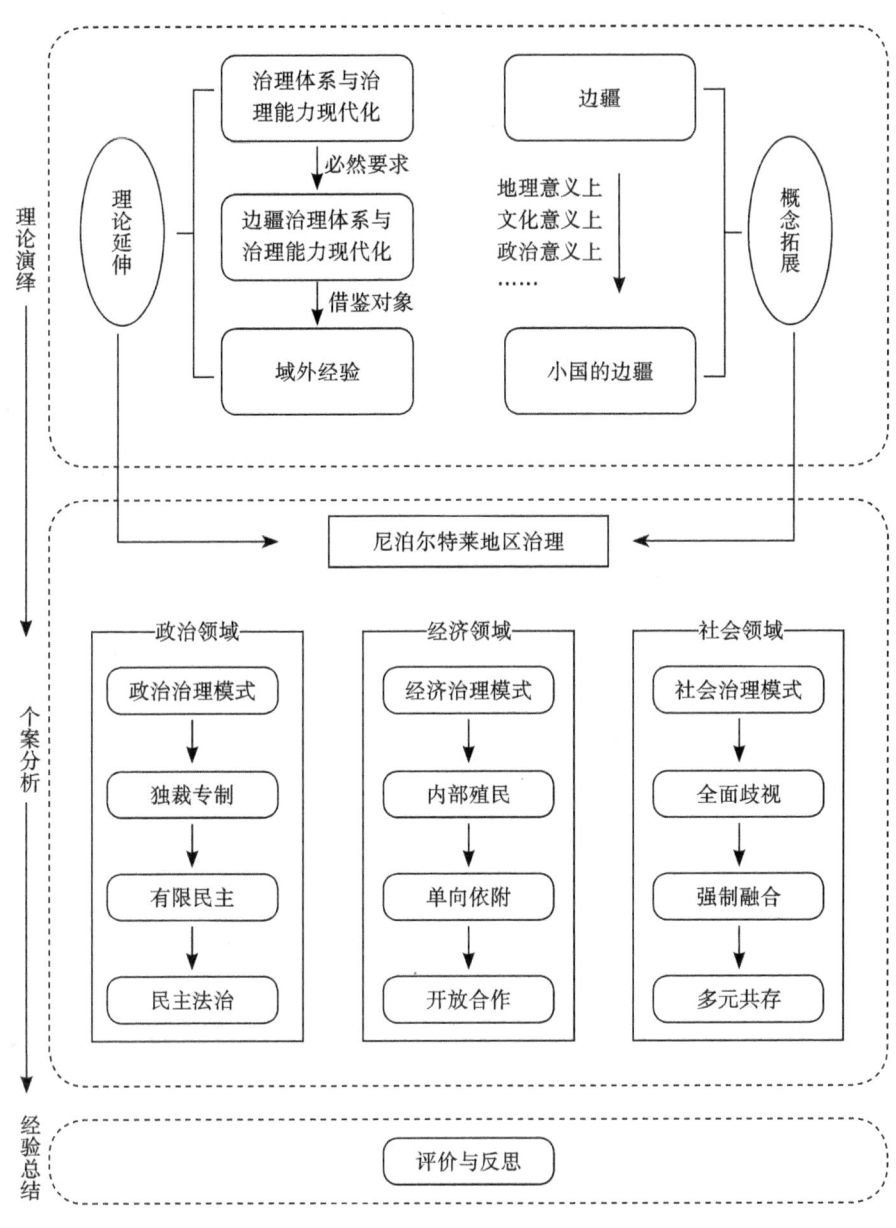

图 1-1

本研究的主旨是以边疆的视角对尼泊尔特莱地区治理过程进行审视，分析其治理的对象、目标、模式和手段，并在此基础上对其治理的过程进行评价和反思，从中总结其规律性的经验和教训，以期对中国的边疆治理有所启示，也就是要回答以下几个方面的问题。

41

尼泊尔特莱地区治理研究

第一，特莱地区治理面临的问题和目标是什么？

第二，特莱地区政治、经济和社会领域的治理模式和政策有何特殊之处？

第三，特莱地区治理的成效如何？存在什么问题？

基于上述的研究主旨和以上确定的理论分析框架，本研究的内容和章节编排主要有以下几个部分。

绪论部分对研究的缘起、研究的理论和现实意义、研究方法途径、分析框架等技术性内容进行了清晰的介绍，并根据研究的相关性对国内外的已有研究成果进行了梳理和述评。

第一章为概念界定和理论探讨，对本研究涉及的边疆、边疆问题、边疆治理等核心概念进行界定，以划定本研究在使用这些概念时的意义边界，使研究的指向更为清晰明确。对本研究使用和涉及的相关理论进行进一步的探讨，以明确其与研究对象的相关性和适用性，并对研究对象进行理论层面的分析。

第二章是着重进行问题建构，即尼泊尔为何要将特莱地区作为边疆地区来进行特殊的治理，其面临什么样的问题，通过这样的治理想要达到什么样的目的，具体而言，一是从自然和人文两个角度阐释特莱地区的边疆属性，二是从政治、经济和社会三个层面分析特莱地区治理所面临的问题，并从问题演变的角度论述边疆问题的流变性特征。

第三章是对特莱地区政治治理模式的具体分析，首先，梳理了尼泊尔中央政府对特莱地区实施政治治理活动的核心政策及其实施情况。其次，总结和提炼特莱地区政治治理模式的形成和演变，包括独裁专制模式、有限民主模式和民主法治模式。最后，根据以上两个方面的论述，从制度变迁、治理理念和外部环境的变化三个角度分析了特莱地区政治治理模式形成和演变的背景。

第四章是对特莱地区经济治理模式的具体分析，对其主要的经济治理政策和实施情况进行梳理，总结和提炼该地区经济治理模式的形成和演变情况，包括内部殖民模式、单向依附模式和开放合作模式。最后，从特莱地区在整个国家经济中所处的地位变化、经济治理理念和国家外部经济环境的变化三个方面分析了其经济治理模式形成和演变的动力。

第五章是对特莱地区社会治理模式的具体分析，社会治理的内容主要涉及族群、宗教、语言、种姓以及基本的民生服务等，虽然内容庞杂，但其主

绪论

线清晰，即特莱地区人口的增殖和族群构成的变化，因此，本章第一部分主要厘清了特莱地区主要治理举措的演变，在模式提炼和总结部分，提出了由全面歧视到强制融合，再到多元共存模式的演变过程，最后，从人口结构、族群构成和治理理念三个角度分析其治理模式形成和演变的动力。

第六章是结合对尼泊尔特莱地区相关精英人物的访谈，对特莱地区治理过程和现状进行评价和反思，分别对其政治、经济和社会治理三个方面进行了总结性的评价，认为虽然经过了长期的治理努力，也形成了相应的治理模式，但特莱地区的治理仍然面临诸多严峻的挑战，包括政治制度与政治势力的调适问题、经济发展不平衡和人口流出问题、族群关系对立和国家认同度较低的问题等。

第一章
核心概念界定与理论概述

本研究的主题是"边疆视角下的尼泊尔特莱地区治理模式研究",研究的具体对象是基于尼泊尔特莱地区治理的历史与现实,现有的边疆治理研究大多以中国或其他大国的边疆为对象,对小国家是否有边疆、如何治理其边疆或具有边疆性质的区域研究尚无定论,因此,本研究必须先就边疆这一概念本身进行探究,厘清相关的基本概念,论述将相关理论运用于本研究的合理性,并搭建起由边疆到边疆治理,再到小国的边疆治理的理论基础。

第一节 边疆与边疆问题

"边疆"并非一个全新的概念,其作为地理和文化概念伴随着王朝国家的诞生而出现,其内涵也随着历史的演变而不断丰富,随着民族国家的建立和现代领土、主权等观念的确立,边疆的内涵也拓展到政治概念层面,在全球化进程、国际竞争,以及科技进步等因素的作用下,新的边疆概念的内涵也随之进一步拓展,在此背景下,对本研究所涉及的边疆及相关概念进行界定是开展研究前必经的步骤。

一、边疆

"边疆"是一个含义十分丰富的概念,从字面意义理解,边疆是指一国疆域的边缘性部分,主要的汉语词典对于边疆的解释也多从地理方位来进行,将边疆定义为"靠近国界的疆土"[1]"边境之地"[2],马大正研究员认为,"边疆就是直接与国界相关联的地区"[3],周平教授也认为,"单纯的边疆概念,

---

[1] 《现代汉语规范词典》,北京:外语教学与研究出版社,2010年6月,第72页。
[2] 《辞源》,北京:商务印书馆,1989年修订版(合订本),第1683页。
[3] 马大正:《边疆与民族》,哈尔滨:黑龙江教育出版社,1992年,第8页。

就是指我国邻近边界的区域"。①但随着历史的发展，世界主要国家纷纷由王朝国家转变为现代民族国家，边疆的形态和内涵也在不断地变化，新的边疆形态不断出现，文化边疆、利益边疆、网络边疆等概念被提出，研究者从不同的视角不断拓展边疆的内涵。

（一）作为地理概念的边疆

边疆的出现是伴随着王朝国家疆域不断扩大，并将与其统治中心所在范围自然地理条件迥异的区域纳入统治范围后产生的。受限于古代落后的通信、交通等手段，统治者们以空间距离的远近来衡量其统治下的疆域，实际上反映的是其统治力度自统治中心向四周辐射并逐步减弱的现实，这种观念也体现在所谓"五服""九服"等说法中，《尚书·禹贡》记载："五百里甸服，百里赋纳总，二百里纳铚，三百里纳秸服，四百里粟，五百里米。五百里侯服，百里采，二百里男邦，三百里诸侯。五百里绥服，三百里揆文教，二百里奋武卫。五百里要服，三百里夷，二百里蔡。五百里荒服，三百里蛮，二百里流。"②可见王朝的统治者对边疆的认识是基于地理位置，其统治范围的外部圈层便是边疆所在。

基于空间距离造成的统治力度衰减，中国历代王朝对边疆地区采取的是不同于其统治核心区域的策略，通过设置军事和行政机构、移民开发等手段来进行治理。如汉朝和唐朝实施的都护府制度，其实质是代表中央王朝权威的、军政合一的治理机构，实现了中央王朝对西域的控制，如明朝的土司制度、清朝在边疆地区实施的屯垦制度和将军制度，都是建立在王朝国家时期统治者对地理边疆的认识基础之上。

地理边疆的存在对于国家的稳定和强盛具有不可替代的重要意义。首先，边疆成为拱卫其统治核心区域的重要战略空间，在面临外敌入侵时，广袤的边疆区域是国家防御和反击的主战场，迟滞敌人的进攻，使其核心区域免遭战火，统治者甚至可以在外敌过于强大的情况下选择主动的战略收缩，从而以地理空间换取生存和反击的空间和时间。其次，边疆是国家强盛的前出通道，王朝国家时期，边疆的拓展就意味着为国家开疆拓土，中国自秦朝统一至清王朝覆灭，疆域总体上是不断扩大的，尤其是18—19世纪现代国

---

① 周平等：《中国边疆治理研究》，北京：经济科学出版社，2011年，第17页。
② 转引自周平：《我国边疆概念的历史演变》，《云南行政学院报》，2008年第4期。

家概念出现后，国家边界和版图逐渐形成，地理边疆的范围成为现代国家的版图范围。在民族国家逐步建立后，地理边疆成为国家经济发展、人口增长、军事防御等活动的战略空间，是国家走向强大的物质保障。

（二）作为文化概念的边疆

以文化的远近、异同来区分统治核心区域与边疆区域是中国边疆观的另一大构成要素。与地理边疆相适应的是王朝国家在文化观念上的边疆，在外圈层的边疆地区居住的往往是与中原王朝具有明显异质性的人民，因此，需要在政策上也采取相应的特殊政策，即所谓"内诸夏而外夷狄"[1]，主张内外有别。周平教授认为，"边疆区域，同时也是华夏之外的其他民族生活的区域，有着完全不同于中原文化的夷狄文化，有待于中原文化的传播并将其开化，因而有着文化的含义。"[2]以包括语言、宗教信仰、服饰和礼仪等文化要素为划分标准来区分华夏民族与"夷狄"，也就是"华夷之辩"，古代中央王朝的统治者认为其文化，尤其是政治制度具有优越性，其文明程度高于后者，因此，与其文化不相通者便是需要加以教化的边疆。

由此思想诞生了历代王朝沿用并不断加以改进的"羁縻制度"。"羁"是指驾驭马时使用的络头，引申意义即使用军事和政治力量加以压服，"縻"是指牵牛时用的绳子，引申意义即使用经济利益等物质手段来进行抚慰，"羁縻政策"的核心就是"以夷制夷"，在边疆地区任用当地族人头领进行统治，对其给予一定的物质利益奖励，从而确保边疆地区的安宁。"羁縻制度"始于秦汉时期，隋唐两朝将其加以继承和发展，宋朝将该制度进一步完善，在元朝时期已逐步形成完整的土司制度，明清两朝的中央集权统治程度空前强大，对边疆地区的控制力度也极大增强，而边疆地区与中原王朝的交往日益密切，文化上的异质性也在缩小，其统治者对"羁縻制度"进行了改进，改土司为流官，一些传统上的边疆地区不再称其为边疆。

19世纪，民族国家开始在西方兴起，边界、主权等概念也开始形成，国家的边界逐渐确定下来，地理边疆的外部延展性就不复存在，其向国土中心区域延展的范围更多就是通过文化异质性来定义，在现代语境下，就需要

---

[1] 转引自周平等著：《中国边疆治理研究》，北京：经济科学出版社，2011年，第9页。

[2] 同上，第10页。

借助民族的概念。中国的民族国家构建也在20世纪初开始，随着中华人民共和国的建立，中国的民族国家也由此建立。①在这样一个统一的多民族国家，各个不同民族认同同一个政治实体——中华人民共和国，同时也认同其所属的民族，而少数民族在地理位置分布上多处于国土的边缘性地带，边疆地区往往与少数民族聚居的地区相重合，因此，边疆地区在很多时候也被称作边疆民族地区，或者民族地区，对边疆地区进行治理的许多政策也是以民族差异为取向的，即族际主义的边疆治理模式。但是，民族地区并不能完全代替边疆地区的概念，也不是边疆概念的全部，而只是作为文化概念的边疆的一种表现。

（三）作为政治概念的边疆

以地理和文化因素差异划分边疆的目的是对其进行差异性的治理，在这些地区实施有别于主体或核心区域的政治制度，如民族区域自治制度，其反映的是国家统治力量在这些区域弱化，是一国的统治由"治"向"不治"过渡的特殊区域，"国家的政令在这一区域远不如内地那样有效"。②作为政治概念的边疆一方面突破了单一传统的地理和文化边疆划分模式，使人们对边疆的认识不再局限于"偏远地区"和"民族地区"，而是上升到更加符合边疆作为主观建构的产物这一根本特质的水平。另外，以政治学的视角来定义边疆，更多的边疆形态由此得以出现，如战略边疆、利益边疆、信息边疆、文化边疆等全新的非领土性边疆概念发展起来，与传统的陆疆、海疆、空疆、底土边疆这类领土性边疆不同，新的边疆概念突破了领土的限制，拓展为一个无形的、以政治权力为边界的场域。

政治学视角下的边疆观念使人们对于边疆的认识更加全面，更大的意义在于指导边疆治理的实践活动，在传统的治边思想指导下，倾向于将资源集中在解决民族问题上，被称为族际主义的边疆治理模式。方盛举教授认为，这种模式至少存在三个方面的问题，一是造成民族间关系的固定化、刚性化；二是使少数民族权益出现特权化发展的趋势；三是区别化的少数民族政策造

---

① 周平：《对民族国家的再认识》，《政治学研究》，2009年第4期。
② 方盛举：《新边疆观：政治学的视角》，《新疆师范大学学报（哲学社会科学版）》，第39卷，2018年第2期。

第一章 核心概念界定与理论概述

成少数民族间关系紧张。①政治学边疆观不以文化或族群为着眼点,将国家权力和权威实现的程度作为衡量标准,由此,区域主义的边疆治理模式被提出,这一模式主张"把边疆治理的视野从以解决民族问题、协调民族关系为出发点和落脚点,转到关注边疆的重大公共问题的解决上来"。②

边疆概念的外延不断扩大,使边疆不再依托于有形的物理存在,使其依托某种特定的场域也能够被建构起来,这也证明了边疆内涵的流变性。通过政治视角来界定边疆使其内涵进一步丰富,一般认为,只有那些领土面积达到相当规模的国家才拥有边疆,而领土面积较小的国家不存在、也不需要将国土的特定部分划为边疆地区进行治理,但这只是传统的地理边疆观的认识,由于政府统治力量衰微、邻国势力强大,以及国内族群构成复杂等原因,小国家的边疆也同样存在,且面临着更为严峻的边疆问题,其对小国家的国家安全所构成的威胁也更加突出。从研究对象的实际情况出发,本研究所采用的边疆概念,主要是文化和政治意义上的边疆,特莱地区作为尼泊尔的边疆,其相应的人文和地理等特征将在第二章进行详细的论述,此处不再展开。

二、边疆问题

有了边疆,就有了边疆问题。边疆问题是边疆地区和场域中特殊环境、特殊矛盾的产物,制约着边疆政治、经济、社会、文化等活动的运行,正因为有了边疆问题,边疆才成其为边疆,边疆问题若能得到彻底解决,即当边疆地区或领域与其他地区或领域的差异被消除时,边疆便不再是边疆。边疆问题在不同时期、不同领域的表现是不一样的,周平教授认为边疆问题可以分为三个方面的问题,一是发展问题,二是稳定问题,三是安全问题③,进而将不同形式的边疆问题归纳为6类,即设治问题、开发和建设问题、发展问题、民族宗教问题、文化的冲突和协调问题、稳定和安全问题等。④李丽博士在考察国内不同学者对于边疆问题定义的基础上,将其分为边疆的政治、

---

① 方盛举:《对我国陆地边疆治理的再认识》,《社会科学文摘》,2018年第1期。
② 同上。
③ 周平:《我国的边疆治理研究》,《学术探索》,2008年第2期。
④ 周平等:《中国边疆治理研究》,北京:经济科学出版社,2011年,第18—22页。

安全、经济和社会文化四个类别。[①]对边疆问题的多种分类方式恰恰表明了其存在的普遍性和广泛性。

（一）边疆问题的形成

边疆问题的本质是资源分配和分布的不平衡，这里的资源既包括经济资源等有形的资源，也包括政治资源、文化资源和社会资源等无形的资源。具体来讲，经济资源分配不平衡是由自然资源禀赋、经济制度、个人的知识技能、区位优势等诸多条件决定的，表现为经济地位的差异，即贫富差距的存在和不断扩大。政治资源、文化资源和社会资源包括政治权利、政治地位、本族群或地域特有文化的传承和保护、宗教自由的享有程度、教育和医疗卫生条件等，这些资源的分配与制度密切相关，也受经济条件的制约。资源分配的不平衡性既体现在边疆地区与国家其他地区之间的不平衡，也体现在边疆地区内部不同群体之间，甚至在同一群体的不同阶层之间。需要特别提出的是，这种不平衡并不仅仅表现为边疆地区相对于国家其他地区的弱势地位，也可能表现为其占据优势的另一种不平衡，例如边疆少数民族同胞在高考、公务员招考等社会资源分配方面所享受的特殊政策在近年来受到的质疑，有观点认为这也是一种资源分配的不平衡。抑或边疆地区由于其邻近他国的区位优势，在经济发展方面远超国家其他地区，从而形成另外一种不平衡。

这样的不平衡在规模较小的国家也同样存在。小国家的政府拥有的政治资源有限，对国内不同地区和不同领域的治理能力也是有限的，在面临邻国或其他外部势力的干涉时也缺乏足够的应对能力，尤其是在边缘性的地区和领域，其很难有效应对外部势力的侵蚀，从而形成了政治资源的分布不平衡，其治理能力自核心不断衰减至零的临界部分便成为其在政治上的边疆。规模较小国家面临的另一个问题是其文化的凝聚力和向心力不平衡，其文化和社会对国内不同族群的感召能力容易受到其他国家的影响，存在跨界民族，尤其是该跨界民族的主体在邻国建立了政治实体的情况下，小国的族群认同和国家认同就容易受到影响，而这种文化凝聚力和向心力的不平衡对于现实中规模较小的国家而言是常态，因此，边疆问题也是规模较小的国家治理过程中的常态问题。

[①] 李丽：《印度东部边疆治理研究》，云南大学博士学位论文，2016年，第30页。

（二）边疆问题的特征

边疆问题的治理是国家治理的重要组成部分，边疆的治与乱直接关系到整个国家的安定，而对边疆问题的认识是边疆治理的核心，其极端重要性毋庸赘言，同时也具有高度的复杂性、敏感性等诸多特征，在推动国家治理能力和治理体系现代化的背景下，至少有两方面的特征是必须加以考虑的。

第一，边疆问题的多元性特征。边疆问题本身的构成不是单一的，它首先是复杂而多元的，具体而言，边疆的政治问题涉及边疆居民如何有序参与国内政治活动，这关系到他们对国家的政治认同和维护国家统一，边疆其他领域的问题在产生影响和最终爆发时多以政治问题的面貌表现出来，因此，对边疆政治问题的治理成为边疆治理最为重要的内容之一。边疆的经济问题涉及国计民生，边疆经济的开发一方面有利于边疆居民民生的改善，从而加强其对国家的认同，另一方面，国家借助经济开发巩固其对边疆地区经济的影响力，通过经济政策的调控来调节人口流动、主导边疆地区与邻近国家和地区的经济联系，最终实现经济建设的全国同步。边疆的社会和文化问题则更为复杂，宗教问题、族群问题、语言文字问题等往往相互交织，且存在巨大的历史惯性，其影响巨大而深远，对其治理总是牵一发而动全身，而且极易引起边疆地区居民的不满。边疆安全问题，包括传统的军事安全、边防安全和非传统安全，如恐怖主义、民族分裂势力、跨国犯罪、传染性疾病等威胁正变得日益严重。

第二，边疆问题的流变性特征。边疆问题不是一成不变的，边疆问题的形态反映的是一个时期内边疆地区的主要和次要矛盾，随着边疆治理活动的推进、内外部环境的改变，边疆问题也会改变，旧的问题可能得到解决，新的问题可能又会出现，旧的问题在新的治理环境下也可能呈现出新的特征，边疆治理的种种政策也会相应地变动。从历史的角度来看，边疆问题是始终存在的一个问题，但在不同的朝代表现为不同的形态，例如外敌入侵、叛乱、起义等。即便是同一边疆地区，其在不同的朝代或同一朝代的不同时期，也可能呈现出截然相反的治乱形态。因此，对边疆治理活动的分析不应采取静态的视角，而是从历史的视角和全局的高度来分析，把握其变与不变的实质。

（三）边疆问题的影响

边疆问题产生于边疆，但其影响却远超边疆本身，"边疆问题产生并存在于边疆，但影响却不止于边疆地区，而是涉及整个国家。不仅影响着国家的稳定，也影响着国家的盛衰"[①]。

从横向来看，一个时期内的边疆问题影响着边疆地区政治、经济和社会等领域的有序发展，若不能得到有效的治理，将造成相关领域发展失序，最终的后果是国家对边疆治理的失败，导致冲突、分裂等严重的后果。同时，由于边疆问题与整个国家命运的关联性，边疆问题不加以有效治理最终会上升为国家问题，导致国家衰败、民族走向没落。而且，边疆问题的外溢效应也会将其负面影响传导至邻国和邻近区域，从而影响整个区域的发展。

从纵向来看，边疆问题的治理关乎国家的未来，一个时期的边疆问题始终是过去边疆问题的延续或其衍生出来的问题，例如边疆地区的领土问题和族群关系问题，并非无故产生，而往往有深刻的历史原因。历史上曾经出现的边疆问题有的已经被妥善解决，而当下对于边疆问题的治理又决定了未来很长一个时期边疆问题的走向，这要求当下的治理者采取科学、长远的治理模式和治理理念。

第二节　治理理论与边疆治理理论

治理理论是对传统政府管理理论的发展和扬弃，治理理论的出现对于传统边疆治理理论的更新是一次重要的机遇，将治理理论的有关研究方法、范式引入边疆治理理论，不仅有利于丰富边疆治理理论，也有利于边疆治理实践的时代性要求。通过对治理理论兴起的背景和其特征的回顾，以及对中国边疆治理理论的梳理，构建了一个符合本研究的边疆治理概念。

---

① 周平：《我国的边疆与边疆治理》，《政治学研究》，2008年第2期。

第一章　核心概念界定与理论概述

一、治理理论

就字面意义而言,治理就是统治与管理的结合,中国古代思想家对于治理的论述颇多。《荀子·君道》认为,"明分职,序事业,材技官能,莫不治理,则公道达而私门塞矣,公义明而私事息矣",主张选贤任能,发扬公道和公义,则营私之事自然减少,这是古人提出的"治理"的途径和意义。然而,古今中外的治理思想在传统上更侧重于"统治",而非"管理",政治学上的治理通常指国家治理,即政府如何运用国家权力来管理国家事务和人民,而经济学和管理学意义上的治理则是20世纪末逐渐兴起的一个概念。

英文的"治理"Governance 一词在根源上来源于希腊词汇 κυβερνάω [kubernáo],其原意是驾驶、控制,哲学家柏拉图最先将其引申意义运用到政治学领域。20世纪80年代末至90年代初,随着冷战的结束,面对经济全球化迅速发展和众多全球性挑战,如气候变化、环境污染、恐怖主义活动等的出现,在国际关系学领域出现了全球治理的概念,呼吁各国通过政治协商和共同解决的方式,解决共同面临的全球性挑战。1989年,世界银行在其关于非洲发展情况的报告中首次提出了"治理危机"(Crisis in Governance)一词,1991年,世界银行发布的论文《管理发展:治理层面》(*Managing Development: The Governance Dimension*)中对治理进行了更贴近世行业务和主旨的定义,认为治理即为了实现发展而对国家经济和社会资源进行管理的权力运行方式。[①] 联合国在1992年成立了全球治理委员会,由此,治理的概念在全球范围内逐步兴起,并首先被联合国、世界银行等国际组织接受和推广开来。全球治理委员会对治理的定义是:治理是各种公共的或私人的个人和管理机构管理其共同事务的诸多方式的总和。[②]

关于治理理论兴起的原因,学界普遍认为有两个方面:一是西方福利国家在管理上出现的一系列危机,如财政赤字、效率低下和机构臃肿等,英国、美国等都纷纷进行财政和福利制度改革;二是市场作为"看不见的手"的调节功能出现危机,等级调节机制同样也出现了问题,在市场机制的调节下,垄断、失业率增加和贫富差距拉大等现象更加频繁,政府于是介入、采取等

[①] World Bank: *Managing Development: The Governance Dimension, Discussion Paper*, 1991, p.1.

[②] 转引自俞可平:《全球治理引论》,《马克思主义与现实》,2002年第1期。

尼泊尔特莱地区治理研究

级调节，在一定程度上缓解了这种现象，但却使市场的混乱进一步加剧。与此同时，社会组织迅速发展，并在更多的政治、经济和社会领域发挥作用，人们开始寻求第三条道路。由此可见，治理理论是伴随着社会管理中出现的种种问题和管理需求而产生的。

治理理论的主要代表性学者詹姆斯·N. 罗西瑙认为，治理是"只有被多数人接受（或者至少被它所影响的那些最有权势的人接受）才会生效的规则体系"①，与其不同的是，政府的政策即便是受到普遍反对，也能够付诸实施，强调不同的主体为了共同的目标而在没有外来强制因素的前提下进行自觉的管理活动，因此，治理主体的范围就广泛地扩大了，既包括了政府机制，也包括非正式的和非政府的机制。

治理理论的另一位代表性学者罗茨认为至少有6种不同的定义，即作为最小国家、作为公司治理、作为新公共管理、作为"善治"、作为社会—控制系统和作为自组织网络，在分析这6种定义的基础上，罗茨认同将治理定义为"自组织的组织间网络"②，并且提出治理具有4个方面的特征，即（1）组织之间的相互依存；（2）相互交换资源以及协商共同目的的需要导致的网络成员之间的持续互动；（3）游戏式的互动以信任为基础，由网络参与者协商和同意的游戏规则来调节；（4）保持相当程度的相对于国家的自主性。③

俞可平教授认为治理"是在各种不同的制度关系中运用权力去引导、控制和规范公民的各种活动，以最大限度地促进公共利益"④，并指出了治理与统治的四个显著区别，一是治理与统治在实施过程中权威的区别，统治实施的过程中的权威是政府，而治理实施过程中的权威不一定是政府。二是权力运行的向度不同，政府统治中的权力向度是自上而下的，治理则是一个上下互动的管理过程。三是管理的范围不同，政府统治的范围受限于民族国家的领土，而治理则可以超越领土界限。四是权威的基础和性质不同，前者依赖政府法规和命令，后者则源于公民的认同和共识。⑤全球治理委员会将治

---

① 詹姆斯·罗西瑙：《没有政府的治理》，南昌：江西人民出版社，2001年，第5页。
② R.A.W. 罗茨：《新的治理》，《马克思主义与现实》，1999年第5期。
③ 同上。
④ 俞可平：《论国家治理现代化》，北京：社会科学文献出版社，2014年，第21页。
⑤ 同上，第22—24页。

第一章 核心概念界定与理论概述

理的特征归纳为四个方面,即(1)治理不是一套规则条例,也不是一种活动,而是一个过程;(2)治理的建立不以支配为基础,而以调和为基础;(3)治理同时涉及公、私部门;(4)治理并不意味着一种正式制度,而确实有赖于持续的相互作用。

从以上代表性学者和权威机构对于治理特征的研究可以发现,无论从哪个角度来定义治理,都着重强调其公共性质,认为其本质上是一种"公共管理活动和公共管理过程,它包括必要的公共权威、管理规则、治理机制和治理方式"[①],由于市场和国家在一定程度上的失效,西方的政治学家和管理学家希望以治理替代统治,但是,治理也并非万能,其公共性的特征使其缺乏统治所带有的强制性,因而也使其注定无法取代统治的某些功能,"它不能代替国家而享有政治强制力……,有效的治理必须建立在国家和市场的基础之上,它是国家和市场手段的补充"[②],可见国家在治理过程中的主导地位仍然是不可撼动的。

在治理理论被广为讨论的基础上,善治的概念也同时被提出,所谓善治(Good Governance)即良善的治理、好的治理,俞可平教授在综合了关于善治的各种观点后将其基本要素归纳为10点[③],这10个方面的要素也与国家在治理中的角色密不可分,在一定程度上善治是对传统的统治通过引入治理来进行改良。而考虑到国际关系研究中所公认的国际社会"无政府"状态,治理理论被更多地用于分析国际问题,实际上,治理理论的主要创始人之一詹姆斯·罗西瑙就是将其应用于国际问题研究的代表人物之一,由此便产生了全球治理理论,全球治理理论强调非国家行为体的作用,弱化传统民族国家在国际事务中的绝对支配地位。

虽然全球化削弱了国家的主权,信息通信技术的进步使不同国家间的界限也在变得模糊,国际组织、非政府组织等非国家行为体也在更多地参与到全球治理中来,但不可否认的是,主权国家的政府仍然是全球治理的主导者,

---

[①] 俞可平:《论国家治理现代化》,北京:社会科学文献出版社,2014年,第21页。
[②] 同上,第25页。
[③] 这10个要素是(1)合法性(legitimacy),(2)法制(rule of law),(3)透明性(transparency),(4)责任性(accountability),(5)回应(responsiveness),(6)有效(effectiveness),(7)参与(civic participation/engagement),(8)稳定(stability),(9)廉洁(cleanness),(10)公正(justice)。具体可参见俞可平:《论国家治理现代化》,北京:社会科学文献出版社,2014年,第27—30页。

尼泊尔特莱地区治理研究

非国家行为体在全球治理中所起到的作用也是补充性质的，且受到主权国家的制约，在近年来逆全球化趋势越来越明显、保守主义和民族主义再次兴起的背景下，推动全球治理仍然要依靠国家行为体。

由以上的梳理和分析可以发现，尽管公共性是治理理论区别于传统统治的主要特征，但其仍然无法取代政府行为体在管理社会等公共事务中的角色，更多的是起到辅助性的作用，是对传统的政府管理行为的一种补充，在某些领域，如对一国边疆地区的治理，需要政府作为国家强制力的代表发挥主导性的作用。治理理论诞生的政治、经济和社会背景是西方资本主义社会独有的，在运用该理论进行国家和社会治理实践或研究的过程中，也需要考虑特定的现实环境，在政府的统治功能都还未完全建立的情况下，如尼泊尔这样的经济落后、政治局势动荡、族群和文化多元的国家，治理活动更应当首先侧重于发挥政府和市场的基本功能，在此基础上使非政府组织和非政府机制逐步发育起来，进而实现真正意义上的治理。

二、边疆治理理论

治理理论的兴起对其他学科产生了重要的影响，相关的概念也纷纷出现，如区域治理、乡村治理、社区治理等，边疆治理的概念也被学界提出。中国著名边疆学者周平教授认为，"必须把当代治理研究的范式引入边疆治理的研究中，把治理理论的新概念、新元素吸收到边疆治理理论中，重构当代中国的边疆治理理论"[1]，认为治理理论包括宏观层面的全球治理，也包括微观层面的地方治理，而边疆作为"边缘"地区，可以适用地方治理的相关理论，打破国家与市场的二元模式，引入社会的力量，最终实现国家、市场与社会的良性互动。[2]

随着实践的深入和理论的发展，而更多的研究者将不同学科的研究方法、研究范式和理论引入边疆治理研究，从人类学、社会学、民族学、政治学、历史学、经济学等不同角度研究边疆治理问题，在不同学者、不同学科交叉研究的背景下，"边疆治理"这一概念的内涵变得更加丰富，但也更加容易混淆，甚至存在相互分歧的定义。孙保全和赵建彬两位学者对"边疆

---

[1] 周平等：《中国边疆治理研究》，北京：经济科学出版社，2011年，第32页。
[2] 同上，第387页。

第一章　核心概念界定与理论概述

治理"的概念进行了系统的梳理,在回顾中国边疆治理实践活动历史的基础上,将不同学科在使用"边疆治理"概念时的不同视角和内涵,包括史地视角、民族视角、经济视角、社会视角、海洋视角和国家视角进行比较,然后认为国家视角是最具有概括性和普遍解释力的,这一视角认为,国家疆域的存在是边疆存在和进行边疆治理活动的前提,边疆治理实际上"属于国家治理范畴"。[①]

周平教授认为边疆治理不应被简单地理解为对边疆地区的经济开发,而应当是边疆政治、经济、社会和文化的综合发展,是边疆的整体提升,因此就需要协调好国家、市场和社会的关系,基于此,周平教授的研究将边疆治理的模式分为四类,即(1)市场自由竞争模式,是资本主义自由竞争时期西方资本主义国家对其边疆的治理模式;(2)政府计划主导模式,是源于马克思主义经典作家对市场和计划的认知;(3)政府与市场混合模式,这种模式是对前两种模式各自弊端进行修正的结果;(4)多元治理模式,运用治理理论而产生的一种边疆治理模式。[②]

本研究认为,概念的不同视角和治理模式等区分方式,都是对过往和当下同一类现象、活动的描述,中国历代王朝对边疆地区的"统治"活动在不同时期的著作中有不同的说法,有边事、边务、边政、筹边、边疆经略等,在近代研究者的叙述中也被称作"边疆治理"。近年来,更多的研究者将王朝时期对边疆地区的统治和管理行为称作"边疆治理"并开展相应的研究,这实际上是用现代的学术概念来回溯历史,以现代的眼光和标准来审视历史活动,并试图从中得出符合当下边疆治理实践的规律性经验和教训。本研究认为,中国的边疆治理理论应当是在传统的"边疆治理"思想基础上,结合当代的政治和社会现实,并吸收现代治理理论才能够最终完善的。

需要特别指出的是,在现代汉语的语义环境和本书对于"治理"和"边疆治理"概念的使用中,尤其是涉及特莱地区早期的"治理",其内涵与严格的公共管理学意义上的"治理"并不是完全一致的,早期的治理更多表现为国家统治者对特莱地区自上而下的"统治",政府之外的治理主体存在和

[①] 孙保全、赵建彬:《"边疆治理"概念的形成与发展》,《广西民族大学学报(哲学社会科学版)》,第39卷,2017年第3期。

[②] 周平等:《中国边疆治理研究》,北京:经济科学出版社,2011年,第380—386页。

发挥作用的空间极为有限，治理客体也只是单纯地作为被动接受者，本研究采用此概念来描述早期的"统治"活动，侧重点在于"治"，而非"理"，目的是阐述其边疆治理实践的延续性，由此所提出的边疆治理模式也是对包括其早期"统治"活动在内的治理实践的一种经验性总结，是用现代概念对过往活动的描述，并非混淆两个内涵不同的概念。

边疆治理理论具有丰富的实践性。首先，边疆治理活动对于国家的整体治理不可或缺，且具有极端的重要性，对于边疆治理实践的重要性，国家决策层已经将其提升到国家战略的地位，提出了"治国必治边"的思想，周平教授认为，在中国"国家崛起"的时代背景下，"边疆治理的成效直接攸关国家崛起目标"。[1] 其次，边疆治理的理论本身是在不断的实践中产生、并被实践检验和修正的，边疆治理理论本质上是在对历代边疆治理活动的总结基础上形成的，是一个历史的、动态的概念。

同时，边疆治理活动具有鲜明的国家主导性。国家在边疆治理的过程中始终是居于主体地位的，边疆治理行为归根结底是一种国家行为，在历史上的边疆治理过程中，中央政府历来是边疆治理政策的制定者、推动者和执行者，而边疆治理的客体则是边疆地区。治理理论被引入边疆治理后，社会组织等非政府行为者也成为边疆治理的主体。但应当明确的是，政府所代表的国家依然占据主导地位，非政府行为者仍然要受政府的制约。而在现实的边疆治理实践中，越是在政治、经济和文化落后的边疆地区，治理的传统色彩就越浓厚，这也与边疆地区的社会发育水平落后这一客观事实是相契合的。因此，在治理边疆的过程中，中央政府的主导性作用是不可或缺的。由此，本研究认为边疆治理就是一国政府主导下的、调动其一切有形和无形的资源，对其领土和非领土性边疆进行管理的过程和行为的总和。

三、边疆治理理念与治理模式辨析

边疆治理的理念和模式是本研究涉及的两个重要概念，引入这两个概念有助于理解特莱地区治理的特征及其演变过程，而两者往往是被混淆的，有必要对其进行辨析。"治理理念指公共治理的价值取向或价值追求，是构建

---

[1] 周平：《国家崛起与边疆治理》，《广西民族大学学报（哲学社会科学版）》，第39卷第3期，2017年5月。

第一章　核心概念界定与理论概述

治理模式的价值支撑"[①]，边疆治理理念是边疆治理活动的最高价值取向，制约着相关战略的选择和政策的制定、实施，如同边疆治理的灵魂所在，边疆治理模式则是在边疆治理理念的指导下形成的一系列相互联系、延续的政策的共同特征，"更多地指代一种价值理念直接指导下的方法论"，是对边疆治理理念的践行，治理理念与治理模式的关系类似于"纲"与"目"的关系，纲举则目张。治理理念对于治理实践活动的影响倾向于潜移默化，而治理模式的影响则更为直接、具体，简而言之，治理理念意味着要实现什么样的治理，治理模式则意味着如何去实现这样的治理。

中国的边疆治理理论将边疆治理模式划分为四大类，即族际主义、区域主义、情感主义和规制主义模式。族际主义的边疆治理模式将处理边疆地区的民族关系作为其治理的核心内容，相关的政策也以民族和民族关系为出发点和落脚点，甚至"民族政策代替了边疆政策"。[②] 区域主义的边疆治理模式强调区域之间的差异，其治理的出发点是缩小和消除区域之间的差异。情感主义的边疆治理模式强调语言文字、宗教、风俗习惯等文化特征，试图通过对这些要素的调适来达成治理目标。规制主义的边疆治理模式强调法律和制度建设，试图将边疆问题的治理全部纳入法制的轨道，以制度来进行规范，而不再区分民族、地域或文化特征。

单一的治理模式必然是存在缺陷的，也不可能以单一不变的模式应付纷繁芜杂的边疆问题，不同治理模式之间的分野并非泾渭分明，尤其是在具体的边疆治理实践中，不同治理模式交叉、交替采用既是科学治理的必然要求，同时也是对实际情况的客观反映，将不同的治理模式相互结合、扬长避短也是当前学界普遍认同的做法。新中国成立以来形成的族际主义边疆治理模式的局限性日益显露，单纯的民族政策已经不足以应对当前边疆地区存在的种种问题，将族际主义与区域主义乃至更多的治理模式相结合，是边疆治理模式创新的一个重要方向。

实际上，边疆治理模式创新的另一个方向可以是针对具体领域边疆问题的治理模式创新，不再试图以某种模式来统领整体上的边疆治理实践，而是在具体的问题领域中构建和推行一套相对独立的治理模式，在这样的一套治

[①] 吕朝晖：《当代中国陆地边疆治理模式创新研究》，云南大学博士学位论文，2015 年，第 70 页。

[②] 周平：《我国的边疆与边疆治理》，《政治学研究》，2008 年第 2 期。

理模式下，其相应的政策可以是族际取向的，也可以是区域或情感、规制主义取向的，也可以是以上的综合，不同领域的治理模式最终服务于相同的治理理念，从而构成完整的边疆治理。

第二章
特莱地区的边疆特征

边疆问题并非大国独有,在中央政府式微、国家统治能力不均衡、与邻国实力对比悬殊等情况下,小国也面临着如何有效治理边疆地区的问题。正如边疆问题的存在并非中国一国所独有,对边疆地区进行有效治理也是其他国家正在积极探索的问题,尼泊尔对其南部特莱地区的治理活动就具有典型的小国边疆治理的意义。特莱地区在尼泊尔国家统一、独立和发展的过程中也发挥了作为边疆地区的巨大作用,在国家统一阶段,特莱地区作为国家领土扩大的空间范围,为尼泊尔王国的诞生提供了可能,统治者将其作为封地赠予对政权极为关键的军队和政府官员,使统一的过程有了动力支持,在国家面临外部威胁时,特莱地区是与外敌对抗的战略缓冲空间,在国家发展阶段,特莱地区为不断增长的人口和经济提供了发展空间。在各个不同时期,特莱地区治理的主要问题也在不断演变,本章将这些问题按照政治、经济和社会三个领域进行划分,按时间脉络进行梳理,以便进一步揭示边疆问题的流变特征,并在后续三章依次展开。

第一节　作为边疆的特莱地区

传统意义上对边疆的定义主要从国土边缘区域与中心区域的空间距离、自然差异和人文差异等角度来进行,认为只有那些远离国家中心或主体部分、与主体部分的自然条件迥异,且民族、文化、习俗等人文因素也差异巨大的边缘部分领土才能被称作边疆,若距离远、自然环境差异大,但在这里生活的民族及其文化与国家主体部分的民族差异小,且与之联系紧密,那么也不能称其为边疆地区,在此意义上,小国似乎天然就没有边疆。现代政治学意义上的边疆,则以国家在领土范围内国家力量所能抵达的边界为界限,认为国家力量是从中心往外辐射并逐步减弱的,那么国家能力由强到弱辐射到的边缘部分便是边疆,如果认为"边疆往往是国家力量(包括国家权力和国家权威）实施管控活动中有较多困难，存在较多管控风险的区域或领域"①，也就突破了单纯用空间和自然条件来定义边疆的限制。

尼泊尔是一个典型意义上的小国，国土面积约14.7万平方公里，排名世界第94位，人口总量截至2019年约2900万，排名世界第48名。根据联合国发布的2019年人类发展报告，尼泊尔的人类发展指数为0.579，位列全世界189个国家中的第147名②，排名极为靠后，是联合国认定的世界最不发达国家之一（Least Developed Countries，LDCs）。2016年，尼泊尔5岁以下婴儿的死亡率仍高达3.5%。③2016年其国民生产总值为218.74亿美元，排名世界第105名，人均国内生产总值760美元，位列世界第165名。④尼泊尔2011年的人口统计报告显示，全国80%以上的人口为农业，全国四分之一的人口生活在国家贫困线以下。

截至2016年底，尼全国道路里程总长度为57632公里，其中砂石路面的道路里程总长度为12823公里，占总数的22.2%，铺设沥青路面的为2004公里，占比3.5%，其余74.3%均为泥土路面。⑤尼泊尔的军队规模约9.5万人，只有陆军和少数装备落后的空军，其武装警察也被视为准军事力量，但总体而言仍然十分落后。据2010年统计，尼泊尔全国人口的识字率仅占60%，公立学校远无法覆盖所有适龄儿童，高等教育学校数量少、质量低也是严重的问题，种姓制度的残留、地域歧视、贫穷和性别歧视仍然是制约尼泊尔教育事业发展的巨大障碍。

在社会治理效率和文化软实力方面，尼泊尔也不具备优势。首先，尼泊尔2006年才结束长达10年的内战，2008年才结束王室统治，又经过了7年的漫长过程才制定了新的宪法，而争取民主的活动造成的政治动荡已经持

---

① 方盛举：《新边疆观：政治学的视角》，《新疆师范大学学报（哲学社会科学版）》，第39卷第2期，2018年3月。

② UN, *Human Development Report 2019: Inequalities in Human Development in the 21st Century-Briefing note for countries on the 2019 Human Development Report, Nepal*.

③ The Asian Development Bank（ADB），*Poverty in Nepal*, https://www.adb.org/countries/nepal/poverty.

④ World Economic Outlook Database, International Monetary Fund（IMF），April 2016.

⑤ Ministry of Federal Affairs and Local Development, Department of Local Infrastructure Development and Agricultural Roads（DoLIDAR）：*Statistics of Local Road Network (SLRN) 2016*.

第二章　特莱地区的边疆特征

续了近30年，在此前，尼泊尔一直是一个封建的君主专制国家，根深蒂固的传统封建思想一直在影响着各个阶层，腐败的政治文化是难以根除的痼疾，据"透明国际"（Transparency International）发布的2019年全球腐败排行榜，尼泊尔位列全球180个国家中第113名[①]，其政府预算低、执行力差、腐败严重，对国内社会问题的治理既无妥善方案，也没有相应的能力，特别是其对本文研究对象——特莱地区的控制力度历来较为薄弱。文化方面而言，尼泊尔约80%的人口信仰印度教，约12%的人口信仰佛教，其文化受印度教文化的影响深远，语言、服饰、饮食等都与印度较为接近，印度对其拥有极强的文化影响力。

总体而言，尼泊尔的硬实力和软实力都不具有任何竞争力，各项指标都在世界上排名靠后，客观上而言是一个弱国。更让尼泊尔显得弱小的是其与两大邻国中国和印度的对比，中国和印度是世界第一和第二多的人口大国，经济、军事、科技等诸多硬实力指标均远超尼泊尔，软实力方面，印度自不待言，中国对尼泊尔的巨大影响力也是自古有之，且随着中国的崛起，其对尼泊尔的影响力也在不断提升。

以上分析是基于现实和历史的情况，尼泊尔自18世纪中期统一以来，一直保持了国家的独立，其国家规模并没有扩大或缩小，但其中印两大邻国却都经历了民族独立、解放和巨大的政治、社会、经济变迁，对尼泊尔形成的比较优势也越来越大，因此，本研究将尼泊尔定义为一个小国不仅仅是对于其现实状况的真实描述，也是对其历史地位的客观评价。

对尼泊尔而言，特莱地区尽管在空间距离上与作为传统政治中心和国家主体的山区相距并不遥远，但由于高山密林和迥异的气候带来的恶劣生存条件，以及落后的医疗和交通条件，山区的统治者要想到特莱平原，必须面临生理上的考验，这在客观上无限延长了两地间的心理距离。从族群和文化的角度来看，特莱地区一直是外来移民和原住民生存的区域，他们与代表国家主体的山区族群语言不通、文化和习俗差异巨大，尽管该地区也有山区移民进入，但其始终未能改变特莱地区的族群和文化特征。而且，从尼泊尔统一以来，特莱地区一直是统治者国家治理能力最为薄弱的部分，也是最容易出现问题的部分。因此，无论从传统还是现代以来看，特莱地区实际上就是尼

---

① *Nepal climbs 11 spots up in global corruption index*, https://thehimalayantimes.com/kathmandu/nepal-climbs-11-spots-up-in-global-corruption-index/.

67

泊尔的边疆地区。

一、特莱地区的自然地理特征

尼泊尔位于南亚次大陆北部、喜马拉雅山脉南麓，其北面与中国接壤，东部、西部和南部与印度接壤，其版图形状近似于自西北向东南延伸的长方形，东西介于东经80°至东经88°之间，东西距离约800公里，南北距离150~250公里。尽管尼泊尔被称作"高山王国"，其境内海拔高度超过8000米的山峰超过8座，世界排名前十的高峰有8座都在尼泊尔[①]，但整体来看，尼泊尔的地形呈现出北高南低的阶梯式特点，其北部是喜马拉雅南坡地区，被称为高山区（Mountain），平均海拔超过4500米，高耸入云、终年积雪，人口和动植物分布较少。其中部地区平均海拔1000—1500米，习惯上被称作山区（Hill），这些地区气候温润、森林植被茂密，面积约占尼泊尔国土总面积的65%。自巴基斯坦向东绵延2000余公里的斯瓦利克山脉（Sivalik Hills）横贯整个尼泊尔中部，其在尼泊尔境内平均海拔1500米，其山脚往南至与印度接壤的南部地区，海拔骤降至300~800米，地形也由山地演变为平原和谷地，这一平原和谷地地形区域自西北沿着尼泊尔与印度的边界线向东南延伸，直达印度锡金邦，是一条狭窄的带状区域，南北宽约70公里，其面积约3.4万平方公里，占尼泊尔国土总面积的23.1%，被称作特莱地区（Terai Region）。

在印地语中，该地区被称为तराई，'tarā ī'意为"山脚"。在尼泊尔语中，该地区被称为तराइ' tarā i'，意思是"低洼的土地，平原"，尤其是"喜马拉雅山脚下的低洼地"。该地区在乌尔都语中的名称是سرائے 'tarā ' ī '，意思是"土地位于流域的脚下"或"在河岸上；充斥着水的低地，山谷，盆地，沼泽地；草地"。从语言的形成和使用历史可以发现，传统的地理意义上的特莱地区还包括今天印度恒河平原北部的一部分，即今天的印度哈里亚纳邦、北阿坎德邦、北方邦和比哈尔邦的一部分，以及锡金邦的一部分，大致范围为尼泊尔南部与印度北部边境地区。但是，不同政治制度的分野和边界的确立使Terai（特莱）一词的内涵也发生了演变，现在，其主要用于指代尼泊

[①] 其中，根据中尼两国1961年签订的《中尼边界条约》，边界线穿过珠峰，线以北为中国领土，以南为尼泊尔领土。

第二章　特莱地区的边疆特征

尔南部的平原地区,在本研究中,除因探讨历史问题并加以特别说明外,"特莱地区"均指目前处于尼泊尔领土范围之内的特莱地区。

按照习惯上的地理位置划分,特莱地区被分为东特莱(East Terai)、中部特莱(Central Terai)和西特莱(West Terai)三部分,另外一种划分方法则是根据地形进一步划分,将特莱地区分为内特莱(Inner Terai)和外特莱(Outer Terai)两个部分,其中,内特莱是指斯瓦里克山脉南麓和马哈巴拉特山脉(Mahabharat Range)之间的数个山谷区域,大致范围为今天的尼泊尔齐特旺地区(Chitwan)。尽管划分方式不同,总体而言,特莱地区共包括20个地区,自西向东分别为坎查普尔(Kanchanpur)、凯拉里(Kailali)、巴迪亚(Bardiya)、班克(Banke)、达昂(Dang)、迦毗罗卫(Kapilavastu)、卢攀德(Rupandehi)、纳瓦尔帕拉西(Nawalparasi)、齐特旺(Chitawan)、巴沙(Parsa)、巴拉(Bara)、劳特哈特(Rautahat)、萨拉西(Sarlahi)、马霍塔里(Mahottari)、达努沙(Dhanusha)、西拉哈(Siraha)、萨普塔里(Saptari)、孙萨里(Sunsari)、莫朗(Morang)和贾帕(Jhapa)。

特莱地区属于典型的印度洋季风气候区,雨季和旱季分明,雨季为每年6月底至9月初的印度洋季风季节,来自印度洋的暖湿气流为特莱平原带来了大量的降水,伴随而来的还有高温天气,冬季降水较少,但气温也能够维持在零度以上,且为数众多的河流流经特莱平原,为其带来丰沛的水资源,这种温暖湿润的气候为特莱地区的植被生长和农业发展提供了得天独厚的优势条件,当地的水稻种植可以达到一年两熟,并且适宜甘蔗、烟草、黄麻等多种作物的生长,是尼泊尔最主要的农业产区。

湿热的气候和茂密的植被覆盖,大面积的原始森林和谷地、沼泽地形等因素,使特莱平原,尤其是东特莱的贾帕(Jhapa)、莫朗(Morang)、齐特旺(Chitwan)等地区疟疾横行,在20世纪50年代尼泊尔借助滴滴涕(DDT)等现代杀虫剂消灭疟疾前,来自山区和其他地区的人很难在这些地方生存,人们将这些地区蚊虫丛生的湿地称为Kala Pani,在尼泊尔语中的意思是"黑色的水",无论是来自南部的英国殖民者还是来自北部山区的人,都对这些地区望而生畏,在缺少医疗卫生手段的背景下,在当地过夜即意味着死亡。[①]

[①] Janak Rai, Malaria, Tarai Ādivāsī and the Landlord State in the 19th century Nepal: A Historical-Ethnographic Analysis, *Dhaulagiri Journal of Sociology and Anthropology* Vol. 7, 2013: pp.87-92.

尼泊尔特莱地区治理研究

英属印度的外科医生L.A.瓦德尔（L.A. Waddell）曾于19世纪多次考察喜马拉雅地区，他在1899年出版的旅行日记中这样描述特莱地区疟疾的恐怖程度："在这种有毒的环境中，没有劳动者敢在此久留，每一批新来的苦力在面对任何一处都可能接触到的黑死病、黑水热（Black-water Fever）等疟疾和瘟疫时都只能落荒而逃，这些疾病将复仇之手伸向每一个闯入者。"[①]

从自然地理条件来看，特莱地区首先在地形上与其强大的中央统治者所在的山区存在巨大差别，尽管在直线距离上较近，但考虑到18世纪末、19世纪初的交通条件，其与统治中心的距离是十分遥远的，其恶劣的生存环境对于以山区居民为主的统治者来说是严峻的挑战。同时，特莱地区又因人口稀少、自然资源，尤其是土地资源丰富而成为国家统一、发展和壮大的重要储备。从历史和文化的角度来看，特莱地区在被廓尔喀王国统一前未被置于统一的政权控制之下，或被不同的小王国部分控制、或处于完全自然的无主状态，而生存在此的少量原住民的种族、语言、习俗和宗教等都与廓尔喀王国存在巨大的差异，也为尼泊尔统一后对该地区的特殊统治政策奠定了基础。

二、特莱地区的人文历史特征

特莱地区主要的原住民为塔鲁人（Tharus），他们生活在特莱的平原和谷地中，以种植和捕鱼、狩猎为生，塔鲁人的语言、服饰和习俗等特征都与尼泊尔北部山区的居民迥异。关于塔鲁人发源于何处的说法莫衷一是，尼泊尔社会学家多尔·巴哈杜尔·毗湿塔（Dor Bahadur Bistha）认为他们是来自印度西北部塔尔沙漠（Thar Desert）的拉吉普特人（Rajput）的后裔，因此才被称作塔鲁人[②]，但东部特莱的塔鲁人则认为他们是古印度时期迦毗罗卫国（Kapilavastu，佛陀释迦牟尼的故国）的后裔。[③]塔鲁人的基因中先天具有对疟疾的免疫能力，能够在疟疾肆虐的特莱地区正常生存，因此能够在茂

[①] L. A. Waddell, *Among the Himalayas*, New York, Amsterdam book co.; Westminster, A. Constable & co.1899: pp.5–6.

[②] Tharu, https://www.idigenousvoice.com/en/indigenous-peoples/21/tharu.html.

[③] Skar, H. O. (1995), *Myths of origin: the Janajati Movement, local traditions, nationalism and identities in Nepal*, Contributions to Nepalese Studies 22 (1): pp.31–42.

第二章 特莱地区的边疆特征

密的森林中开辟定居点。[①] 特莱平原的原住民还包括丹瓦尔人（Danuwars）和迪马尔人（Dhimal）等，他们同样具有在疟疾流行的环境中生存的能力。公元 14 世纪前后，穆斯林势力进入印度次大陆，在经历了残酷的征服与反征服战争后建立起穆斯林政权，对印度教徒实行严酷的宗教政策，强迫其改信伊斯兰教，为避免改宗，一些次大陆北部地区的印度教徒陆续向北逃往特莱地区和更远的喜马拉雅山区，他们当中的一部分人开始在平原定居下来。[②]

历史上，特莱地区没有出现过统一、强大的统治力量，始终处于邻近地区不同王国的影响范围边界内。11—14 世纪，卡萨-马拉王国（Khasa-Malla kingdom）曾统治今天的尼泊尔西部区域。16 世纪，今天的尼泊尔中部地区崛起强大的森王国（Sen Kindom）在其全盛时期也曾把特莱地区纳入控制其控制范围。17 世纪左右开始，东特莱地区则处在锡金王国的影响之下，印度次大陆北部大大小小的土邦也在不同时期将其统治力量延伸至特莱平原。同时，在特莱平原的北方，也有不断兴衰更替的小王国在统治特莱平原的不同地区，但是，由于人口稀少、生产力低下、地理环境因素的制约，这些小王国的统治能力极为有限，很大程度上其实就是一宗一族的势力范围，而小王国统治者的宗族观念极强，并以这一精神支柱来维系统治和对外扩张的理论根据。农业是这些小国家的经济命脉，没有工业，手工业也无法从农业经济中分离出来，只是作为农业经济的辅助部分而存在，总体上看，他们的经济仍是自给自足的自然经济。[③] 他们之间往往通过联姻、结盟等手段互相征战，12 世纪左右也曾出现过如马拉王朝等相对强大的王国，但其统治范围也仅限于加德满都谷地及其周边较小的区域，其对特莱地区的影响力总是处在此消彼长的过程中，始终没有能够完全控制特莱平原的强大势力出现。

从纵向的特莱地区治理史的角度来看，特莱地区从 18 世纪到 21 世纪的治理过程，实际上先后经历了从封建王朝统治到威权治理，再到民主法治的三个大的阶段。封建王朝统治下对特莱地区采取的是简单粗暴的治理方

---

① Durga P. Ojha, *History of land settlement in Nepal Terai*, Contributions to Nepalese Studies, Vol. 11, NO.3, December, 1983, p.22.

② Dahal D.R., *Economic development through indigenous means: A case of Indian migration in the Nepal terai*. Contribution to Nepalese Studies 11（1）: pp.1-20.（1983）.

③ 鲁正华：《统一尼泊尔的普·纳·沙阿大君》，北京：商务印书馆，1986 年，第 8—9 页。

式，根据所处的时代环境和治理任务，侧重点在于"统"，而非"治"。威权治理阶段则带有有限的民主色彩，将特莱地区的治理目标与国家的整体治理目标相结合，侧重点在于"威权"的建立，因此其所有的治理政策和措施都是为建立威权而服务的。在威权结束后，联邦制度建立，民主和法治被运用于特莱地区的治理，治理的侧重点在于实现整个国家范围内不同族群、不同地域的权利平衡。这三个阶段的治理目标和内容也显示了尼泊尔的边疆地区如何一步一步从遥远而陌生演变为与国家主体紧密联系的过程。

从横向的特莱地区治理内容的广度来看，尼泊尔对特莱地区的治理从最初的军事征服过渡到经济开发，并逐步增加了政治治理和文化治理等内容，治理内容的增加还伴随着治理水平的提高，新的治理内容的加入实际上代表着边疆治理主体对于客体认识的加深和治理目标的提升，从而由最初的军事统一、政治统一，逐步过渡到行政和司法统一，并最终沿着文化统一的方向发展。

三、特莱地区的外部环境特征

外部环境对于边疆治理的影响是显而易见的，由于物理空间上的接近，边疆地区与邻近国家和地区的政治、经济、军事、文化等领域的联系紧密，外部环境的变化必然引起本国边疆治理的变化，就特莱地区的治理而言，其最大的外部因素先后来自英国和独立后的印度，其对特莱地区治理的影响深度不可忽视。

边疆地区往往是一国领土与其他国家领土接壤的区域，也是国家治理能力的边缘地带，国力强盛时对边疆的控制能力就强，能够对其实施有效的治理，甚至对他国产生辐射作用，而国力弱或与邻国差距悬殊时，本国的边疆治理就容易受到邻国和域外大国的辐射和影响，就尼泊尔而言，英国和印度都曾对特莱地区的治理产生重要的影响。

（一）英国对特莱地区治理的影响

东印度公司和后来的英属印度是对特莱地区治理影响最深远的国家，首先，东印度公司与廓尔喀王国的争夺限制了后者将领土向特莱地区以南继续拓展，使其南部的边界被限制在特莱地区，东印度公司于1814年发动的对尼战争以夺取特莱地区为主要目标，在战争结束后割占了尼泊尔大片领土，大体上塑造了今天的尼泊尔版图。其次，英国殖民者作为尼泊尔最强大的外部敌人，迫使其统治者采取仆从英国的政策以便继续保有特莱地区。尼泊尔的统治者与英国保持密切的关系以保持独立，但同时也向后者学习和借鉴了部分的制度和治理经验，如文官制度、现代教育制度等。作为对尼泊尔支持其殖民活动的回报，英国不仅在19世纪中期归还了部分特莱地区的领土，还在此后的殖民时代尊重尼泊尔形式上的独立，使其在治理特莱地区时的外部环境持续稳定。1923年，英国与尼泊尔正式签订条约，承认尼泊尔王国作为独立国家的地位。

（二）印度对特莱地区治理的影响

印度自1947年取得独立，继承了英国对尼泊尔的政策，将尼泊尔视为其北部与中国之间的战略缓冲区，继续与尼泊尔保持特殊关系，其对特莱地区治理的影响主要体现在三个方面：一是印度政府直接对尼泊尔政府施加压力，影响其在治理特莱地区时的政策，使之更加符合印度的利益，尼泊尔在经济上高度依赖印度、政治上严重受制于印度，内政长期被印度干涉，其和平进程、制宪进程中都有印度直接插手的先例。二是印度直接支持特莱地区的政治势力，从20世纪50年代开始，印度就支持尼泊尔的反拉纳家族分子在特莱地区活动，在90年代更是支持毛派武装人员在该地区的革命活动，2015年新宪法颁布后，印度配合马德西政党对尼泊尔发起禁运，其对特莱地区政治势力的发展壮大发挥了重要作用。三是印度地方和民间势力对特莱地区政治活动的支持，印度北部的北方邦、比哈尔邦与特莱地区联系紧密，且有开放边界的便利条件，边界两侧的民众来往密切，其地方政府和民间是特莱地区政治活动的重要支持者。

（三）美国对特莱地区治理的影响

尽管美国不是尼泊尔的邻国，但却是作为尼泊尔重要的"第三邻国"存在，两国自1947年建交后，美国一直是尼泊尔主要的援助国之一，其在冷战时期将尼泊尔作为对抗苏联的全球战略重要一环，在意识形态上拉拢尼泊尔，冷战结束后又以全球反恐战略需求加强与尼泊尔的合作，同时，把尼泊尔当作其遏制中国在南亚地区影响力增长的一枚棋子。美国对特莱地区的影响具有两面性，从积极的方面来讲，美国从20世纪50年代起就在特莱地区进行开发性援助，修筑农业水利设施、改善医疗卫生条件、帮助特莱地区消灭疟疾、提高教育水平等，这些援助在一定程度上有利于尼泊尔政府对当地进行开发，加快了特莱地区的现代化进程。从消极的方面来讲，美国利用其通过援助尼泊尔获得的对尼影响力，插手尼泊尔的民主和平进程，援助尼泊尔政府打击毛派武装的军事行动，试图阻止尼共（毛主义）进入主流政治，并且以人权和民主等价值观为借口支持马德西运动，使尼泊尔对特莱地区的治理面临更加复杂的局面。

第二节 特莱地区的边疆问题

特莱地区的治理历史跨度较长，涉及的问题多层次、多领域，并且这些问题在治理的过程中又出现了相应的变化，在不同的阶段表现出不同的特点，或上升为主要矛盾，或短时间内降低为次要矛盾，因此，为了客观、全面地反映问题本质，本研究在对问题进行分析时将其划分为政治秩序、经济发展和社会建设三个领域，并着重呈现相关问题的流变特征。

一、特莱地区的政治秩序问题

政治秩序问题是边疆治理的核心问题，事关中央与地方、族群之间、政党之间、性别之间等的权力分享，历来是边疆统一和稳定的关键所在。特莱地区的政治秩序问题是尼泊尔整个国家政治制度变迁的一部分，主要包括国际层面的主权和领土归属问题，以及国内层面的政治权力和权利的分享问题两个方面。

（一）特莱地区的主权和领土纠纷

第一，特莱地区与尼泊尔王国的统一。

18世纪，在喜马拉雅山脉南麓的山地和平原上、大致今天尼泊尔版图的区域内，同时存在着众多规模不一的王国和土邦，它们相互之间的征战不断。加德满都谷地西部的甘达基河（Gandaki River）流域，分布着由24

第二章 特莱地区的边疆特征

个小王国组成的乔比斯土邦[①]（Chaubisi Rajas），在加德满都谷地也同时存在着3个实力相当的王国，谷地南部是马克万普尔王国（Makwanpur）；在东部靠近锡金王国的地区，有比杰普尔王国（Bijayapur）和乔丹迪王国（Chaudandi）；在西部地区是由22个小王国组成的巴伊斯土邦（Baisi Rajas），再往西是库马恩王国（Kumaon）和贾瓦尔王国（Garhwal）以及更多的土邦；而统治北部靠近中国西藏一侧的则是木斯塘王国（Mustang）[②]。尼泊尔中部地形崎岖、耕地不足、自然资源匮乏，若统治者有强国的雄心，其唯一的选择就是对外进行掠夺和扩张。因此，对有限的土地资源的争夺、对通往中国西藏的贸易路线控制权的争夺，往往成为引发战争的主要原因，而频发的战争对资源的消耗又进一步制约了王国发动更大规模兼并战争的能力和意愿，高度碎片化的权力分布成为这片土地上的政治常态。

廓尔喀王国位于加德满都谷地以西，统治范围东至崔树里河（Trishuli River），西至马先迪河（Marshyangdi River），面积约250平方公里，距离加德满都谷地约150公里，是属于乔比斯土邦中一个相对较强的王国。这一时期统治廓尔喀王国的沙阿（shah）家族是起源于次大陆北部的拉吉普特人（Rajput），属于印度教婆罗门种姓，拉吉普特人被认为是战士民族，骁勇善战，沙阿家族的先辈为躲避穆斯林势力入侵印度后对印度教徒的严酷宗教政策而来到甘达基河沿岸生活。自1559年德拉维亚·沙阿（Dravya Shah）建立起廓尔喀王国，先后已有8位国王统治这个小王国。普利特维即位时，在相当于今天尼泊尔版图的范围内存在数个小王国，它们在人口数量、统治范围等主要的综合实力因素上的差距并不大。人口规模代表的是各个小王国所具备的经济实力和军事潜力，这反映了当时尼泊尔区域内政治势力总体均衡的特点，这使得结盟成为最直接有效的扩充实力的方式，而一旦其中某个王国能够通过结盟打败其他王国，并夺取其领地和领地内的人口等资源，其就将打破这种平衡，构成对其他王国的明显优势，这种优势也会随着该王国获得更多的领地而不断叠加，形成一种赢家通吃的局面。

[①] 此处的"土邦"与印度的土邦在内涵上有一定的区别，是指众多小王国通过联姻、结盟等方式松散地联合在一起的形式，没有最高统治者，也不存在统一的政治结构。

[②] Ludwig F. Stiller, S.J., *the Rise of the House of Gorkha*, Educational Publishing House, Kathmandu, Nepal, 2017: p.36.

尼泊尔特莱地区治理研究

夺取特莱地区对于尼泊尔的国家统一过程具有至关重要的作用，特莱地区广袤的未开发土地在此时尚未被开发，也还未有足够强大的政治势力来控制这一地区，将特莱地区纳入廓尔喀王国的统治范围成为对特莱地区治理的开端。

特莱地区为尼泊尔的统一和发展提供了较为广阔的地理空间，尼泊尔北部是喜马拉雅山脉天险，且面临正处在全盛时期的清王朝，这实际上堵死了其向北部拓展的可能性，而其东部、西部和南部尽管面临东印度公司的影响，但尼泊尔向这三个方向拓展所遇到的挑战要远远小于向北，而且，特莱地区的获取既成为尼泊尔发展的储备空间，也发挥了其在东印度公司与廓尔喀王国之间的缓冲地带作用，使身处加德满都谷地的尼泊尔统治中心能够相对安全。

特莱地区为尼泊尔的统一提供了物质资源，廓尔喀王国的军事力量依赖特莱地区的土地为其提供动力，军人正是在获得土地的期待中不断夺取了整个特莱地区，而特莱地区土地被以各种形式的所有制给予军人也鼓励了他们去夺取更多土地，这种互动关系推动廓尔喀王国以军事手段不断向外部拓展。从1775年开始，国王政府就在其已经控制的特莱中部地区划定比尔塔和贾吉尔土地，将其赠予军队将领、士兵和政府官员，这种奖励政策兑现了国王带领这些受赠者浴血奋战的成果，证明了其政策的正确性，实际上也激励了更多人参与到对外军事行动和对行动的支持。

从特莱地区比尔塔和贾吉尔土地[1]被划定的时间和区域来看，其时间和空间顺序与廓尔喀王国自东向西逐步拓展控制范围的顺序是完全一致的[2]，这表明特莱地区的土地在统一尼泊尔的军事行动中起到了不可替代的作用，既充当了军事目标，也是实际上的军费，其激励作用将军队的积极性调动起来，在被分配给军队成员后又促使他们去争取更多的土地。征服范围的扩大伴随着军队规模的不断膨胀，廓尔喀军队的规模从1769年前后的约1200人，急速增长到1804年前后的1.1万~1.65万人[3]，增长了约10倍，这个时期

---

[1] 尼泊尔特有的两种土地制度，类似于王室赐予功臣的封地，第四章将对此进行详细介绍。

[2] Gisele Krauskopff, Pamela Meyer, *The Kings of Nepal and the Tharu of the Tarai, i: The Panjiar Collection, Fifty Royal Documents 1726 to 1971*, Rusca Press, Los Angeles, USA. 2000. p.14.

[3] 转引自 Ludwig F. Stiller, S.J., *The Rise of the House of Gorkha*, Educational Publishing House, Kathmandu, 2017, p.279.

第二章 特莱地区的边疆特征

也与廓尔喀王国统一尼泊尔、不断将自东到西的特莱平原的土地纳入其控制范围的过程相吻合。

第二，特莱地区的领土争端。

1814年前后，尼泊尔王国已经将特莱地区纳入其版图，并试图进一步拓展控制范围，这使尼泊尔王国在特莱地区与东印度公司形成了十分紧张的对立态势，战争一触即发。[①]东印度公司深知特莱平原对于尼泊尔王国的重要性，此前廓尔喀王国之所以能够崛起成为尼泊尔王国，主要依赖于特莱平原的土地，只有以土地资源来驱动廓尔喀的战争机器，才能维持王国的对外扩张不断推进，而失去特莱平原的尼泊尔王国就不再具有重大威胁，因此，东印度公司的立场是要尼泊尔王国放弃对特莱平原地区的控制，并将势力限制在尼泊尔中部和北部的山区，而对后者来说，特莱平原是王国扩张的战利品，必须以对特莱平原的控制来保证王国的延续[②]，不可能就此放弃，双方的矛盾无法调和，战争在1814年10月爆发。东印度公司在尼泊尔东部由锡金王国配合、在尼泊尔西部由贾瓦尔王国的残余势力配合，对尼泊尔王国发起了全线进攻，尽管在战争初期受到了一定损失，但东印度公司最终击败了尼泊尔王国的抵抗，并迫使此时尼泊尔的实际统治者比姆森·塔巴（Bhimsen Thapa）首相于1815年12月与其签订了《苏高利条约》。

《苏高利条约》的主要内容均涉及领土，东印度公司借军事胜利的优势以条约的形式使尼泊尔放弃了大量土地，将东特莱地区的大片土地割让给锡金王国，将西特莱的一大片领土割让给东印度公司，由此，尼泊尔的领土范围被大幅度缩小，东部的梅吉河（Mechi River）和西部的马哈卡里河分别成为东西两端的领土边界，并允许东印度公司在加德满都设立常驻办事机构。[③]1857年，印度爆发民族大起义，拉纳家族统治下的尼泊尔出兵帮助东印度公司镇压起义，为表示对尼泊尔的感激，东印度公司于1860年将其通过《苏高利条约》获取的西特莱地区的一片土地归还尼泊尔，由此，尼泊尔对于特莱地区的主权得以确立。

1947年印度取得独立，继承了英国殖民者留下的大部分政治遗产，其

---

① Ludwig F. Stiller, S.J., *The Rise of the House of Gorkha*, Educational Publishing House, Kathmandu, 2017, p.234.
② Ibid., p.240.
③ 见附录《苏高利条约》。

中就包括1923年后者与尼泊尔王国之间的条约，尽管1950年的《和平友好条约》第八条中确定废除此前尼泊尔与英属印度之间的所有条约，但两国的边界实际上仍然沿用了1923年条约，而该条约的基础则是1815年尼泊尔与东印度公司签订的《苏高利条约》，由此确定了独立的印度与尼泊尔之间的边界。

英国殖民者与拉纳家族分别统治印度和尼泊尔时期，双方互有需求，领土问题被更为重要的政治问题所掩盖，而20世纪50年代后，尼-印两国都刚刚经历了政治权力重新洗牌，民族主义在各自国内迅速发展，对于领土等事关主权的问题都更加敏感。尼泊尔东、南、西三面与印度接壤，边界线总长度约1400公里，处在特莱地区的边界线约900公里，除少部分边界线以自然的山脉和河流为界，大段边界线并无明显的地理标志，而界碑、界桩等缺失的现象十分严重，因为河流改道，对山脉的范围、河流的源头、支流定义不统一等原因造成了两国领土纠纷频发，与印度接壤的26个地区中的21个存在领土纠纷，纠纷地点达54处，据尼泊尔方面估计，被印度侵占的领土面积达600平方公里。[①] 而且，由于两国边界开放，印度通过特莱地区对尼泊尔领土的蚕食问题也一直存在，迫于印度超强的国力优势，尼泊尔对此束手无策。

印度与尼泊尔之间影响力最大的一起纠纷发生在特莱地区西部。在1962年的中印边界冲突中，印度派部队进入卡拉帕尼（Kalapani）地区，随后由其所属的印藏边境警察部队（Indo-Tibetan border police，ITBP）占领当地共372平方公里的领土，并援引《苏高利条约》中关于尼泊尔西部与印度的划界条款来证明其领土要求的合理性。特莱地区中部的纳瓦尔帕拉斯地区（Nawalparasi）与印度的边界线是甘达克（Gandak）界河，1954年该地发生了一场严重的洪灾，导致甘达克河改道，使原本在河北岸属于尼泊尔的约1万公顷森林变为南岸，由此被划入了印度的领土。尼泊尔对印度政治、经济的高度依赖使其在处理与印度的领土纠纷问题上处于极度的劣势，印度作为获利一方，对尼泊尔的领土关切也很难采取严肃对待的态度。

---

① Gyanendra Paudyal, *Border Dispute Between Nepal and India*, RESEARCHER, Tribhuvan University, July- December, 2013, p.38.

（二）特莱地区的政治权力和权利分享

第一，建立和巩固政权。

统一初期的尼泊尔一直处于对外征战和内部的权力争夺中，局势直到19世纪中期才逐步稳定下来，国家行政机构和行政力量的建设是十分落后的，特莱地区，尤其是其基层实际上仍是各自为政的自然状态，部落和小的土邦行使着行政和司法的权力，代表中央王朝的行政机构还没有深入基层中来。北部山区历来是廓尔喀王室的重点经营地区，政权架构和统治方式早已形成，随着廓尔喀王室及其实际操控者集团的权力传承逐步稳固下来，加强对特莱地区的政治控制就成为其主要政治目标，划定行政区划及归属、设立地方行政机构、派驻军事力量、选拔行政官员等事务都亟待开展。

同时，统一前和统一后早期的尼泊尔都没有任何成文的法典，信仰印度教的山区小王国多遵从印度教法律，原住民部落则遵从部落的习惯法，全国范围内没有统一的法律制度。在特莱地区，无法可依的局面造成的困扰更大，这里是新征服的土地，对于来自山区、信仰印度教的统治者并不友善，在尼泊尔与东印度公司的战争中，特莱地区的一些部落站在了东印度公司一方，为殖民者而战，以至于东印度公司在后来归还特莱土地时还专门与拉纳家族签订条约，禁止后者对这些曾经帮助东印度公司对抗尼泊尔的部落实施报复。拉纳家族的统治建立后，特莱地区行政机构和行政手段的加强并不足以完全驯服这里的居民，迫切需要在这里制定成体系的法律和司法制度。

第二，消除拉纳家族统治的影响。

第二次世界大战结束后，英国在亚洲的殖民体系迅速崩溃，英属印度获得独立，殖民势力逐步退出南亚，拉纳家族赖以维持统治的外部势力被瓦解，尼泊尔内部积累的诸多矛盾因素也集中爆发，持续了104年的拉纳家族统治被推翻，沙阿王朝的统治者在1950年重新掌握国家政权，特莱地区此时面临的困境主要在于如何消除拉纳家族统治的影响，恢复王室的权威，以及抵御外部势力的影响。

一是如何消除拉纳家族统治的影响。尽管特里布文国王作为国家元首重新掌握了最高权力，但整个尼泊尔的政治、军事权力仍被拉纳家族牢牢把持，国王并没有自动获得自上而下的权威，军队甚至在国王重新掌权后发生过未遂政变，这表明推翻拉纳家族的统治实际上只是一轮"最高权力的重新

尼泊尔特莱地区治理研究

洗牌"[1]，经过100余年的家族通婚、联姻，王室成员与拉纳家族成员的身份已经高度重合，拉纳家族的势力仍然在很大程度上控制着尼泊尔的政治权力。在特莱地区，原有的行政和司法体系被保留，行政、司法和军队的高层职位仍然被拉纳家族成员占据，王室的政令在这里并不能畅通地得到执行，这使得国王政府对特莱地区的治理有效性大打折扣。即便是在加德满都，政府部门的高级职位仍被拉纳家族成员控制，这在很大程度上也影响着国王政府的治理能力。

二是如何在特莱地区建立有效的政治影响力。拉纳家族对特莱地区的统治以满足其对经济利益的追求为目的，带有强烈的殖民主义色彩，对特莱的移民和原住民群体进行了沉重的压制，在推翻拉纳家族统治后的头两年，特莱地区几乎陷入无政府状态，最高统治者的改换所带来的政治转变是特莱地区的底层居民很难直接感受到的，国王政府首先需要在特莱地区建立起政治影响力，才能进一步实施其治理策略，这就要求彻底改变拉纳家族统治时期在特莱地区的政治权力体系，突出王室更为现代、更为民主的治理风格。

三是如何抵御外部的政治影响力。特莱地区与印度的开放边界和文化上的相近，使其极易受到印度的种种影响，对远在加德满都谷地的尼泊尔政治中心所施加的影响反而不够敏感，而此时印度刚经历了反殖民主义的独立斗争，各种思潮此起彼伏，民主主义、民族主义等思想在特莱地区受众广泛，这些因素将直接危及沙阿王朝统治的合法性。而国王政府与印度、美国的友好关系，使其接受了"贫穷会导致共产主义"的论断[2]，对特莱地区共产主义思想的传播也极为警惕。

王室推翻拉纳家族统治后又采取了矫枉过正的做法，在短暂地实行多党民主制后，用无党派评议会制度将其取代，根据宪法，任何评议会成员和个人不得批评政府，也不能就评议会制度本身进行辩论，且国王对任何立法活动拥有最终决定权。这一制度比较国王直接统治具有一定的进步性，但国王作为国家元首、武装力量总指挥，掌握立法、行政和司法最终决策权，其维护的仍然是国王的最高权威，实际上是加强了王权和中央集权。

---

[1] T. Louise Brown, *The Challenge to Democracy in Nepal*, Routledge, 2010, p.23.
[2] 王艳芬、汪诗明：《冷战以来美国与尼泊尔的关系》，《南亚研究》，2009年第1期。

第二章　特莱地区的边疆特征

第三，民主化运动。

无党派评议会制度自诞生之初就饱受争议，很快特莱地区争取民主权利的斗争就频繁爆发。20世纪70年代，世界左翼革命活动风起云涌，印度东北部邦、西孟加拉邦等地的激进共产党组织频繁发起武装斗争，与印度政府军展开游击战。实行无党派评议会制度的尼泊尔实际上是由国王直接统治的，这种独裁专制色彩浓厚的制度是革命的天然对象，而特莱地区与印度的邻近和开放边界的便利使革命很快被输入尼泊尔，特莱地区也成为革命者的主要根据地，并从这里策划了多起震惊全国的事件，如1973年劫持尼泊尔民航飞机事件，同年发生的狮子宫（Singha Durbar，中央政府总部所在地）纵火事件，在尼泊尔共产党的领导下，革命者还在东部特莱地区的贾帕（Jhapa）发动了武装起义，尽管起义很快被镇压，主要领导者都被判刑，但起义事件直接将矛头对准国王的统治，大有蔓延全国之势。很快更严重的事件也发生了，1974年，国王比兰德拉在视察东部特莱地区的中心城市比拉特纳加尔时，激进革命者向其扔出一枚手榴弹，当场炸死国王的两名随从。

印度的干涉使民主运动更加激烈，印度在1988年采取了禁运等极端措施，最终迫使比兰德拉国王让步。1990年，国王恢复了多党民主制，但民主制度的恢复并没有给国家带来人们期待中的政治稳定和经济繁荣，与之相反，无党派评议制度时期积累的种种弊端和矛盾在民主制度下纷纷爆发出来，民主转型期的1991—2002年间，总共有12届政府先后上台，但都草草收场，政局一再动荡，人们开始拥抱激进的左翼力量。1995年7月，尼泊尔共产党的一支激进力量在普拉昌达的领导下，制定了开展持久人民战争的政治路线和军事路线，并把党名称改为尼泊尔共产党（毛主义）[1]，持续10年的内战——"人民战争"随之爆发。

特莱地区是尼共毛派发动"人民战争"的主要策源地之一，由于其地理上的特殊位置，特莱地区是尼泊尔共产主义思想传播的主要区域，尼泊尔共产党于1949年诞生于印度西孟加拉邦的加尔各答，共产党人通过开放的尼-印边界返回尼泊尔，在特莱地区和加德满都等主要城市传播共产主义思想。特莱地区有着大量的无地和少地农民生活在极其贫困的条件下，与地主和高种姓阶层的经济地位、社会地位差距巨大，政府长期忽视边缘化群体的权益，

---

[1] 张树彬：《尼泊尔共产党的演变与分合走向》，《南亚研究季刊》，2017年第4期。

社会不公不仅广泛存在，还有继续扩大的趋势，这种社会环境为共产主义思想的传播提供了土壤。尼共毛派领导人普拉昌达原名帕苏巴·卡麦尔·达哈尔（Pushpa Kamal Dahal），生于尼泊尔博克拉地区，但成长和求学都在特莱平原的齐特旺地区（Chitawan），大学毕业后曾在美国国际开发署（USAID）赞助的贾贾尔科特（Jajarkot）农村发展项目工作，自少年时代就见证了当地严重的贫困和社会不公，因此被左翼政党所吸引，普拉昌达于 1981 年加入尼泊尔共产党的地下组织。实际上，类似特莱地区的社会不公等问题在此时的尼泊尔全国范围内都是普遍现象，这些矛盾既有深刻的社会现实原因，也有复杂的历史背景，矛盾之复杂以至于"毛派的领导人们可能也没有预料到他们点燃的星星之火会延烧成 10 年的人民战争，因为社会矛盾的根源早在几代人之前就已经埋下"。[1]

毛派武装从特莱地区获得了广泛的支持，特莱地区受歧视和压迫的民众是毛派武装重要的支持和同情者，也是其建立人民共和国、实现联邦制、推翻封建专制政权等主张的响应者，在毛派武装的领导下，特莱地区也出现了类似的武装组织与政府开展武装斗争。同时，特莱地区地理位置重要，被毛派武装作为武器运输、干部藏匿的交通线，尤其是在贾南德拉国王加大对毛派武装的打击力度后，印度秘密与毛派领导人接触并为其提供庇护后，特莱地区扮演了毛派游击队安全通道的角色，从该地区至印度北部的比哈尔邦和西孟加拉邦成为安全走廊，一些在战斗中受伤的战士也由此地进入印度北部接受治疗。大吉岭等地有大量尼泊尔裔移民群体存在，这些地方的廓尔喀人同情、支持毛派进行武装革命，因此，从特莱地区撤出的武装人员将大吉岭作为其境外的安全基地[2]，特莱地区实际上变成了尼泊尔内战中毛派的根据地和大后方。

第四，平权运动。

长期以来在政治上处于无权地位的特莱地区印度裔移民是 20 世纪 80 年代末至 90 年代初尼泊尔民主运动的重要参与者，实际上，这一群体从 20 世

---

[1] Mani Nepal, Alok K. Bohara and Kishore Gawande, More Inequality, More Killings: The Maoist Insurgency in Nepal, *American Journal of Political Science*, Vol. 55, No. 4（October·2011），pp. 886−906。

[2] 卢远：《尼泊尔联合共产党（毛派）崛起的印度因素》，暨南大学博士学位论文，2012 年，第 133 页。

第二章 特莱地区的边疆特征

纪 50 年代尼泊尔王权恢复时就开始了争取权利的斗争,无党派评议会制度期间其活动虽然受到压制,却并未完全消失,80 年代再度高涨,以印度裔移民、低种姓人群和原住民为代表的平原受歧视群体将结束王权专制、建立多党民主制作为其争取平等权利的希望所在。然而,1990 年颁布的新宪法仍然坚持尼泊尔为印度教国家,延续了 1962 年宪法和《1964 年国籍法》中关于取得国籍的有关规定,将语言列为公民身份的必要条件,在无党派评议会制度下被忽视、歧视的群体依然如故。[①]

取代国王政府的民选政府仍然以山区的高种姓政治精英为主,在 1991 年的民主选举中,大部分席位的获得者实际上仍然是无党派评议会时期各地的政治和经济精英们,他们掌握了主要的政治和经济资源,因而能够在民主制度下继续维持这种优势,边缘化群体的权利并没有因为民主制度的恢复而自动得到保障,据估计,在 1991 年选举的议会中,约 90% 的成员属于传统的农村精英。[②] 在各主要政党中,来自特莱地区的党员和高级干部比例也明显低于其他地区。

山区的高种姓政治精英一般由卡斯族(Khas)的婆罗门和刹帝利种姓构成[③],他们从沙阿王朝统一尼泊尔开始就一直占有这个国家主要的政治和经济资源,形成了强大的利益集团。在无党派评议会制度时期,由于政治权力高度集中,国王治下的特莱地区尚有一些形式上的政治权利,随着多党民主制的恢复,政党和传统政治精英凭借其既有的优势地位,又进一步扩大了这种优势,将劣势群体的空间挤压得所剩无几。20 世纪 80 年代,婆罗门和刹帝利群体在无党派评议会中所占的比例约 50%,1991 年首次民主选举后,该比例增长到 55%,1999 年第三次民主选举时,这一比例进一步上升到 63%,另一组反映这种局面的数据是政府公务人员的招录情况,1983—1985 年通过政府公务员考试的人员中,出身婆罗门和刹帝利种姓者占比约

---

① Deepak Thapa, Bandita Sijapati, *A Kingdom Under Siege*, Himal Books, Kathmandu, 2003, p.76.

② Madhav Joshi and T. David Mason, Land Tenure, Democracy, and Insurgency in Nepal: Peasant Support for Insurgency Versus Democracy, *Asian Survey*, Vol. 47, No. 3(May/June 2007), pp. 393-414.

③ 卡斯族是指由印度北部迁入尼泊尔的族群,尼泊尔的婆罗门和刹帝利种姓被称作 Bahuns and Chhetris。

69%，1992-1993年度，该比例上升到81%，并在2001年达到98%。[①]这些数据反映的是全国的总体情况，但考虑到特莱地区特殊的种姓构成，其情况并不会好于全国总体情况，立法机构和政府机构人员比例直接反映了某一群体的政治权利状况，山区高种姓精英在这些机构中的比例相对20世纪80年代无党派评议会制度时期反而急剧增长，这说明民主制度实施后的特莱地区政治地位不仅没有改善，反而恶化了。

民主制度的恢复并没有给国家带来人们期待中的政治稳定和经济繁荣，与之相反，无党派评议制度时期积累的种种弊端和矛盾在民主制度下纷纷爆发出来，党禁的消除和媒体自由开放使民众的政治热情空前高涨，秉持各种不同、甚至相互矛盾的利益和诉求的党派、团体被建立起来，使国内的政治权力结构日益多元化，形成了以尼泊尔大会党和尼泊尔共产党不同派别为首的两大全国性政党集团，以及其他以族群和地区为基础的诸多小党派，1991年首次民主选举时，参选的党派数量为18个，到1994年时已经增长到23个，到1999年时进一步发展到36个。不同党派之间的意识形态和政治主张差别巨大，执政党与在野党分歧巨大，无法形成良性的执政环境，经济和民生等领域的重大政策沦为政府更替的牺牲品，政治动荡严重阻碍着国家发展进步。民主转型期的1991—2002年间，总共有12届政府先后上台，但都草草收场，政局一再动荡。反反复复的政局动荡表明，无论是政治人物还是民众都还未能适应民主制度，这种制度在解决尼泊尔深重的社会矛盾方面并无优势。

二、特莱地区的经济建设问题

统一初期的特莱地区是一片尚未开发的处女地，为国家的统一和发展提供了物质来源和发展空间，其经济建设问题对于整个国家经济的发展至关重要，按照经济发展的规律和特莱地区开发、建设的过程，其经济建设问题主要涉及早期的开发、基础设施建设和工业发展，以及经济的自主发展问题三个方面。

[①] Deepak Thapa, Bandita Sijapati, *A Kingdom Under Siege*, Himal Books, Kathmandu, 2003, p.77.

第二章　特莱地区的边疆特征

（一）特莱地区的早期开发

在廓尔喀王国统一尼泊尔前，特莱地区的不同区域被不同的小王国所控制，这些小王国对开发特莱地区并不积极，一方面，他们的人口规模、经济实力都极为有限，开发特莱地区对他们来说是非常大的挑战，另一方面，也是更重要的原因，这些小王国将特莱的密林和其中恶劣的生存条件当作天然的防御体系。因此，到尼泊尔统一时的 18 世纪中期，特莱地区在总体上来说仍是一片尚待开发的处女地。自东特莱地区的控制权逐步被廓尔喀王国所掌握，其对这些地区的土地开发就开始了，起初，廓尔喀王国的统治者试图通过强行驱使农民到这些地区进行耕作的方式来开垦当地的土地，但这种做法很快就失败了，必须将在山区实行的土地制度移植到平原，才能实现有效的开发，如何吸引移民进入特莱地区以增加当地劳动力就成为关键。

开发特莱地区有助于缓解廓尔喀王国财政收入不足的问题。军队规模的增长和频繁的统一战争使王国本来就十分有限的财政收入不堪重负，而作为唯一的财政收入来源，土地的开发和利用重要性就凸显出来，山区的已有土地在当时的生产力条件下，已经被利用到极致，从那些地区增收的潜力几乎为零，而特莱平原大片未开发的土地资源、森林资源、动物、矿物等资源可以成为重要的收入来源，引入移民对这些资源进行开发就能够确保增收。拉纳家族治下的尼泊尔行政、司法等机构逐步健全，政府机构雇员增加，财政支出规模越来越大，为了增加财政收入，吸引移民开发特莱地区，一方面，成功移民并定居在特莱地区的移民群体本身就是征税对象，另一方面，移民促进了对特莱农业和其他产业的发展和繁荣，也能够增加税收。

经济开发有助于加强对特莱地区的控制。特莱地区是廓尔喀王国与锡金王国和东印度公司重点争夺的区域，其对于廓尔喀王国来说是统一战争能够持续进行下去的力量来源，而对于锡金王国和东印度公司，夺取特莱地区就能够限制廓尔喀王国的对外军事行动能力，即便不能夺取也要设法维持特莱地区某种程度上的"中立"。将移民引入特莱并进行开发，可以建立廓尔喀王国的税收、行政等制度以强化对当地的控制。因此，廓尔喀王国对特莱地区的移民活动也优先考虑军事意义，例如，马卡万普尔是具有重要战略地位的区域，扼守南部平原通往加德满都谷地的咽喉，其土地被优先开发，大量土地被以"贾吉尔"[①]的形式给予军人和官员，建立更多的定居点，以应对南边的英国殖民者可能发动的对尼袭击。[②]

鼓励移民可以解决特莱地区劳动力不足的问题。将特莱的土地以"比尔塔"和"贾吉尔"的形式给予军队和政府官员，解决了王国在财政收入不足时如何应对巨大支出的问题，但土地最终要由人来耕作才能产生效益，土地名义上的主人不可能亲自下地劳动，他们作为地主需要佃农来代替其在这些土地上的劳作。然而王国本身的人口也是有限的，巨大的劳动力缺口迫使统治者采取鼓励移民的政策。但是特莱地区的环境和气候不适应尼泊尔山区人口生存，他们不愿意前往开发特莱，尽管统治阶层以各种形式获得了土地，但却缺少耕种这些土地的劳动力，而且，尼泊尔山区的农业生产技术和经验在气候等自然条件迥异的特莱地区并不能完全适应，因此，吸引邻近的印度劳动力便成了唯一选择。

（二）特莱地区的产业发展

第一，农业发展和土地集中问题。

农业是尼泊尔的经济命脉，而农业发展的核心要素是土地和农民，特莱地区的农业发展具有天然优势，气候和地理条件适宜农作物生长，但是，该地区在早期开发时的挑战也十分明显，一是如何取得耕地，特莱地区被广袤的原始森林所覆盖，进行农业耕作前必须清除森林。二是一直困扰特莱地区的劳动力不足问题。三是恶劣的生存条件，特莱地区炎热的气候和致命的疟疾令山区的尼泊尔人无法生存。在这样的背景下，特莱地区的农业在早期发展十分缓慢，伐木业等产业反倒蓬勃发展起来。

随着人口的增加，特莱地区的人口和农业生产都占到了尼泊尔全国的领先地位，尼泊尔央行1964－1965年的报告显示，特莱地区11种主要农作物的产量占全国总产量48%以上，而再加上畜牧业、养殖等农业活动，其贡献量超过55%，到20世纪80年代末期这一比例进一步扩大。[③]另外，土地

[①] "贾吉尔"与下文的"比尔塔"均为廓尔喀王国的一种土地所有制。其核心是土地的最终归属权在于国王。

[②] Durga P. Ojha, *History of Land Settlement in Nepal Terai*, Contributions to Nepalese Studies, CANS, Tribhuvan University, Vol. 11, No. 11, December 1983, p.24.

[③] 以上数据根据 Savada, Andrea Matles, *Nepal: A Country Study: Agriculture*, Washington GPO for the Library of Congress, 1991. 整理。

第二章　特莱地区的边疆特征

集中问题严重，特莱地区的土地在早期的分配过程中就偏向于王室、军队和政府成员，经过百余年的发展，土地集中现象和广大劳动者无地的现象愈加严重，这种现象既不利于政府的财税收入，也使农民陷于赤贫，社会不公平和不稳定因素加剧，农业生产效率也十分低下。

大面积的土地被拉纳家族及其支持者以"比尔塔"和"贾吉尔"等形式占有，土地被集中在少数人手中，形成了大地主垄断土地资源的局面。1950年的统计显示，尼泊尔全国范围内的比尔塔土地达70.008万公顷，贾吉尔等用来支付政府雇员和军人俸禄的土地达146.3336万公顷，这两类土地占到全国耕地总面积的67%以上。[1] 在特莱地区，耕地在开发之初的目的就是满足统治者以土地笼络支持者的做法，土地集中的现象则更为严重，在巴迪亚地区（Bardia），1921年的统计显示被地主占有的耕地占当地耕地总量的33%，到1964年时，这一比例激增到63%，而同一时期耕地总量的增长率仅为2%，地主占有土地的增长率高达93%，普通自耕农占有土地量则下降了43%，巴迪亚地区的例子只是特莱地区土地集中的一个缩影，这种现象广泛地存在于整个特莱平原。[2] 土地集中的问题严重削弱了国家财政收入来源，更为重要的是挤占了农民的生存空间，无地的农民只能沦为佃农，受到剥削和压榨，成为特莱地区社会最主要的不安定因素。

第二，工业畸形发展和外国货币泛滥问题。

特莱地区的工业发展起源于19世纪末、20世纪初，最初是作为拉纳家族敛聚财富的工具而诞生，且优先发展的也是一些技术含量低、成本投入低、回报高的粗加工企业，如黄麻厂、制糖厂、木材厂等，无法对整个国家的工业化起到实质性的推动作用。而且，特莱地区的工业虽然有了一定的发展，但与同时期印度及其他南亚国家相比，仍存在很大的差距，工业的规模、发展程度等都极为落后，且集中在东部特莱、沿尼-印边界的较小范围内。据1962年尼泊尔央行的统计，全国1686家私营中小企业的72%设在特莱地区，而这一时期的全国工业总产值占国民生产总值的比例为11%[3]，再加上更多

---

[1] Babu Ram Acharya, *Land Tenure and Land Registration in Nepal*, Integrating Generations FIG Working Week 2008, Stockholm, Sweden, 14-19 June 2008. p.4.

[2] Nava Raj Chalise, *Land tenure reform in Nepal*, Nepal Rastra Bank, 1991, p.25.

[3] Frederick H. Gaige, *Regionalism and National Unity in Nepal*, Himal Books, Khathmandu, 2009, p.26.

的大规模国有企业也都设在特莱地区，大量的国家财政税收也来自这里，特莱地区实际上也是尼泊尔的工业中心。

由于特莱地区工业对印度市场的高度依赖，当地的经济结构严重不合理，特莱地区集中了尼泊尔88%以上的工业投资和近100%的产业工人，但其经济结构十分单一，以满足对印度出口为主导，大米磨坊、制糖厂等占据了特莱地区工业的主流，伐木场、木材加工等企业的产品也主要供给印度市场，事实上，特莱地区对印度的出口额占整个国家出口总额的95%以上，整个地区的经济结构以出口为导向，且严重依赖印度。经济结构单一导致的另一个问题是印度货币在特莱地区泛滥，尼泊尔货币在20世纪40年代不断贬值是一方面的原因，更多的则是由于大量的出口交易以印度货币进行结算，使印度卢比涌入特莱地区，挤占了尼泊尔官方货币的流通空间，双货币现象一直在这里延续，到1957年，国王政府不得不通过《扩大尼泊尔货币流通法案》（*Nepalese Currency Circulation Expansion Act*）来试图解决这一问题。特莱地区与印度北部地区在经济上的联系如此紧密，以至于"加德满都的山区官员们很难相信特莱地区实际上是尼泊尔统治下的区域，而不是属于外国"。[1]

第三，贸易对象单一问题。

尼泊尔贸易高度依赖印度的问题。尼泊尔的贸易伙伴主要是两个方向，北部的中国和南部的英属印度，同时，在19世纪，尼泊尔还充当了英属印度与中国西藏之间贸易的中转地和通道，经特莱平原进入尼泊尔的英属印度商品和来自欧洲的商品，又通过尼泊尔北部的贸易通道被运往西藏乃至中国内地，西藏所产的盐、动物毛皮等商品又借尼泊尔进入印度。尼泊尔本身与英属印度之间的贸易也在拉纳家族统治期间得到了发展。到20世纪中期，尼泊尔几乎所有的进口和出口贸易都是通过特莱地区完成的，其贸易对象也几乎只有边界另一侧的英属印度和独立后的印度，贸易活动高度依赖印度，同时也造成了严重的贸易逆差问题。

随着贸易活动的增加，贸易相关的犯罪活动也变得频繁，最严重的就是通过特莱地区进行的走私活动。一种最为常见的走私方式是，印度为了缓解尼泊尔国内某些物资的短缺问题，允许尼泊尔通过印度加尔各答港进口如棉布、纱锭等物资，印度的海关不会对这些物资征收关税，因此其价格要比

---

[1] Frederick H. Gaige, *Regionalism and National Unity in Nepal*, Himal Books, Khathmandu, 2009, p.42.

第二章 特莱地区的边疆特征

印度市场上销售的同类商品便宜很多，走私者通过各种方式最终将这些本应用来缓解尼泊尔物资短缺的商品运往印度，从中赚取差价，而尼泊尔国内市场上的同类物资价格反而暴涨，最终迫使国王政府通过相关法案来打击走私和黑市交易。另一种严重的走私活动是，随着苏联、美国和中国在20世纪50—60年代加大对尼泊尔的援助力度，大量的水泥、糖和布料等物资被无偿提供给尼泊尔，这些物资仍然需要通过印度加尔各答才能运往尼泊尔，在腐败官员与走私分子勾结下，援助物资也被大量走私到印度市场上进行销售。[1]

20世纪50年代开始的大米走私也是特莱地区最为常见的一种贸易犯罪活动，特莱平原是尼泊尔的大米主产区，是周边地区最主要的粮食供应地，走私商人购买特莱地区所产的大米来缓解印度北部地区频发旱灾导致的粮食短缺，而特莱地区的大米经营者也更愿意通过平原上便捷的交通运输条件和开放边界将大米运往印度，而不是运往交通极度不便的尼泊尔北部山区。同时，尼泊尔货币币值不稳定，这使同类商品在印度和尼泊尔市场上的价格差异不断变动，走私商人将商品在两个市场间来回进行走私，赚取差价。国王政府对于走私活动给国家经济造成的危害是清楚的，但其在对印度外交上无力改变边界开放的现实，在对特莱地区的治理上也没有足够的人力、物力和决心来加强对边境的管控。此外，规模较小的其他走私活动所带来的危害也是不容小觑的，违禁物品走私，如武器、毒品等，给本来就不太平的印度东北部地区和邻近地区带来了更多的不安定因素，越境人口贩卖活动也是尼印两国开放边界面临的严峻问题。

边界开放造成尼印接壤地区跨境犯罪活动猖獗。尼泊尔对特莱地区的政治治理着眼于维护其在该地区的经济利益，对于社会法律秩序的维持投入不够多，成效也不明显，1951年国王重新执掌政权时，"此时的特莱地区仍是边疆地区，有效的政府行政尚待建立，这里的还存在很大程度的无法律现象"。[2] 尼印开放边界带来的人口自由流动，导致了两国接壤的区域犯罪活动猖獗，印度的帮派分子、犯罪集团等纷纷将特莱地区作为犯罪目标，作案后返回印度，尼泊尔在特莱地区既缺少足够的警察力量，也没有越境管辖权，对于此类跨境犯罪活

---

[1] Frederick H. Gaige, *Regionalism and National Unity in Nepal*, Himal Books, Khathmandu, 2009, pp.49-51.

[2] Frederick H. Gaige, *Regionalism and National Unity in Nepal*, Himal Books, Khathmandu, 2009, p.48.

动束手无策。另一种跨境犯罪方式则是边界两边的犯罪分子在各自境内作案后逃亡到对方境内进行藏匿，将对方领土作为逃避惩罚的安全所在，尼泊尔与东印度公司最早在1834年就签订过关于在特莱地区和印度北部的"印度条约"，以打击此类犯罪—逃亡—藏匿的行为，但在具体实施过程中却面临着很多实际问题，效果并不显著。

第四，连接本国其他区域的基础设施不足问题。

人口的增长、农业开发、工业和贸易活动的开展直接刺激了特莱地区的基础设施建设，首先是与工业发展相关的交通设施建设，自19世纪末，尼泊尔政府开始在特莱地区建设公路和铁路，使工业和贸易发展的物资流通更加便利。其次是修建水电站、架设电话线路，并进行城市建设，促进人口的进一步增长。同时，为促进农业发展，在特莱地区大兴水利，修建了大量的拦水坝和防洪、灌溉设施。尤其是在20世纪50年代后，国王政府治理下的特莱地区，基础设施建设投入加大，但是，其存在的问题也十分明显。

一方面，特莱地区的基础设施建设形成了一个相对封闭的系统，其建设速度和发展水平远高于同一时期的北部山区，吸引了大量的山区人口移民进入特莱地区，造成山区的人口流失，而且，其道路、电力等的建设仅仅围绕本地而建，例如，其相对先进的公路网也只是自东向西连通了特莱地区内部，因地理环境和成本投入等原因，并没有与尼泊尔其他地区相互连通，与北部山区的道路连通一直到20世纪后期才最终实现，至今仍处于较低水平。

另一方面，特莱地区的基础设施建设强化了跨境连通，19世纪末期开通的铁路是为了方便尼泊尔木材出口而建，直接与印度北部的铁路网相连通，跨境连接边界线两侧的道路、桥梁、贸易口岸广泛地分布在特莱平原，该地区与印度的人员往来和物资运输便利度远高于尼泊尔其他地区，这使特莱地区与印度的联系愈加紧密。

（三）特莱地区的经济依附问题

特莱地区对外贸易的便利性同时也是其最大的弱点，由于贸易高度依赖南部的邻国，以至于经济命脉受到印度的掌控，使印度得以将贸易活动作为控制尼泊尔政治活动的有力工具，动辄以贸易禁运来威胁尼泊尔，迫使后者按其意愿行事，严重削弱了尼泊尔的主权独立性。

1988年，尼泊尔同中国达成从中国进口一批轻武器的协议，印度认为

第二章　特莱地区的边疆特征

此举违反了尼印两国1950年签署的《和平友好条约》，该条约规定尼泊尔的武器进口只能是通过印度，因此尼泊尔从中国进口武器的做法立即激怒了印度，其对比兰德拉国王寻求独立自主的倾向早已极为不满。由于尼泊尔的燃油、粮食、药品和主要工业制成品几乎全部依靠从印度进口，对印度的出口贸易也占其对外贸易的绝大部分，经济上高度依赖印度，为迫使尼泊尔放弃亲华路线，印度政府在与尼泊尔就续签1989年陆续到期的贸易和过境运输协议进行谈判时设置障碍，在协议到期后就开始对尼泊尔实施禁运，关闭了与特莱地区15个贸易通道中的13个，仅留下2个，且只允许必需的药物和婴儿食品等人道主义物资过境[1]，这使尼泊尔国内顿时陷入困境，整个国家的经济濒于崩溃。

2015年9月15日，尼泊尔制宪议会投票通过新宪法草案，印度莫迪政府在宪法颁布实施前的36小时派出外交秘书苏杰生（S. Jaishankar）紧急飞赴加德满都，与尼泊尔官员和政党领袖会面，希望尼方暂缓实施该宪法，并修改相关条款，使其"更具包容性"，尼泊尔方面不为所动，于20日颁布该宪法。新宪法颁布数小时后，印度外交部发表声明称"印度一直支持尼泊尔制定一部实行联邦制的、民主、包容的宪法"，对于新宪法，其仅仅表示"注意到尼泊尔颁布了新宪法"，并强调"尼泊尔与印度接壤几个地区的暴力形势"[2]，特莱地区的局势在新宪法颁布后进一步紧张起来。

9月21日，印度外交部再次发表声明称，"我们深为关切昨天颁布《宪法》之后在与印度接壤的尼泊尔地区造成人员伤亡的暴力事件。我们的货运公司和运输商对尼泊尔境内由于普遍的动荡而面临的行动困难和安全问题表示担忧"[3]，声明发表之后，两国边界上的贸易活动就开始出现困难。9月23日，马德西联合阵线（Unified Madhesi Front）[4]的3位主要领导人乌彭德拉·亚达夫、拉金德拉·马哈托、马汉塔·塔库尔（Mahantha Thakur）宣

---

[1] John W. Garver, China-India Rivalry in Nepal: The Clash over Chinese Arms Sales, *Asian Survey*, Vol. 31, No. 10（Oct., 1991）, pp. 956-975.

[2] *Statement on the situation in Nepal*, September 20, 2015, https://www.mea.gov.in/press-releases.htm?dtl/25821/Statement+on+the+situation+in+Nepal.

[3] *Statement on the situation in Nepal*, September 21, 2015, https://www.mea.gov.in/press-releases.htm?dtl/25825/Statement+on+the+situation+in+Nepal.

[4] 该阵线形成于2007年，是马德西运动中最主要的政治力量，包括Sadbhavana Party, Tarai-Madhesh Loktantrik Party 和 Madhesi Jana Adhikar Forum, Nepal 三个党。

布，其领导下的马德西民众将阻断特莱地区通往印度的贸易通道，不允许运输卡车往来，以此向三个主要政党施压。西部特莱地区的主要城市比尔甘杰是尼-印贸易的主要中转站，两国贸易大约三分之二的货物通过这里进行中转，马德西领导人拉金德拉·马哈托自宪法颁布后就亲自在此地领导抗议活动，马德西民众在政党的组织下切断了道路交通，使贸易陷入停滞。通常情况下，每天约有300辆运送能源产品的卡车通过边界进入尼泊尔，而禁运开始后，每天只有约5辆这样的车辆能够进入。印度还在加尔各答的港口扣留了尼泊尔的运输车辆，急救药品、疫苗、医用氧气等人道主义物资也无法进入尼泊尔，尼国内小学生新学期的课本也无法及时运送，其他国家援助尼泊尔的地震灾后救援物资也在禁运之列。尽管印度政府自始至终没有正式宣布对尼泊尔进行禁运，但其确实在暗中配合马德西人发起的禁运活动，其以特莱地区暴力事件频发、安全形势堪忧为由，不允许运输队进入尼泊尔。对于尼泊尔最为重要的燃油和燃气，一直是由印度石油公司（IOC）供应的，在禁运期间该公司拒绝供货，印度边境官员也有意阻拦前往尼泊尔的油罐车。[1]自2015年9月开始的禁运共持续4个半月，尼泊尔国家经济遭受致命打击，几近崩溃，直接经济损失约20亿美元，大致相当于尼泊尔年度财政预算的25%[2]，2015年的经济增长率从年初预计的6%跌至2%，时任总理K.P 奥利称禁运"造成了比战争更为严重的人道主义危机"。[3]

  2015年印度实施的禁运给尼泊尔举国上下带来了前所未有的震撼，执政者不得不开始严肃思考特莱地区乃至整个国家经济的独立自主问题，试图改变完全依赖印度的局面，通过加入"一带一路"倡议，加强与中国的互联互通，使本国的对外贸易逐步多元化，并最终实现经济上的独立自主。但是，尼泊尔外贸多元化的努力仍然受到资金、基础设施、官僚主义和外来干涉等诸多因素的限制，要真正实现经济独立还有很长的路要走。

---

[1] *Nepal blockade: Six ways it affects the country*, December 12, 2015, https://www.bbc.com/news/world-asia-35041366.

[2] *Blockade by India resulted in losses totalling Rs202 billion*, Jun 21, 2016, http://kathmandupost.ekantipur.com/news/2016-06-21/blockade-by-india-resulted-in-losses-totalling-rs202-billion.html.

[3] *Blockade causing severe humanitarian crisis: PM Oli*, Nov 06, 2015, http://admin.myrepublica.com/politics/story/30743/indian-blockade-more-inhuman-than-war-pm-oli.html.

三、特莱地区的社会发展问题

社会的健康发展是治理的重要一环，对社会问题的治理关系到特莱地区的社会和谐和稳定，但由于南亚地区特有的种姓制度、特莱地区特殊的移民人口和族群构成，以及早期治理者的一些歧视性政策，特莱地区的社会矛盾深重，并不时爆发，进而影响到整个国家的稳定。

（一）族群关系问题

特莱地区的社会矛盾最为突出的是平原居民与山区居民的对立问题。统一尼泊尔的沙阿王室和拉纳家族都是信仰印度教的高种姓者，在文化政策上奉行的是将印度教文化推广到整个国家，从而建立一个真正的印度教国家。拉纳家族制定、颁行的以印度教法典为蓝本的《穆鲁吉·艾恩》就是基于这样的考虑，它使包括山区原住民、特莱平原原住民群体在内的与印度教文化迥异的文化被歧视，以法律化的种姓制度来治理国家。特莱地区的原住民，如塔鲁人、丹瓦尔人等群体被纳入种姓制度中，其精英被吸纳到统治阶级中，成为地主、税务官等，逐渐接受了印度教文化。特莱地区使用的官方文字、语言均为尼泊尔语，并随着拉纳家族统治后期经济、教育等领域的发展而逐步扩大了应用范围，这使特莱地区原住民语言的统治地位下降。拉纳家族希望通过强势推进统治阶级的印度教文化来达到同化特莱地区的目的，这个措施在其100余年的统治过程中取得了一定的成效，但也加剧了山区和平原两种不同文化的对立。

尼泊尔政府鼓励移民进入特莱地区清除森林、开垦土地的政策持续了100余年，由于气候、文化和经济回报等原因，来自山区的尼泊尔人不愿意到这里定居，因此移民政策吸引来的更多是印度北部地区的移民，这使得特莱地区的印度裔移民人口数量大为增加[①]，改变了这里原有的族群结构和人口比例，外来移民人口的比例逐渐上升，但其对于国家的认同却没有相应地提高。拉纳家族还通过法律和行政手段对非印度教族群进行印度教式的种姓划分，使特莱地区大多数原住民群体被打上所谓"不洁"或"不可接触"标签，

---

① John Whelpton, *Nepal Politics and the Rise of Jang Bahadur Rana, 1830—1857*, Department of History, School of Oriental and African Studies, University of London, February 1987, pp.373–375.

这是对原住民的制度性歧视,也为后来的社会分裂动荡埋下了祸根。印度裔移民对于文化和国家的认同仍然倾向于政治上、经济上都更加强大,文化上和地理上都更为接近的印度,这种倾向对于尼泊尔边疆地区的统一和稳定是巨大的隐患。

政治上的高压军管伴随着对特莱地区的居民的区别对待。20世纪中期以前的治理者对自己鼓励移民和开放边界政策造成的特莱地区人口构成复杂的后果心知肚明,担忧比例越来越高的印度裔人口会最终会危及国家的根本,但当时的统治者采取的应对策略也是十分简单粗暴的,他们将特莱的居民与山区和加德满都谷地的居民进行区别对待,特莱地区的居民想要前往首都加德满都必须要申办护照和获得当地行政官员的签注,而且在旅途中还要面临各种盘查,目的是将人口相关问题的范围控制在特莱地区,确保首都等国家核心区域的安全无虞。这种做法短时间内似乎是有效的,但随着国家开放程度的提高,长期积累的怨恨最终会爆发出来。

(二)语言文字问题

在特莱地区,非尼泊尔语,如迈蒂利语和其他当地方言的适用范围和使用程度远远高于尼泊尔语[①],印地语是特莱平原的通用语,1952—1954年的尼泊尔人口普查显示,特莱地区的人口中,以尼泊尔语为母语的人口仅为该地区总人口的4%;1961年进行人口普查时,这一比例也仅为6%。尼泊尔语是政府和王室用语,也是国家统一的象征,但尼语在特莱地区毫无优势,这直接影响了该地区居民对于尼泊尔国家的认同。其次,特莱地区此时已经表现出基于语言的地方认同,对国家的统一构成威胁。1951年,在贝达南达·贾(Bedananda Jha)的领导下,特莱地区成立了"尼泊尔特莱大会党"(Nepal Terai Congress),其政治纲领中将该党的奋斗目标概括为三个方面,第一,建立一个自治的特莱邦;第二,承认印地语为邦的官方语言;第三,提高特莱地区居民在尼泊尔公共机构中任职的比例。而且关于将印地语作为第二国家语言(Second National Language)的政治活动在特莱平原也逐步发

---

① 特莱地区大量使用的迈蒂利语(Mathili)与印地语(Hindi)极为接近,有的统计直接将其列为印地语的方言之一,统计过程中是否将其列为印地语往往受到统计活动实施者的政治立场的影响,本章节所涉及的"印地语"一词,除特别说明之处外,其意义和范围都将迈蒂利语包含在内。

展起来。这种政治倾向是国家走向分裂的讯号，国王政府不能坐视不理。最后，邻国印度对特莱地区的文化影响力不断加强。与独立前不同，独立后的印度以地区大国的姿态出现，不仅主导了尼泊尔王室推翻拉纳家族统治的过程，还对此后尼泊尔国内政治发展施加了重要影响力，基于相同的语言、传统、宗教，南部的印度对特莱地区的文化和政治感召力超过加德满都的国王政府，这使后者高度警惕。

（三）科教文卫问题

在特莱地区，印地语和原住民族群的语言盛行，尼泊尔语是少数人使用的语言，这给政府推广教育增添了难度，因此，这里有限的教育也以印地语为主。穆斯林聚居区则以伊斯兰宗教教育为主，对于现代知识的传播度和统治阶级所代表的山区高种姓文化接受度都较低，到1951年拉纳家族统治被推翻时，尼泊尔6~10岁儿童的入学率只有0.9%，全国识字率仅2%[1]，特莱地区的数据更低。由于开放边界的便利性，特莱地区能够承担起教育支出的家庭都将子女送往边界另一侧的印度接受教育，特别是高等教育方面，由于尼泊尔本国缺少高质量的院校，特莱地区的精英全部都是印度高校的毕业生，对印度抱有极强的认同感。

医疗卫生状况落后是特莱地区面临的最严重社会问题之一。这种局面一方面是由当地特殊的环境和气候条件导致的，另外，早期的经济落后造成的缺医少药问题也是重要原因。尼泊尔人的健康问题有三分之二都是由传染病引起的，流行病经常以高发病率和高死亡率发生，并且偶发一些病因不明的传染病。[2] 疟疾一直是特莱地区移民的最大威胁，尽管在拉纳家族统治的100余年里大力鼓励山区居民移民特莱平原地区，但令人闻风丧胆的疟疾使山区居民前往特莱地区定居的意愿大为下降，人们不愿冒着生命危险前往特莱。疟疾是一种主要通过蚊虫叮咬为传播途径的恶性传染病，感染者会出现浑身发凉、发热、出汗等症状，如不能得到及时有效的治疗，只能等待死亡。

---

[1] Gopi Nath Sharma, *The impact of education during the Rana period*. Volume 10, Number 2 Himalayan Research Bulletin no. 2 & 3, Article 6, p.6.

[2] Shiba K Rai, Ganesh Rai, Kazuko Hirai, Ayako Abe, Yoshimi Ohno, *The health system in Nepal—An introduction*, Environmental Health and Preventive Medicine, 2001 Apr; 6（1）: pp.1–8.

特莱地区气候炎热，丛林茂密，水网密布，丛林间还有大量的沼泽等湿地，蚊虫大量滋生，在没有现代医疗和防控手段的时代，人们除了自身的免疫力外对疟疾束手无策。

由于20世纪90年代开始的10年内战和此后延续10余年的政治动荡，尼泊尔政府在特莱地区的医疗卫生投入十分有限，即便是进入21世纪，当地的医疗卫生问题仍然极为严峻，传染病频发，居民的健康水平和平均寿命低于山区和周边其他地区的居民，由于本地医疗水平有限，居民的重大疾病仍需要前往加德满都或印度寻求治疗。

（四）国际非政府组织活动问题

国际非政府组织在特莱地区的活动增加了尼泊尔政府对当地的治理难度。尤其是西部特莱和东部特莱的僻远地区，人口众多、发展滞后，历来就是国际援助的主要目标区域，大量西方非政府组织在特莱地区开展活动。目前，尼泊尔仍然是联合国认定的世界最不发达国家（Least Developed Countries，LDC）之一，国际援助也将更多地往特莱地区倾斜。

据尼泊尔政府统计，截至2019年，在尼泊尔经过正规注册并开展活动的国际非政府组织达数百家，平均每年在尼泊尔投入经费数亿美元，同时，还有大量未经注册的非政府组织在私下开展活动。2017-2018财年，135家在尼泊尔开展活动的国际非政府组织与尼泊尔政府达成协议，该财年它们将在尼泊尔投入约230亿卢比的经费，其中在特莱平原的20个地区投入58亿尼币，平均每个地区2.9亿尼币。① 在特莱地区，教育和卫生事业是国际非政府组织最为关注的领域。近年来，族群议题、女性平权运动、少数边缘化群体的权益保护等领域，也吸引了大批国际非政府组织的介入，甚至有支持特莱地区独立的国际非政府组织与马德西政党势力合作。②

---

① INGOs to spend Rs 23b off budget this FY, August 9, 2017, https://myrepublica.nagariknetwork.com/news/ingos-to-spend-rs-23b-off-budget-this-fy/.

② 无代表国家和民族组织（Unrepresented Nations and Peoples Organization, UNPO），该组织是世界各地诸多民族分裂势力的支持者，也是马德西运动的合作伙伴。

第三章
政治治理模式：由独裁专制到民主法治

特莱地区作为尚未开发的处女地被纳入尼泊尔王国的疆域，为了实现对其的有效控制，统治者运用政治权威在这里建立起一套符合王国统治需要的政治权力运行体系，通过设立行政机构、司法机构，制定和实施法律，并根据治理需要对政治体制不断加以调适，最终形成了民主联邦制的政治体制。从历史的纵向维度来看，尼泊尔对特莱地区的政治治理是一个从无到有、从粗糙到精细、从人治到法制的过程；从权力运行的横向维度来看，政治权力从自上而下的统治逐步演变为中央与地方的上下博弈、共同治理的格局，治理的主体和客体都经历了由单一走向多元化的过程，治理模式也经历了从独裁专制到有限民主，再到民主法治的转变。

第一节　政治治理主要举措的演变

特莱地区的政治治理是一个动态的过程，在不同的政治制度和治理理念下，治理者采取的治理举措也有不同的侧重点，统一初期将建立和加强行政机构作为重点，从而巩固了国家对特莱地区的控制，随后又不断强化司法体系，使王室代表的中央政府的权威进一步确立，通过无党派评议会制度时期对基层政权的重构，使特莱地区的治理体系自上而下地建立起来，2015年新宪法实施后，基于地方自治的新的治理体系也逐步建立起来。

一、建立和加强行政机构

1769年，普利特维·纳拉扬·沙阿国王统一了尼泊尔，其继任者不断开拓疆域，最终在经过与东印度公司的战争后确立了国家的领土范围，特莱地区成为尼泊尔的南部边疆。王国统治者对特莱边疆地区的治理在军事征服后的第一步便是建立行政机构，此后的统治者在此基础上又不断对行政机构进行强化，构成了特莱地区政治治理的首要内容。

（一）统一初期的行政机构

廓尔喀王国统一尼泊尔后，建立起中央、省、地区（自治小土邦）和村的四级行政体系，但其主要职责是确保有关税收的法令有效执行，政府行政力量的建设，尤其是基层行政机构的建设严重不足。造成尼泊尔王国行政力量落后有几个方面的原因：一是在财政收入有限的情况下无法担负额外的行政开支，而且有限的财政资源还要优先考虑使用在军事行动方面；二是廓尔喀王国在统一尼泊尔的过程中对许多被征服的小王国采取了怀柔政策，给予其相当程度的自治权利，统一后的尼泊尔王国此时还没有意愿和能力将行政力量深入全国所有基层；三是相对于专门的行政机构，尼泊尔的地主阶层实际上发挥了更高效的行政功能，这也是最根本的原因。

在廓尔喀王国的土地制度下，土地拥有者本身就被政府赋予了一定的行政权力，他们对土地所在范围内的行政事务拥有很大程度的决策和日常管理权，对于他们土地上的佃户拥有罚款、征用劳力等约束性权力，由于其占有土地的合法性来源于政府的封赐，这些地主同时还要配合政府与当地有关的行政活动。但并非所有地主阶级和佃农之间都要发生直接接触，比如军人和政府雇员可能生活在城市，而其被分配的土地则远在特莱地区，在交通和通信不便的年代，这一现象催生出一个专门替地主收租和管理土地、或承包地主土地再分租给佃农的中间阶层，他们在很大程度上也发挥了行政力量的作用。

地主阶层与国家统治者的利益高度一致，一方面，统一过程中和统一后的尼泊尔王国政府，一方面需要增加财政收入，由此便要求加强对土地的控制和利用效率，简言之就是要收更多的税。另一方面，有限的财力又无法将更多资源投入到行政支出中来，这看似矛盾的两方面却在地主阶层身上找到了统一点：他们渴望巩固政府建立起来的这一套能使他们从中获益的土地制度，因此愿意充当王国政府在基层的行政力量，而且，在充当行政力量的过程中，腐败和滥用权力也可使他们获得额外的利益。

在特莱地区，原住民所属的行政体系被打破，并逐渐被新的行政力量所取代。尽管尼泊尔王国政府在统一初期给予原住民高度的自治权，但同时也开始在当地引入以土地开发者为代表的新行政力量，来自山区和邻近的印度北部地区的农民进入特莱地区，他们伐木，猎取大象、犀牛、老虎等动物，开垦新的土地，建立起定居点，他们有的成为地主，有的成为"比尔塔"和

第三章 政治治理模式：由独裁专制到民主法治

"贾吉尔"土地上的佃农。而塔鲁人等原住民的生存空间则在尼泊尔与东印度公司的战争结束后被进一步挤占，政府需要通过移民和开发来加强对特莱地区的控制，因此，他们受命为政府清除森林、开辟土地，一些原本就是原住民群体中的头人也逐渐演化为地主阶级，更多的原住民则沦为佃户[①]，这种变化便使得以土地为中心的行政体系和行政力量在这里建立起来。"作为塔鲁人群体的领导者，同时也是作为这个国家的基层行政力量，原住民部落的头人努力在维护本部落利益和国家利益之间寻找平衡。"[②]

与统一前为数众多的小王国各自为政不同，统一后的尼泊尔需要治理的国家面积远超以往，从国家不同地区到权力中心——首都加德满都的距离前所未有，在通信手段缺乏、交通条件极度落后的时代，尼泊尔在有力控制土地的基础上建立起一套只为政府服务的高效率的邮政系统，成为"胡拉克制度"（Hulak）。根据胡拉克制度的设计，在全国主要城市设有中转站，不同的中转站之间又设立下一层级的中转站，并往下依次类推，到最基层的中转站之间，距离往往是村庄至村庄，或定居点到定居点之间的距离，具体负责运送政府信件、物资的任务就落在当地村民的身上，而这些村民需要做的只是将邮件送往下一个中转站，他们熟悉路线，且距离较短，效率也就高。在18世纪末、19世纪初的交通和运输条件下，尼泊尔王室可以通过胡拉克邮政系统享用产自特莱平原及其以南地区的新鲜水果，足见其运输效率。而支撑胡拉克制度的也是土地，每个承担胡拉克邮件运送任务的家庭，都可以在当地获得一定的土地，并可以被免除相关的税收和徭役，这样一来，他们就被牢牢地稳定在这个系统的每一个环节上[③]，行政效率得以大大提高，而其行政投入并没有因此增加。

（二）拉纳家族统治时期特莱地区行政机构的加强

拉纳家族的忠格·巴哈杜尔夺取首相职位之前，尼泊尔一直处于对外征战或内部的权力争夺中，国家行政机构和行政力量的建设十分落后，地区基

---

① Gisele Krauskopff, Pamela Meyer, *The Kings of Nepal and the Tharu of the Tarai, i: The Panijar Collection, Fifty Royal Documents 1726 to 1971*, Rusca Press, Los Angeles, USA. 2000. p.40.

② Ibid., p.41.

③ Ludwig F. Stiller, S.J., *The Silent Cry (the People of Nepal:1816-1839)*, Educational Publishing House, Kathmandu, 2018, p.39.

尼泊尔特莱地区治理研究

层,特别是开发较晚的特莱地区实际上享有极大的自治权利,代表中央王朝的行政机构还没有深入基层中来。忠格·巴哈杜尔巩固了他对最高权力的控制后,采取了一系列手段来重新设置从中央到基层的行政机构,并经过其继任者的进一步发展后,逐步实现了行政力量的全面覆盖。而特莱地区作为其重要的战略资源,是加强行政力量建设的重要方向。

1. 健全中央王朝的行政机构设置

忠格·巴哈杜尔首先完善了中央王朝的行政机构设置,其在1851年曾前往英国伦敦和法国等地进行访问,在回国后主要参考了英国的行政机构设置来对尼泊尔进行改革,这些机构在其继承者手中得到了不断改革和强化,形成其家族统治权力金字塔的顶层。[①]

(1) Muluki Adda,内政事务部,这是拉纳家族治下的尼泊尔权力最大的部门,统管尼泊尔国内一切日常事务,并可以建议首相就有关事务进行立法,负有执行法令的权力,并且负责全国范围内税收的征收,其中专门设有 pahar bandobast 和 mades bandobast 两个办公室,分别负责收取山区和特莱平原的税收。

(2) Jangi adda,国防部,负责征兵、训练、后勤等军队事务,并有权在国内进行军事调动,为地方行政官员调配一定的士兵充当保镖、协助开展行政活动等。

(3) Muliki Khana and Kausi Tosa Khana,财政部,负责财政收入和支出活动,但所有的开支活动最终决定权是由首相掌握的。

(4) Kumari Chok,审计与监察部,负责中央及全国各地方政府收入、支出活动的审计和监察。

(5) Munsi Khana,外交部,直接由首相领导,负责与外国交往,但主要仍是英国和中国,并负责相关外交文书的保存等。

(6) Kitab Khana,户籍部,负责登记全国公职人员和军人的姓名、年龄和籍贯等信息,以便首相掌握真实情况,避免舞弊。

(7) Ain Khana and Kausl,法律部,负责法律文书的起草、修订等工作。

(8) Dharam Kachahari,反腐败局,由忠格·巴哈杜尔创立,用来限

[①] Satish Kumar, *Rana polity in Nepal: Origin and Growth*, Indian School of International Studies, Delhi, 1967, pp.101–105.

第三章　政治治理模式：由独裁专制到民主法治

制其兄弟们的权力，在忠格去世后被其继任者废除。

（9）其他的一些有不同时期拉纳家族统治者所设立的部门。

2. 加强基层行政力量

忠格·巴哈杜尔任首相期间，改变了此前的统治者们依赖地方上的地主或专门以收租为生的人来收取租税和承担一定行政权力的做法，到1860年左右，特莱平原被大致划分为不同的地区，在中央设立分别管理山区事务的办公室（Pahar Bandobast Adda）和特莱平原地区事务的办公室（Madhesh Bandobast Adda）[1]，在各个地区设置行政官员，专门负责当地的行政事务，而在此时的时代背景下，行政事务主要就是收取租税、维持当地的秩序，行政官员还有一定的执法和司法权力。这些行政官员是隶属于内政部的政府雇员，享受政府的工资待遇，同时还可以被授予相应的军衔，代表的是中央王朝的权威。而且，拉纳家族对军队拥有绝对控制权，因此在具体的行政活动过程中将军队力量作为行政的辅助力量派往基层，充当行政官员的保镖、打手和推行行政命令的有效手段，从而维护当地的稳定秩序，而首相则可以由此在加德满都就轻易控制地方上的行政活动。行政机构的健全和行政力量的加强，使尼泊尔从先前的半封建廓尔喀军事帝国转变为中央集权的封建国家。

1895年，担任首相的拉纳家族的继承者比尔·沙姆谢尔（Bir Shamsher）进一步改革了特莱地区的行政体系，他将特莱平原明确地划分为12个地区，也是现在特莱地区行政划分的雏形，并在每个地区设置行政官员Subba，随后又在每4个地区设置一个bada hakim，相当于区域行政官员，统管4个地区的事务。

1877年，拉诺迪普·辛格·昆瓦尔（Ranodip Singh Kunwar）继承首相之位后，又对特莱地区的行政机构进行了调整，进一步将税收、司法等权力全部集中到地区行政官员bada hakim手中，取消税务官的设置，并在各个地区兴建行政办公室，行政官员的任命权则直接由拉纳家族的首相来掌握，极大地加强了中央集权和对特莱地区的控制。

1895年比尔·沙姆谢尔改革特莱地区的行政区划后，特莱的租税收取主要依靠税务官Chaudhari，他们负责收取所在地区的政府土地、森林等资

---

[1] Ram Manohar San, *The Middle Country: The Traverse of Madhesh through War, Colonization&Aid Dependent Racist State*, Adroit Publications, New Delhi, 2017, p.158.

源的应缴税收,并从中提留一定比例作为其俸禄,其余部分则交给地区的税务机构 mal adda,并最终交给中央汇聚到国家财政部。

3. 加强对官僚的管理

拉纳家族统治下的尼泊尔,较为完备的行政体系在全国范围内逐步建立并得到加强,同时,统治者也发展出一套对官僚的行政效率进行监察的制度体系,尽管其出发点仍然是为了巩固家族统治、增加统治带来的经济和政治利益,但这一套监察体系在客观上密切了地方,特别是特莱地区与中央王朝之间的联系,强化了特莱地区居民对于中央王朝的认同。

推行述职制度。述职制度(pajani)是拉纳家族的首相着重推行的一项制度,根据这一制度,尼泊尔所有的政府官员和军队将领的任期以1年为单位,每年都必须向相应的机构进行述职,也就是 pajani,上级根据述职者在上一年的工作表现情况,决定是否给予其为期1年的新的任命,若述职不能使上级满意,则可以不再任命述职者,并以其他人员取而代之。而述职制度最终的决策者和受益者就是拉纳家族的首相,他利用这种制度性的方式来对全国所有官员进行管理,在实际操作中将其演变为排除异己和打击反对者的有力工具,任何对拉纳家族统治不满的官员都可以被以 pajani 的形式逐出行政体系,并代之以支持者。[1]Pajani 制度在整个拉纳家族104年的统治过程中都被沿用,有效加强了中央王朝对地方官僚的控制。

建立巡视制度。拉纳家族统治期间加强对基层控制的另一项制度就是巡视制度(Daudaha tour),即首相或专门的巡视机构定期或不定期派遣巡视官对各地进行巡视,检查各地官员是否认真履行职责,民众对当地官员有不满的可以到巡视官处反映问题,巡视官有权对一些明显的社会不公和引起民怨的做法进行纠正,一定程度上起到了巡回法庭的作用。拉纳家族的首相每年都会到特莱地区进行巡视,有些年份巡视的时间甚至长达2~3个月,往往以到特莱平原的密林中进行狩猎为名目进行。[2]

巡视活动分不同的类型,按级别来分,有地区行政官员对辖区内不同地

---

[1] Satish Kumar, *Rana polity in Nepal: Origin and Growth*, Indian School of International Studies, Delhi, 1967, p.82.

[2] Daniel W. Edwards, *The Daudaha (Inspection Tour System) Under the Ranas*, http://himalaya.socanth.cam.ac.uk/collections/journals/contributions/pdf/INAS_03_02_02.pdf.

第三章　政治治理模式：由独裁专制到民主法治

方的巡视、中央王朝派遣的官员对各地区的巡视，以及首相对各个地区的年度巡视，按巡视的内容分，有普通的例行巡视，倾听民意，检查官员履职情况；也有特别巡视，如对重大事项的调查，处理当地官员无法处理或完成的事务；而调研性巡视，则是专门针对某一问题进行深入调研的巡视，巡视官会根据调研情况提出一些针对性的政策建议。

地方上的行政官员不能以任何理由或方式阻碍巡视，必须全力配合巡视官，为巡视活动提供各种支持，包括人力配备和所需的物资、办公场所和交通工具，比如提供给巡视官作为交通工具使用的大象，为大象准备所需的草料，为首相的狩猎巡视提供足够的水牛作为捕捉老虎的诱饵等。[①]

述职和巡视制度尽管不是专门为特莱地区的治理而创制，但这种自下而上和自上而下交叉管理的方式有效地建立了中央王朝的统治力量在特莱基层的存在，使国家的统治力量深入最基层，这对于一个统一时间较晚、且统一基础较差的国家而言是极为重要的，拉纳家族通过这些措施强化了中央王朝对特莱地区的政治统一。

（三）无党派评议会制度下基层治理的加强

1963年，无党派评议会制度正式在尼泊尔建立，全国按照村镇、地区、大区和国家四个层级分别建立了4000个村镇评议会、75个地区评议会、14个大区评议会和一个国家最高评议会，在村一级，由全体成年村民组成的村民大会成为评议会体制的基础，由村民大会直接投票选举出该村的乡村评议会。1975年，国王政府推动修宪，将"重返乡村"运动写入宪法，使这个由政府推动的政治运动变成具有宪法地位的政治组织，且在基层获得了极大的权力。"重返乡村"的活动范围包罗万象，旨在监督、指导和支持评议会制度并为之注入新的活力。没有该机构的同意，任何人不可能赢得任何一级评议会的选举，获得其支持才是成功的关键。[②] 由此，即便是地方上组织良好的精英也"必须在该组织设定的范围内运作"。[③]

[①] Daniel W. Edwards, *The Daudaha (Inspection Tour System) Under the Ranas*, http://himalaya.socanth.cam.ac.uk/collections/journals/contributions/pdf/INAS_03_02_02.pdf.

[②] 王艳芬：《共和之路——尼泊尔政体变迁研究》，北京：社会科学文献出版社，2013年，第141—142页。

[③] 同上。

无党派评议会制度对于特莱地区治理的最大意义在于，其削弱了特莱地区地方主义和分离主义抬头的趋势，确保了国家的统一和完整。首先，在无党派评议会制度的行政划分中，特莱地区自西向东被划分为21个地区，分别属于10个不同的专区，特莱地区由此被切分，在各自所属的专区内，特莱地区的面积和人口占比都由此成为少数，这种划分方式在一定程度上打击了以地域为基础的特莱自治诉求。其次，国王政府通过无党派评议会制度加强了从中央到基层的权力控制，行政力量深入每一个村庄，党派被取缔、政府以外的政治活动都被认定为非法，寻求自治乃至独立的政治活动失去了生存空间。最后，尽管各层级评议会的选举带有一定的民主成分，但在具体的竞选活动中，此前就占据政治、经济和社会资源的山区高种姓精英们仍然具有相当大的优势，特莱地区的低种姓印度裔移民和原住民一方面因山区移民的涌入失去了人口优势，另一方面也因为政治、经济和社会地位低下而被排除在主流社会之外，这也限制了特莱地区的分离主义者通过主流政治途径改变地区现状的可能性。

（四）多党民主制恢复后对基层治理的改革

民主制度在20世纪90年代初恢复后，党派政治再次出现，尼泊尔大会党和尼泊尔共产党先后实现执政，但国家层面的政局不稳却从此开始，在特莱地区和广大基层，无党派评议会制度下建立的治理体系仍然在延续，村级评议会作为自治机构管理着基层的事务。1995年，执政的尼泊尔共产党（联合马列）对基层治理体系进行了一次重大改革，提出了"自立建设农村计划"，根据该计划，村级无党派评议会更名为"乡村建设委员会"（Village Development Committee, VDC），由政府每年拨付30万卢比的财政资金，用于村庄的建设。同时，在地方上建立一个由不同党派参与的监察委员会，负责监督乡村建设委员会的履职和对资金的使用情况。为推动在土地等经济领域的改革还设立了其他类型的委员会，如"无土地贫民问题解决委员会"，该委员会的职责是通过赎买地主的多余土地、支配国有土地等方式，逐步解决农村大量的无土地贫民问题。

但是，基层治理的改革也出现了诸多问题，其中最为突出的一个问题是不同的党派均将改革作为提升本党在基层政治影响力的机会，在改革中掺杂了过多的政治安排，有批评指出，最终获得"无土地贫民问题解决委员会"

第三章　政治治理模式：由独裁专制到民主法治

赠予土地的5.3万户家庭中，并不是按照他们的贫困程度和对土地的需求状况来确定的，而是由于他们与执政的尼共（联合马列）的密切关系[①]，该党实际上是在以公谋私，用行政手段换取政治资源，巩固其在基层的支持度。而尼泊尔大会党在执政时也采取了类似的操作手法，尼共（联合马列）批评大会党在1999年执政期间推动的"造福穷人"计划是利用国家资源为本党笼络支持者。[②]

二、建立和健全法制体系

早期的尼泊尔在统一前和统一后都没有任何成文的法典，信仰印度教的山区小王国多遵从印度教法律，原住民部落则遵从部落的习惯法，在全国范围内没有统一的法律制度，因此在被征服的特莱地区实施新的法律、建立自己的司法机构是构建政治权威、巩固主权的主要手段。在20世纪50年代以后，随着民族国家建设的推进，法律工具再次成为国王政府打击非法移民、增强特莱地区居民国家认同的重要一环。进入90年代，政局变动以新宪法诞生而开始，最终以另一部新宪法的诞生而告一段落，特莱地区的治理也逐步被纳入法制的轨道。

（一）制定和推行印度教法律

在特莱地区，无法可依的局面造成了极大的困扰，这里是新征服的土地，当地民众对于来自山区、信仰印度教的统治者并不友善，在尼泊尔与东印度公司的战争中，特莱地区的一些部落站在了东印度公司一方，为殖民者而战，以至于东印度公司在后来归还特莱土地时还专门与拉纳家族签订条约，禁止他们对这些曾经帮助东印度公司对抗尼泊尔的部落实施报复。拉纳家族的统治建立后，特莱地区行政机构和行政手段的加强并不足以完全驯服这里的居民，而且，从促进全国统一和融合的角度来讲，也必须有统一的法律。

忠格·巴哈杜尔是统一尼泊尔法律制度的最大推动者，在1851年对英国的访问中，他对英国完备的法律体系非常感兴趣，回国后立即在政府中设

[①] 约翰·菲尔普顿（英）著，杨恪译：《尼泊尔史》，北京：中国出版集团，2016年，第218页。

[②] 同上。

立了法律部门 Kausal Adda，专门负责法律的制定，在参考《摩奴法典》等印度教经典的基础上，最终制定了尼泊尔历史上第一部成文的民法典《穆鲁吉·艾恩》（*Muluki Ain*），并于1854年正式颁布实施。这既是一部民法典，同时也是一部印度教法典，其目的是要确立统一后尼泊尔的政治特征和文化特征，将统一前多样化的政治和社会规范融合到统一的体系中来。①

《穆鲁吉·艾恩》对于特莱地区的意义主要在于两个方面，一方面，通过制定和实施这部全国统一的法律，特莱地区的司法体系逐渐从行政体系中剥离出来，单独自成一体，使特莱地区在政治上更加紧密地与统一的尼泊尔国家联系在一起。另一方面，《穆鲁吉·艾恩》是一部完全体现印度教文化的民法典，以法律明文的形式将尼泊尔国内的种姓制度确立下来，体现的是信奉印度教的山区统治者的宗教信仰和文化特征，在文化上进一步巩固了国家对特莱地区的控制。

（二）建立司法体系

《穆鲁吉·艾恩》颁布后，相应的司法机构开始在包括特莱在内的整个尼泊尔建立起来，1887年，拉纳家族的首相比尔·沙姆谢尔根据此前司法过程中的经验，改革了全国的司法机构，主要解决了基层司法机构不足、上诉渠道单一等问题，在全国设置由下而上5个层级的法院，分别为：

1. 地区法院（aminis），设在全国各个地区一级，全国共21个，受理当地案件。

2. 地区上诉法院（gauras），设在某几个地区之间，承担各地区法院判决后不服的上诉案件，全国共3个，但只负责全国12个地区法院的上诉案件，其中就包括设在特莱地区的法院。

3. 设在首都的高级法院（sadar adalats），共4个，受理地区上诉法院呈送的案件，到1901年，又增设了更多的首都国家法院。

4. 设在首都的国家法院（adalat goswara），全国仅1个，受理首都高级法院和其他更低级法院呈送的案件，通常是影响力较大的案件。

5. 国家最高法院（bharadars），终审法院，由拉纳家族的军人担任，

---

① T. Louise Brown, *The Challenge to Democracy in Nepal*, Routledge, 2010, p.7.

第三章 政治治理模式：由独裁专制到民主法治

做出的判决为最终裁决。[①]

在特莱地区，人口较多的坎查普尔、班克、萨普塔里（Saptari）和莫朗（Morang）都设有地区法院。[②]1855年，尼泊尔还与东印度公司签订了引渡协议，防止在特莱地区的违法者进入印度以逃避惩罚，同时也避免特莱成为英国殖民地犯罪者的藏身之所，从而更好地维护特莱地区的稳定。在以外来移民和原住民部落人口为主的特莱地区，引入印度教色彩浓厚的法律，并设立相应的司法机构，将作为边疆地区的特莱纳入全国统一的司法体系内，是对特莱地区政治治理的一大进步。

（三）健全法律体系

1963年，在制定和实施新宪法的基础上，国王政府制定了新的《民法典》，用以替代过时的《穆鲁吉·艾恩》，该法典最大的进步意义是从法律上废除了种姓制度，规定所有民众一律平等，停止对"不可接触者"的制度性歧视。此后，由于各个层级的民意机构逐步建立，立法过程也步入正轨，立法数量和频率明显加快，包括特莱地区在内的尼泊尔法律体系逐步健全。大量与民众切身利益相关的法律在这一时期被制定或修订，如规范婚姻、国籍等事务的法律就首先在20世纪60年代实施；用于规范商业活动、经济关系的法律，如土地改革、进出口贸易、企业经营等领域的法律也陆续出台；体现国王政府政治意志和意图的法律，如涉及语言文字、教育制度、宗教和文化制度等方面的法律也通过无党派评议会制度得以制定和实施。

总体而言，尽管法律体系并未完全反映特莱地区居民的真实诉求，更多地代表了国王政府治理特莱地区乃至整个国家的政治理念，但这样一套法律体系成功地在相关领域建立起相对稳定的政治、经济和社会秩序，维护了国家的统一，促进了民族国家的构建。进入20世纪90年代以后，多党民主制的恢复使议事和立法程序逐步规范化，尤其是经过两届制宪议会的斗争，尼泊尔的立法进程进一步加快，法律体系和立法机构、立法程序的共同进步最终促使整个国家走向民主法治。

[①] Satish Kumar, *Rana polity in Nepal: Origin and Growth*, Indian School of International Studies, Delhi, 1967, pp.129-131.

[②] Ibid.

三、加快实施联邦民主制度

（一）积极推动 2017 年大选

经过 2017 年大选这一具有标志性意义的事件，特莱地区的治理进入一个全新的阶段，从尼泊尔国内来看，大选改变了政党力量对比，尼泊尔左翼势力优势明显，执政地位较为稳固，为尼泊尔在今后一个时期内的政局稳定提供了保障，左翼执政党对于特莱地区的治理构想也能够有充分的时间和政治资源来实施。与此同时，作为扰动特莱地区局势的马德西政党在大选后也纷纷转型，斗争策略从激进走向温和，使特莱地区局势的稳定成为可能，而且，由于新宪法重新分割了特莱地区的行政区划，将其以地区为单位划入不同省份，仅完整保留了一省的范围，大选结果使 2 号省成为特莱地区治理的关键。

2017 年 2 月，尼泊尔最高法院裁定，2013 年制宪议会选举诞生的议会已经完成制宪的历史使命，按照过渡宪法，应当于 2018 年 1 月 21 日自动解散，在此日期之前，必须完成地方行政机构和省级、联邦立法机构的选举。自 2016 年 8 月政府更迭起，联合执政的尼共（毛主义中心）[①] 和尼泊尔大会党通过"君子协议"各执掌总理之位 9 个月，将主要的执政目标放在组织实施三个层级的选举上。

选举的主要阻力来自马德西政党，尽管其结束了在特莱地区发起的禁运活动，但仍然坚持要求主要政党修宪，并且将修宪作为其参加大选的前提条件，政府不得不两次推迟地方选举日期，最终采取了全国不同省份分阶段举行选举的方式来解决问题，马德西政党在国内、国际形势转变的情况下，也悉数参加了各层级选举，促使马德西政党放弃抵制、积极参与竞选的原因有三个方面：

一是印度不再强求尼泊尔以修宪来满足马德西人的诉求。2016 年 2 月，禁运结束后，印度与尼泊尔的关系开始解冻，奥利、普拉昌达和德乌帕担任总理期间均实现了访问印度，后者对尼泊尔在新宪法框架下举行选举是积极

[①] 原尼共（毛主义）在 2016 年 5 月合并了部分小的共产主义派别，更名为尼共（毛主义中心）。

第三章 政治治理模式：由独裁专制到民主法治

支持的①，因此，马德西政党在是否参加选举的问题上失去了最大的外部支持。二是尼泊尔国内支持选举的民意是主流。在经历了内战、制宪、地震和禁运后，尼泊尔人民迫切希望尽快结束国家长期政治动荡的局面，组建一个强大的政府以带领国家走向稳定和繁荣，在这样的民意环境下抵制选举是十分不明智的。三是政府组织选举的策略较为成功。经过两次推迟，政府决定分三个阶段举行选举，将马德西人最为集中的2号省放在最后进行，使马德西政党陷入孤立，同时，在议会提交了修宪草案，作为对马德西政党妥协的姿态，最终使后者同意参选。

到2017年12月7日，全国三个层级的选举圆满结束，这是尼泊尔自1997年以来的首次地方行政机构选举，也是2015年尼泊尔新宪法实施以来的首次选举，对新宪法的成功实施具有历史性意义。选举结果显示，尼共（联合马列）与尼共（毛主义中心）组成的"左翼联盟"成为最大赢家，取得了联邦政府执政地位，并且在全国7省中的6个省取得绝对优势，经过整合后的两个马德西政党——尼泊尔民族人民党（RJPN）和尼泊尔联邦社会主义论坛（FSFN）分别获得17个和16个联邦议会下院席位，成为下院第四和第五大党，同时，两党也赢得了在2号省的执政地位。

表3-1 尼泊尔2017年联邦议会选举结果

党派	直接选举席位	比例选举席位	总席位数
尼共（联合马列）	80	41	121
尼泊尔大会党	23	40	63
尼共（毛主义中心）	36	17	53
尼泊尔民族人民党（RJPN）	11	6	17
尼泊尔联邦社会主义论坛（FSFN）	10	6	16
自由共享党（BSP）	0	0	0
保皇党（RPP）	1	0	1
民族民主党（团结）	0	0	0
新力量党	1	0	1
民族人民阵线	1	0	1
尼泊尔工农党	1	0	1

数据来源：尼泊尔选举委员会，http://www.election.gov.np/。

---

① 李涛、高亮：《尼泊尔2017年大选及其影响》，《当代世界社会主义问题》，2018年第1期。

（二）改善特莱地区政治环境

2017年大选结束后，"左翼联盟"两党的角色转变为执政联盟，尼共（联合马列）主席K.P奥利于2月15日出任尼泊尔联邦政府总理，尽管奥利领导下的尼共（联合马列）在制宪进程中一直不赞同马德西政党的有关诉求，并且在2015年的禁运中对马德西政党态度强硬，但其就任联邦政府总理后，对特莱地区的治理和马德西政党都采取了柔性与刚性相结合的政策。

一是吸纳马德西政党进入执政联盟。为体现和解和团结，奥利领导下的执政联盟吸纳了尼泊尔民族人民党（RJPN）和尼泊尔联邦社会主义论坛（FSFN）进入联邦政府执政，马德西政党领导人乌彭德拉·亚达夫被任命为联邦政府副总理兼卫生与人口部长，城市发展部部长的职位也被给予马德西政党领导人，这一举动旨在安抚特莱地区的马德西族群，显示执政联盟作为主要政党的政治包容性。在由尼泊尔共产党[①]执政的6个省中，根据其所属的特莱平原地区范围的大小，也给予了马德西政党成员一部分职位。

二是积极履行宪法中关于确保边缘化群体权利的规定。根据2015年宪法和宪法第一修正案，马德西族群、原住民群体、低种姓族群和女性等传统的边缘化群体，应当在立法机构、行政机构和安全力量等公共部门享有相应比例的职位，尼泊尔共产党执政后在此方面积极推动落实，并且在财政预算中增加对各省的拨款，使行政资源下沉，年度财政预算中拨付地方的比例从2013年的9%增长到2018年的17.6%。[②]

三是强化对特莱地区分裂活动的打击。奥利政府对于特莱地区的武装组织和犯罪集团实现严厉的打击，特别是内战期间遗留下来的部分武装分子，及其实施的带有恐怖主义色彩的爆炸、暗杀等极端行为，严防特莱独立势力与恐怖主义相结合。对主张特莱地区独立的激进人物以叛国等罪名进行逮捕、起诉，最著名的特莱分裂分子、马德西独立联盟领导人C.K劳特（C.K Raut）在被关押并面临起诉后，于2019年3月与奥利政府达成11点协议，

[①] 2018年5月，"左翼联盟"的尼共（联合马列）与尼共（毛主义中心）两党宣布进行合并，合并后的政党称尼泊尔共产党，K.P奥利与普拉昌达任联合党主席。

[②] Dipesh Kumar Ghimire, *Decentralization and Corruption: Does Decentralization Lead to Corruption in Local Level in Nepal?* Nepal Journals Online（NepJOL），Vol.8（2018），p.24.

第三章　政治治理模式：由独裁专制到民主法治

公开承诺放弃寻求独立的立场，并组建政党，加入尼泊尔主流政治。[①]

四是加强对特莱地区国际性非政府组织的管理。国际性非政府组织在尼泊尔特莱地区各个领域活动频繁，是该地区治理的一个重要参与者，奥利政府上台后，开始加强对这些机构的管理，由联邦政府社会福利部负责其管理，并推动国际性非政府组织管理的立法，不允许这些机构在涉及尼泊尔国内立法领域开展活动，同时，对其资金使用进行严格管理，要求其在尼泊尔开展活动的资金必须接受政府监管。[②]

五是加快联邦制度建设。2015年宪法奠定了尼泊尔实施联邦制度的基础，但在此基础上实施联邦制度的相应的法律制度还远远没有健全，尼泊尔自18世纪中期统一以来，一直是单一制的国家，对联邦制的讨论也是进入21世纪后才逐渐开始，而且仅停留在政治和社会精英的范围内，广大的民众对此并不熟悉。尼泊尔共产党政府借助其在联邦议会的优势地位，积极推动相关立法，以便进一步夯实联邦制度，同时，共产党领导下的政府也试图借立法过程理顺联邦与各省、各省之间的权利和义务关系，尤其是关于资源分配和对联邦的义务承担问题。

第二节　政治治理模式的形成与演变

特莱地区政治治理模式的演变与整个国家的政治制度和政治治理理念演变相适应，从国家统一早期的独裁专制模式逐步过渡到20世纪中期的有限民主模式，再进一步演化为进入21世纪后的民主法治模式，整个过程中既有治理主体自身的不断调整，也有特莱地区作为治理客体的不断抗争对于演变过程的推动。

[①] *Nepal: CK Raut joins mainstream politics averting conflict?* https://www.aljazeera.com/news/2019/03/nepal-ck-raut-joins-mainstream-politics-averting-conflict-190320055647567.html.

[②] *In Nepal, proposed INGO regulation has sector fearful*, May 1, 2018, https://www.devex.com/news/in-nepal-proposed-ingo-regulation-has-sector-fearful-92647.

一、独裁专制模式及其影响

独裁专制模式是尼泊尔自国家统一到 20 世纪 50 年代拉纳家族统治结束期间所采取的，在独裁专制的政治治理模式下，特莱地区作为边疆地区，区域内居民的政治权利被剥夺，当地的政治权力被治理者完全垄断，权力的运行方式也只能是由治理者自上而下地进行，被治理者只能选择服从。廓尔喀王国以军事手段征服特莱地区，并且以战争的方式与英国争夺对该地区的控制权，拉纳家族的统治者仆从英国殖民者，以换取对特莱地区的保有，在他们治下，特莱地区建立起行政和司法等代表政治权力的机构，实施由其制定的法律和规定，当地的居民，无论是外来的移民，抑或本地的原住民，都处于被动接受的地位。在独裁专制的治理模式下，代表国家在当地实施权力的军人、行政官员等，也由加德满都的治理者来指派，且只对其负责，国家权力的实施与实施对象实际上是两个相互独立的系统，政治资源被完全垄断后只在特定的群体间进行分配，特莱地区的人民对分配的过程无从参与，对于权力运行的过程也只能被动地接受，这种治理模式实际上就是以统治代替管理。

军队在很大程度上是独裁专制模式的力量基础[1]，在军队中担任一定的职务，既是王室及拉纳家族成员地位的显示，也是对其地位的一种保障，拉纳家族的成员但凡是在政府中身居高位者，都会在军中被授予军职，这使得军队与行政体系高度交叉，便于加强控制。同时，为了提升军队的忠诚度，拉纳家族统治者提高了军队的待遇，以王室的名义向将领赠予比尔塔和贾吉尔土地，并且提高了普通士兵的俸禄，改善其伙食、住宿等待遇。[2] 拉纳家族统治期间，在全国范围内兴建了大量的军事据点，用来加强军队对国内局势的控制，同时，也分散了军事力量的部署，减少其倒戈或哗变的危险。总体的军事力量也较先前有所增强，军队人数从忠格上台时的约 2.6 万人逐步增加到昌德拉·沙姆谢尔[3]任总理时期的 2.8 万人，并建立起与之配套的一

---

[1] Shaphalya Amatya, *Rana Rule in Nepal*, Nirala Publications, New Delhi, 2004, p.30.

[2] John Whelpton, *Nepal Politics and the Rise of Jang Bahadur Rana*, 1830—1857, Department of History, School of Oriental and African Studies, University of London, February 1987, pp. 344-350.

[3] Chandra Shamsher，1901 年开始出任尼泊尔国王政府首相。

第三章　政治治理模式：由独裁专制到民主法治

支约 1.3 万人左右的民兵组织，还设立了类似国防部的 Jangi Adda 统管军事事务。[①]

采取独裁专制的政治治理模式的内在逻辑在于，特莱地区面临的治理问题与治理目标的一致性。治理者寻求的治理目标是巩固国家的政治统一、维持国家的主权独立，特莱地区处在尼泊尔与强大的南部邻国边界[②]，对于远在加德满都谷地的政治中心而言，这里既是地理上有着山水阻隔的领土边疆，也是其控制力度极为有限的政治边疆，同时还面临着南部邻国对这一地区的虎视眈眈，因此，确保特莱边疆地区归属尼泊尔，并且在政治上实现有效的控制是加德满都治理的首要目标，而实现这一目标的方式便是通过对政治资源的完全垄断。同时，被垄断的政治资源只在少数的统治阶层之间进行有限的分配，并且以高压的军事手段来维护这样的模式，最终呈现出来的是对特莱地区类似于殖民统治的政治治理。

独裁专制的政治治理模式对内有效巩固了国家的统一，以自上而下的独裁将从未从属于同一个国家的不同部分强行捏合在一起，在军事统一的基础上逐渐实现行政、司法等层次的统一，将特莱地区实质性地纳入尼泊尔王国的版图内。对外而言，该模式确保了尼泊尔的国家独立，通过仆从于英国的殖民者、为其殖民政策充当帮手，拉纳家族避免了尼泊尔沦为殖民地，成功地使尼泊尔免于战争，争取了部分被割让领土的回归，使特莱地区被保留在尼泊尔版图之内，维持了国家领土的完整，并且维护了国家的主权独立。

二、有限民主模式及其影响

20 世纪 50 年代，王权统治在尼泊尔被再次确立，此时的南亚次大陆刚刚从殖民统治中独立，民主主义和民族主义热情高涨，此前独裁专制的政治治理模式已不再适应此时的特莱地区治理现实，国王政府对此进行了调整，改变了完全独裁专制的僵硬政治治理模式，将部分政治权利给予特莱地区的居民，并允许其参与政治权力的分配，从而逐步形成了政治治理上的有限民

[①] Shaphalya Amatya, *Rana Rule in Nepal*, Nirala Publications, New Delhi, 2004, p.30.
[②] 18 世纪的邻国是东印度公司，19 世纪中期演变为英属印度帝国，1947 年殖民主义结束后又变为独立的印度。

主模式。在这一模式下，国王仍然是最高权力的拥有者，特莱地区的政治治理机构、模式、人员都是在其"指导"下确定的，任何不利于巩固国王政府对特莱地区治理的因素都被排除在外。

有限民主模式的有限性主要体现在两个方面，一是民主程度的有限性。国王政府在特莱地区实施的无党派评议会制度，带有一定的民主性质，但实质上仍然是"指导民主"，党派活动、自由媒体等都被严格禁止，以特莱地区族群和语言等文化特征为召集口号的政治活动也不允许进行，所有与政治相关的活动只能按照国王政府设计好的无党派评议会制度框架来开展，其政治议题也是由国王政府来确定，反映的是国家对于特莱自上而下的政治治理需求，而不是特莱地区居民自下而上的政治诉求。二是民主范围的有限性。根据无党派评议会制度的设计，最基层的特莱地区普通民众只能参与到村一级的评议会选举活动，更高一级的评议会选举则只能由村一级已当选的评议会议员来投票，并以此类推，而在此时的特莱地区，基层的权力结构仍然是以山区的高种姓精英为主导，因此，政治权力在很大程度上仍然是在传统的政治治理结构中流转。

有限民主模式对于特莱地区政治治理的重要意义在于，其削弱了特莱地区地方主义和分离主义抬头的趋势，确保了国家的统一和完整。首先，在无党派评议会制度的行政划分中，特莱地区自西向东被划分为21个地区，分别属于10个不同的专区，特莱地区由一个整体被切分成小的单元，在各自所属的专区内，特莱地区的面积和人口占比都由此成为少数，这种划分方式在一定程度上打击了以地域为基础的特莱自治诉求。其次，国王政府通过无党派评议会制度加强了从中央到基层的权力控制，行政力量深入每一个村庄，党派被取缔、政府以外的政治活动都被认定为非法，寻求自治乃至独立的政治活动完全失去了生存空间。最后，尽管各层级评议会的选举带有一定的民主成分，但在具体的竞选活动中，此前就占据政治、经济和社会资源的山区高种姓精英们仍然具有相当的优势，特莱地区的低种姓印度裔移民和原住民一方面因山区移民的涌入失去了人口优势，另一方面也因为政治、经济和社会地位低下而被排除在主流社会之外，这也限制了特莱地区的分离主义者通过主流政治途径改变地区现状的可能性。

三、民主法治模式及其前景

经过20世纪90年代至21世纪初的民主转型，尼泊尔从单一制国家转变为民主联邦制国家，特莱地区的政治治理模式也由此开启了民主法治的阶段，特莱地区政治治理模式的转变既是尼泊尔国家政体转变的结果，同时也是促成政体转变的重要原因之一。自20世纪90年代开始的民主化运动、共产主义武装革命和马德西族群运动，彻底改变了尼泊尔的传统政治格局，在旧的权力秩序被打破、新的权力秩序逐步建立的过程中，特莱地区原生的政治力量逐渐成长起来，并成为一支能够与代表传统政治势力的山区高种姓精英阶层进行博弈的势力，这种力量上的此消彼长促使后者必须放弃原有的自上而下的治理模式。

在民主法治的政治治理模式之下，代表国家的联邦政府权力相比前两类模式受到了很大的限制，特莱地区作为边疆，其与联邦政府的关系不再是单向的治理与被治理关系，而更多地呈现出双向互动的特点，由于其开放性，更多传统上被排除在政治活动之外的群体加入其中，并开始发挥越来越重要的作用，形成了边疆地方政府与中央政府博弈的态势，随着尼泊尔联邦制的进一步实施，相关立法也将逐步完善，民主法治的治理模式将受到更多实践的检验，就当前的特莱地区政治治理形势而言，这种模式至少具有以下三个方面的特征：

第一，治理主体更加多元化。经过旷日持久的民主化运动和大规模的马德西族群运动，特莱地区已经形成了大量以区域或族群为召集口号的政党，合法地加入到主流政治活动中来，与联邦政府分享权力，并且还在部分地方政府实现了执政的目标。同时，大量以少数族群权益保护为宗旨的国内非政府组织和国际非政府组织的分支机构在特莱地区开展活动，与政府进行合作、对政府的治理进行补充。由此一来，特莱地区的政治治理由政府主导的程度明显下降，联邦政府与地方政府既竞争又合作的关系逐渐明确，社会力量也越来越多地加入到治理主体的行列中来，使其更加多元化。

第二，治理方式更加民主化。随着民主转型的完成，民主制度在尼泊尔确立起来，包括议会以及与之相配套的媒体自由、政党活动、集会游行等诸多基本的民主权利都有所保障，在民主监督和民主参与的程度不断提高的背景下，无论是联邦政府还是特莱地区地方政府的决策，民主化程度都大为提高。更为重要的是，以制定和实施法律来规范特莱地区的政治活动逐步成为治理主体与治理客体的共识，执政党以立法来实现自己的政治意志，特莱地区民众参与政治活动的主要目的也是希望影响立法过程。

第三，治理内容更加精细化。首先是政治治理涵盖的领域扩大了，在基本政治权利之外，少数族裔权益、女性权益，以及特定行业从业者权益等议题进入主流政治的范畴，并被更多地讨论。其次是政治治理的内容增多，在立法、司法和行政之外，人权保护、宗教自由等需要大量公众与政府共同参与的治理活动越来越多。同时，治理的深度也在加大，由于非政府治理主体的加入和治理客体在治理过程中与主体之间的广泛互动，对相关议题的讨论深度、决策与问题的契合度以及政策的执行力度都较此前有所提高。

但是，民主法治的政治治理模式也面临着一定的风险。首先，特莱地区的自治程度提高可能进一步恶化其与联邦政府以及其他地区的关系，尽管2015年的新宪法并没有赋予各省脱离联邦的权利，但各省事务自治是该宪法的基本精神，地方与联邦的博弈、中央化与去中央化的矛盾始终存在，在民主法治的治理模式下，特莱地区的政治势力可能继续利用其族群受压迫、区域受剥削等政治议题来强化族群认同，巩固在当地的政治优势，制造地方与联邦的对立、特莱地区族群与尼泊尔其他族群的对立，使特莱地区成为其政治堡垒，成为事实上的国中之国。

其次，民主法治的程序存在被滥用的风险。在特莱地区马德西人口占优势的背景下，一人一票的民主制度容易被不当利用。一是印度和美国等外来势力可以通过民主的手法进行操作来实现对特莱地区事务的直接干涉。二是特莱地区族群对尼泊尔其他族群的排斥可能由此加剧、并被民主的程序"合法化"。三是借民主程序寻求独立和分裂活动的风险增加，若特莱地区政治势力在外部势力的支持下，以民主的名义，通过民调、公投等方式寻求独立，尼泊尔对此类活动的应对能力还有待检验。从南亚地区的历史来看，锡金并入印度、不丹驱逐尼泊尔裔移民、印度东北部地区的族群骚乱都是以民主的名义、民主的方式进行的，尼泊尔对此不得不加以防范。

第三章 政治治理模式：由独裁专制到民主法治

第三节 政治治理模式形成与演变的动力

政治治理首先是与政治制度密切相关的，政治制度的改变必然引起治理模式和治理方式的改变，在不同的政治制度下，治理者所秉持的政治治理理念也会随之发生改变，理念的变化也会传导至治理模式和治理方式层面。同时，边疆地区是极易受到外国势力影响的区域，而特莱地区是与尼泊尔的邻国印度接壤的部分，两国国力差距悬殊，特殊的历史和现实关系使印度对特莱地区包括政治治理在内的各项治理活动构成了巨大的影响力。

一、国家政治制度的演变

自18世纪中期尼泊尔实现国家统一以来，其国家历史的发展经历了四个特征显著的阶段，沙阿王室的统治权在19世纪中期被拉纳家族夺取，家族统治延续100余年，20世纪50年王权重新确立，并在此后逐步加强，一直到90年代集权统治无以为继，多党民主制在1991年建立起来，政党势力又轮番登场。各个历史阶段的统治者根据当时国内政治的需要和国际环境的演变，对特莱地区采取了不同的治理策略，其策略的侧重点不同，但又一脉相承，共同塑造了特莱地区的历史和现状。

（一）王室直接统治（18世纪中期—1846年）

廓尔喀王国兴起于尼泊尔中部，拉姆·沙阿（Ram Shah）等国王自17世纪末开始对该国进行了大量改革，确立了政治、经济和军事等领域的一系列政策，制定法律来规范国内统治，改革行政制度，增设辅佐国王的官职，加强军队的建设，吸收了勇敢善战的马斯基人（Marski）和马嘉人（Magar）加入军队，使军队实力大为增强。其正确的政策和适时的改革刺激了生产的发展，吸引了其他区域婆罗门和刹帝利等高种姓居民到廓尔喀定居，经过几代国王的努力，廓尔喀王国拥有了崛起的基本条件。[①]1743年，20岁的普利特维·纳拉扬·沙阿（Prithivi Narayan Shah）继承廓尔喀王国王位，开始

---

① 鲁正华：《统一尼泊尔的普·纳·沙阿大君》，北京：商务印书馆，1986年，第10—12页。

尼泊尔特莱地区治理研究

积极推动对其他王国的战争，于18世纪中期逐步统一了周边的土邦王国，建立起尼泊尔王国，并不断向周边扩张，最终将特莱地区纳入其统治范围，特莱地区与其王国的主体部分特征迥异，且处于尼泊尔王国与东印度公司殖民者争夺的最前沿，成为尼泊尔的边疆。

1775年，普利特维国王去世后，其长子普拉塔普·辛格·沙阿（Pratap Singh Shah）继承了国王之位，继续推进普利特维国王开启的统一征程，在此后的十余年间，尼泊尔王国所控制的领土范围进一步向西部延伸，先后击败了占据郎琼、卡斯基和塔纳胡恩地区（Lamjung, Kaski, Tanahun）的小王国，并成功镇压了已征服领土上的反叛活动，巩固了尼泊尔王国对特莱平原齐特旺地区的控制。1785年，拉金德拉王后去世，至此，尼泊尔王国控制范围的最西端已经延伸至卡里·甘达基峡谷（Kali Gandaki）。

对特莱地区控制的加强为巴哈杜尔的扩张提供了坚实的经济后盾，廓尔喀军队和国家官僚机构的俸禄支出基本是以赠予土地或抽取土地上的农业产出的形式进行的，货币支出较少，王国所征服的东特莱地区大量的土地，使巴哈杜尔在动员军事行动时能够获得极大的支持，军队在对外扩张的过程中获得了切实利益，因此成为巴哈杜尔统治的忠实支持者。在掌握了尼泊尔王国的实际统治权后，巴哈杜尔继续往西拓展领土，到1789年时其控制范围的最西端已经抵达马哈卡里河（Mahakali River）。此后，王室继续发起对外军事行动，将尼泊尔王国的版图一再扩大，对特莱地区的争夺最终引发了尼泊尔王国与东印度公司的战争。

王室直接统治下的尼泊尔是一个高度军事化的封建王国，其主要特征是不断地发动战争、拓展王国的控制范围，经过近百年的努力，尼泊尔的统一之路最终完成，尽管因不平等的《苏高利条约》而失去了东部和西部大面积的土地，但尼泊尔王国的现代版图和边界也由此基本确立下来，并在依附英属印度[①]的前提下确保了形式上的独立。特莱地区的主要部分得以保留在尼泊尔版图内，成为国家延续和发展的主要动力来源，同时，与东印度公司的对立和交往也使得尼泊尔的统治者逐渐接受现代国家的边界、主权、领土等

---

① 自1858年开始，由于印度民族大起义，东印度公司开始向维多利亚女王移交权力，最终于1876年成立了印度帝国，1877年维多利亚女王加冕为印度女皇，印度帝国作为政治实体直接或间接地控制着南亚次大陆上绝大多数的土地，被称作英属印度（British India）。

第三章　政治治理模式：由独裁专制到民主法治

概念，其对特莱地区乃至整个国家的治理方式也逐步发生改变。

（二）家族式统治（1846—1950年）

1775年，尼泊尔王国的奠基者普利特维·纳拉扬·沙阿去世后，其继承者或英年早逝、或年幼、或软弱无能，尼泊尔王国的最高政治权力实际上被掌握在摄政的王后或大臣手中，为争夺权力，不同势力间的斗争异常严酷。军人忠格·巴哈杜尔（Jung Bahadur）联合拉克希米·德维王后和英国殖民势力[①]，于1846年9月发动宫廷政变，通过暗杀和一系列计谋，消灭了包括此时实际掌权的总理及其追随者，随即，忠格·巴哈杜尔被拉克希米王后任命为首相兼尼泊尔军队总司令。

忠格·巴哈杜尔为了确保家族统治的延续性，还为其披上了一层合法的外衣。1856年，忠格迫使国王发布一份诏书，将卡斯基（Kaski）和拉姆宗（lamjung）两地作为自治王国赐予他，并封他为两地的"大君"（Maharaja），且这一头衔是世袭的，可以传给直系子孙，作为两地的大君，其对王室的影响力和控制力更加巩固，实际上确保了首相之位在其家族中的世袭。而且，大君对卡斯基和拉姆宗两地的绝对权威，包括军事、行政、司法、立法等一切权力也因其垄断了首相之位而被适用于全国。[②]从1846年忠格·巴哈杜尔通过政变被任命为首相，其经过十余年的经营，确立了他对尼泊尔政权的绝对控制，并为这种控制在其家族之中的延续奠定了基础，由此，拉纳家族对尼泊尔的百年统治完全建立起来。

通过剪除异己、安插亲信等手段，忠格·巴哈杜尔不仅控制了尼泊尔的军事和行政，对王室也实现了完全控制，象征最高王权的国玺印章也被其掌握，王室的存在只是为了给首相的独断专权提供合法性背书，成为拉纳家族统治的橡皮图章。拉纳家族同时还完全控制了国家的行政、立法和司法权力，对于人事任免、制定法律，以及法律的执行都拥有最高权力。对于国家财政，拉纳家族完全将国家财政收入当作了满足个人私欲的金库，整个拉纳家族统

[①] 王艳芬：《试论拉纳家族政权的建立》，《苏州科技大学学报（社会科学版）》，2012年第6期。

[②] John Whelpton, *Nepal Politics and the Rise of Jang Bahadur Rana, 1830—1857*, Department of History, School of Oriental and African Studies, University of London, February 1987, p.322.

治的百余年间,其家族的私人费用与国家财政之间完全没有进行过区分,担任首相的家族成员可以轻易地使用每年财政收入的 25%~30%。①

在拉纳家族的治理下,特莱地区作为国家领土拓展的边疆地区与中央王朝的联系取得了实质性的强化,尼泊尔的国家统一在沙阿王朝完成军事统一的基础上又进一步实现了政治、行政和司法的统一,通过加强对特莱地区的开发和依附英国等一系列对内、对外政策,促进了边疆的经济和社会发展,巩固了中央王朝对边疆的控制。拉纳家族实现了对特莱地区的政治统一,通过在特莱地区建立基层行政机构、加强行政力量、改革行政方式,并以军队辅助行政的方式,中央王朝的统治力量成功渗入特莱地区的基层,打破了原有的地方自治色彩较强的政治权力结构,法典的颁布、司法机构的建立、司法权力的集中更加巩固了中央王朝对特莱地区的控制,使尼泊尔转变为一个中央集权的封建国家。

(三)王室间接统治(1951—1991年)

第二次世界大战结束后,英国在亚洲的殖民体系迅速崩溃,英属印度获得独立,殖民势力逐步退出南亚,拉纳家族赖以维持统治的外部势力被瓦解,尼泊尔内部积累的诸多矛盾因素也集中爆发,持续了104年的拉纳家族统治被推翻,沙阿王朝的继承者在1950年重新掌握国家政权。并宣布实行多党民主制,然而,民主制度在此时的尼泊尔显现出"水土不服",党派领导的政府从一开始就频繁轮替,党派内部的权力斗争也异常激烈,由于缺乏执政经验,其政策也往往脱离尼泊尔的实际,政治家在获得权力后又纷纷陷入腐败、滥权的泥淖,很快"民主成了不同的政治家族侵吞国民财富用以自肥的方便的遮羞布"。②

在大会党政府执政仅一年后,马亨德拉国王突然于1960年底宣布解散议会、取缔国内政党,将民主人士、党派活动人士等投入监狱,并开始亲政。民主制度被证明不适合此时的尼泊尔,但王权直接统治也不符合时代的潮流,马亨德拉国王派出政治制度考察团赴世界各国考察后,吸取各国制度的精髓、

---

① Satish Kumar, *Rana polity in Nepal: Origin and Growth*, Indian School of International Studies, Delhi, 1967, p.87.

② 王艳芬:《论尼泊尔潘查亚特体制实行的历史背景》,《世界历史》,2008年第6期。

第三章 政治治理模式：由独裁专制到民主法治

结合南亚地区传统的潘查亚特制度，创立了具有尼泊尔特色的无党派评议会制度，通过1962年颁布的新宪法加以确立。这一制度实际上是间接民主与尼泊尔传统的乡村"五老会"制度的结合，全国被划分为自上而下四个层级的评议会，即国家最高评议会、14个大区评议会、75个地区评议会和4000个村评议会，各层级自下而上选举各自的代表，为确保代表的普遍性，又将一定的代表比例给予不同阶层和团体，如农民、知识分子、退役士兵等，在每一层级的评议会，就出现了两类代表，一类是按人口和地域选举的代表，另一类则是按阶层选举的代表。

最终产生的最高评议会拥有立法权，但是，根据宪法任何评议会成员不得批评政府，也不能就评议会制度本身进行辩论，且国王对任何立法活动拥有最终决定权。[①] 这一制度以较国王直接统治具有一定的进步性，但国王作为国家元首、武装力量总指挥，掌握立法、行政和司法最终决策权，其维护的仍然是国王的最高权威，实际上是加强了王权和中央集权。

1980年，尼国内兴起对于民主制度的呼声和汹涌的革命浪潮，比兰德拉国王决定就是否保留无党派评议会制度举行全民公投，公投的结果显示，55%的投票者赞成继续保留评议会制度，其余的45%则希望实行多党民主制，尽管无党派评议会制度被保留下来，但这样的赞成率也只能算是差强人意，国王政府因此继续推动对这一制度的改革，引入更多民主元素，并再次发起了"重返乡村"运动（Back to Village National Campaign，BVNC）[②]，重点关注农村的发展，希望借此赢回民心。同时，政府开始放松对党派组织活动的限制，对舆论的管控也逐步放开，党派组织开始公开活动，青年学生组织等大量涌现，争取民主的活动进一步加强了。

20世纪80年代末至90年代初，在急剧变化的国际和国内政治环境中，尼泊尔高度集中的无党派评议会政治制度难以为继，国王政府被迫宣布放弃无党派评议会制度，重新确立君主立宪的多党民主制。

---

① 此段内容简要地介绍了尼泊尔无党派评议会制度，参考的是尼泊尔1962年宪法相关内容，关于该制度的研究成果较多，但并不是本研究的主要对象，故此处只做简要说明。

② "重返乡村"最早由马亨德拉国王在1967年发起，目的是发动城市青年、政府工作者等深入农村基层，帮助解决农村发展面临的问题，为无党派评议会制度争取民意。

（四）多党民主制（1991—2015年）

20世纪90年代多党民主制度恢复到2015年新宪法颁布的这一段时期，是尼泊尔对特莱地区进行政治整合的时期，也是其民主转型时期，自国家统一以来，特莱地区发展和治理过程中积累的政治、经济、族群和文化等矛盾在20世纪90年代全面爆发，在民主运动和内战过程中，特莱地区相关的议题始终是核心议题，在很大程度上决定了国家政治发展的走向。

多党民主制下王室的权力被限制，国家政治上的绝对权威不复存在，其对特莱地区的治理能力被削弱，治理主体和客体都变得更加多元化，政治整合既是执政者的主观选择，也是客观上的形势所迫，在这一前提下，治理主体与客体进行了不同整合方案的尝试。1990年尼泊尔争取民主的"人民运动"迫使国王政府重新实施君主立宪的多党民主共和制度，并于1991年重新制定宪法，全面开放党禁和报禁，特莱地区长期被压制的政治热情迅速释放，长期积累的矛盾也全面爆发，处于被边缘化地位的印度裔移民和原住民纷纷要求分享更多、更大的权利，而无论是新颁布的民主共和宪法，还是随即举行的民主选举，都未能充分体现边缘化群体的权益，传统的山区高种姓政治精英仍然以"民主"的形式把持着政治权力，这使得特莱地区的矛盾更加尖锐，很快就以更加激烈的形式爆发出来。

20世纪90年代的多党民主制在解决尼泊尔国内深重的族群、阶级和地域矛盾方面显得无能为力，尚不成熟的政党和政党领导人对这些矛盾的处理并没有站在国家利益至上的高度，而是把党派和个人的利益放在最前面，进一步激化了矛盾，1996年，左翼政党尼共（毛主义）发起人民战争，试图以共产主义武装革命的方式打破既有政治体制。持续10年的内战冲突一方面激发了特莱地区边缘化族群的权利诉求，在特莱地区乃至整个国家的边缘化族群中起到了启蒙作用，将这些群体以革命的名义组织起来，动摇了传统政治精英阶层的统治基础。另一方面，通过参与革命行动，特莱地区的边缘化族群被广泛地动员起来，马德西运动在内战中迅速发展，争取以族群为基础的高度自治被更多人接受并为之斗争。但是，在内部阻力和外部影响的共同作用下，人民战争最终以和平协议的方式结束，革命者作为新兴的政治力量又回到多党民主制的道路上。

第三章 政治治理模式：由独裁专制到民主法治

（五）民主联邦制（2015年至今）

2006年尼泊尔主要政党签署《全面和平协议》，结束了持续10年的内战，达成了终结王室统治、建立联邦共和国的共识。到2014年2月，第一届制宪议会失败后产生了第二届制宪议会，尼泊尔大会党与尼共（联合马列）结成执政联盟，由尼泊尔大会党主席苏希尔·柯伊拉腊（Sushil Koirala）在后者的支持下出任总理，根据两党达成的共识，其担任总理的主要职责是确保尽快制宪，一旦新宪法制定完成，苏希尔·柯伊拉腊将立即辞职，议会也将重新进行总理选举，尼共（毛主义）则作为反对党未加入政府。

2015年4月，一场突如其来的大地震意外地将分歧巨大的各大政党暂时团结起来，尽快制定宪法成为全国上下共同的心愿，尽管面临特莱地区马德西政党的强烈反对，新宪法最终在当年9月颁布。新宪法共35个部分、308个条款和9个附表[①]，将尼泊尔确立为世俗的联邦制民主共和国，将世俗主义定义为"宗教和文化自由，包括对自古以来盛行的宗教和文化的保护"。[②]

根据新宪法，尼泊尔将从单一制国家体系转变为三级联邦结构，包括联邦政府、省级政府和地方政府。整个国家将被划分为7个省，7个省将由当前的75个行政区组成。7省划分方案打破了马德西族群和其他原住民族群的自然联系，人为地将特莱地区划分到不同的省内，特莱平原上的21个地区中，14个将被划入4个不同省份，使其在各自的省内成为少数族群，仅有2号省较完整地包括了中部特莱地区。

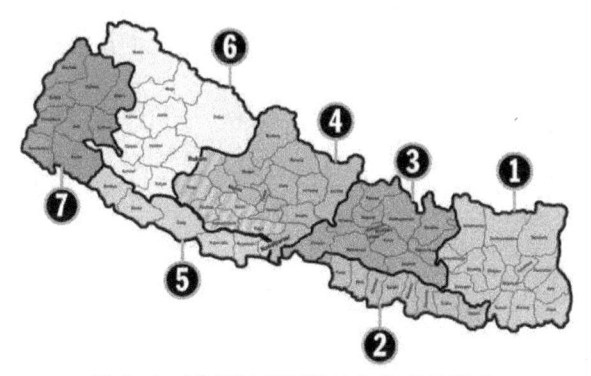

图3-1 联邦制度下尼泊尔的省份划分

---

① Nepal Constitution 2015.
② Ibid.

新宪法沿用了比例代表制选举制度，为包括妇女、少数民族和低种姓群体在内的边缘群体提供了更多参与政府的机会。2006年颁布的过渡宪法曾规定，58%的立法机构席位采用比例制选举制度进行选举，这样的安排有利于更多的边缘化群体进入立法机构，以实现少数族群的权利，但2015年新宪法将这一比例降到40%[①]，即110个席位，60%的席位通过直接选举选出，即165个席位，其中100个位于山区，尽管人口超过全国的半数，但整个特莱地区仅有65个席位[②]，同时，新宪法也没有满足马德西人提出的在各级立法机构、政府和警察、军队等公共机构中为其保留一定比例职位的诉求。

二、政治治理理念的转变

S.J.斯特勒（S. J. Steller）将一个国家的统一分为5个层次，分别是军事统一、政治统一、法律和司法统一、行政统一，以及文化和宗教统一。军事上的统一是国家统一最基本的要求，通过军事手段将领土置于统一者的统一控制之下，这是统一的第一步；政治统一要求领土上的人口在政治上认同统一者的最高权威，但具体的权力分配方式和内容可能会千差万别；法律和司法的统一则是在政治统一的基础上更进一步，实现领土范围内人口对统一者所制定的法律的认同；行政统一要求统一者将行政手段无差别地实施到领土范围内的所有区域，打破地域等因素造成的界限；文化和宗教统一则是最为理想的统一状态，也意味着民族等差异的消失，领土范围内的所有人口趋于同化。当然，这5个层次并非渐进性的阶段，而往往是以不同的幅度交叉、同时进行并相互影响，尼泊尔对特莱地区治理理念的演变也反映了统一在不同层次的演进过程。

（一）军事征服

经过从普利特维国王开始的三代沙阿王朝统治者的努力，廓尔喀王国从一个力量相对弱小的王国逐步壮大成为尼泊尔王国，统一了的喜马拉雅山

---

① 根据2015年宪法，联邦议会下院共275个席位，其中165个通过直接选举方式选出，110个通过比例制选举选出。

② Hari Bansh Jha, *Nepal's New Constitution: An Analysis from the Madheshi Perspective*, https://idsa.in/idsacomments/NepalsNewConstitution_hbjha_240915.

第三章　政治治理模式：由独裁专制到民主法治

脉南麓东至提斯塔河、西至苏特勒吉（Sutlej）河、北靠喜马拉雅山脉、南至特莱平原的大片领土均在其控制之下，军事实力和对外战略意图高涨，是这一地区前所未有的强大王国。然而，一个强大、统一的尼泊尔对东印度公司来说是无法接受的，尼泊尔控制了东印度公司梦寐以求的经印度次大陆前往中国西藏和中国内地的贸易路线，并且不允许外国人在尼泊尔从事贸易活动[①]，这是东印度公司对尼泊尔统治者最为不满的地方。沙阿王朝统治下的尼泊尔王国日益强大，不断兼并周边地区的小王国和土邦，威胁到东印度公司在这一地区的既有利益，更为重要的是，在次大陆北部出现这样一个政治统一、军事力量强大的王国，其本身就是对东印度公司的巨大威胁。在廓尔喀王国推动统一的过程中，东印度公司就直接或间接地进行过阻挠，试图以其他小王国与廓尔喀王国之间不断的相互消耗，来限制廓尔喀王国的规模和实力。当时间来到1814年前后，尼泊尔王国已经将上述区域牢牢控制住，并试图进一步拓展控制范围，在特莱地区与东印度公司形成了十分紧张的对立态势，战争一触即发。[②]

东印度公司深知特莱平原对于尼泊尔王国的重要性，廓尔喀王国之所以能够崛起成为尼泊尔王国，主要依赖于特莱平原的土地，以土地资源来驱动廓尔喀的战争机器，才能维持王国的对外扩张不断推进，失去特莱平原的尼泊尔王国就不再具有重大威胁，因此，东印度公司的立场是要尼泊尔王国放弃对特莱平原地区的控制，并将势力范围限制在尼泊尔中部和北部的山区，而对尼泊尔王国来说，特莱平原是其扩张的战利品，必须以对特莱平原的控制来保证王国的延续[③]，不可能就此放弃，双方的矛盾无法调和，战争在1814年10月爆发。尽管在战争初期受到了一定损失，但东印度公司最终击败了尼泊尔王国的抵抗，并迫使此时尼泊尔的实际统治者比姆森·塔巴（Bhimsen Thapa）首相于1815年12月与其签订了《苏高利条约》。

《苏高利条约》的主要内容均涉及领土，东印度公司借军事胜利的优势以条约的形式迫使尼泊尔放弃了大量土地，包括西部地区原属于库马恩王国

[①] Ludwig F. Stiller, S.J., *The Rise of the House of Gorkha*, Educational Publishing House, Kathmandu, 2017, p.338.

[②] Ibid., p.234.

[③] Ludwig F. Stiller, S.J., *The Rise of the House of Gorkha*, Educational Publishing House, Kathmandu, 2017, p.240.

尼泊尔特莱地区治理研究

和贾瓦尔王国的土地,并将东特莱地区的大片土地割让给锡金王国,将西特莱的一大片领土割让给东印度公司,由此,尼泊尔的领土范围被大幅度缩小,东部的梅吉河(Mechi River)和西部的马哈卡里河分别成为东西两端的领土边界,作为补偿,东印度公司承诺每年支付给尼泊尔王室20万卢比,并允许东印度公司在加德满都设立常驻办事机构。①

(二)内部殖民

拉纳家族统治尼泊尔的100余年间,其对特莱地区采取了明显的殖民式统治,对内垄断所有政治资源,排除王室的合法统治权,对外完全仆从于英国殖民者,以特莱地区为政治筹码,维系家族统治的延续。

拉纳家族统治者在特莱地区建立的行政带有强烈的殖民主义倾向,行政机构、司法机构与军队在组织和人员上高度交叉,借用军队的威慑力在特莱推行行政举措,在国家统一早期的特定时代背景下有其合理性,在实践上也显现出有效性,但长期坚持这种高压政策的危害性也是十分明显的。拉纳家族在行政力量逐步被建立起来后仍然坚持使用军事力量为主要手段来治理特莱地区,很大程度上是为了满足家族利益私欲的做法,用家族成员占据军队和行政机构的高层职位,确保政治和经济利益不会旁落他人,做法简单而粗暴,对于特莱地区真正融入国家的主流极为不利。与此同时,特莱地区的原住民群体、移民群体及其后裔,以及被划为"不洁"种姓的阶层几乎完全被排除在司法、行政和军事等权力机构之外,来自山区的高种姓印度教统治者掌握了政治权力机构,特莱地区原有的不同程度的自治被打破后,原住民和移民在政治上被完全边缘化。

特莱地区被作为拉纳家族与英国殖民者利益交换的筹码。统一尼泊尔的沙阿王室对英国殖民者一直采取的是一种对抗性的政策,与东印度公司争夺利益,这种对抗性随着廓尔喀王国的逐步壮大而越来越激烈,最终导致了1814—1816年的战争。忠格·巴哈杜尔上台后,一反前人的反英政策,转而对英国殖民者百般恭顺,由此开启了与英国100余年的密切关系,拉纳家族的继承者们无一例外地对英国采取高度依赖和配合的政策,他们采取此种态度主要还是为了维护尼泊尔的统一,并在此基础上延续其家族统治。

---

① 见附录《苏高利条约》。

第三章　政治治理模式：由独裁专制到民主法治

拉纳家族在外交上采取了完全仆从于英国的政策。实际上，由于其地理位置的原因，尼泊尔在此时的邻国也只有中国和英国统治下的英印帝国，其完全倒向了英国殖民者的怀抱，它这种一边倒的对外政策首先在军事上得到了最为充分的体现。在仆从英国以有效维护尼泊尔统一的同时，拉纳家族还争取到部分特莱地区土地的回归。1860年，为感激忠格·巴哈杜尔在镇压印度民族大起义中所给予的帮助，英印帝国将1815年通过《苏高利条约》从尼泊尔割占的西特莱地区的一部分领土归还，面积约1万平方公里，范围大约相当于今天的坎查普尔（Kanchanpur）、凯拉利（Kailai）、班克（Banke）和巴迪亚（Bardiya）地区，尽管是收回原本就被统一在尼泊尔王国范围内的土地，但这一成就被拉纳家族视为对尼泊尔王国领土的扩大。

英国殖民者在尼泊尔的外部为拉纳家族营造了和平稳定的环境，尤其是在南部的特莱地区，外部势力不再侵扰，这使拉纳家族的首相们可以对特莱地区的土地进行开发利用，并吸引其他地方因战争、饥荒等原因产生的移民进入特莱。内部和外部的条件就此达成了同步，20世纪20年代，尼泊尔境外的反拉纳势力在印度不断滋长，拉纳家族通过与英国殖民者合作，对特莱与英属印度帝国的北部边界地区严加管控，逮捕反拉纳活动的领导者，防止其流入尼泊尔，这些举动都增强了拉纳家族对该地区的有效控制。

（三）民族主义

拉纳家族统治的结束和王权的恢复，以及尼泊尔内部和外部政治环境的改变，使特莱地区的治理面临新的机遇和挑战，国家领土完整的外部威胁减弱了，主权的独立和国家统一面临的威胁凸显出来，特莱地区作为特殊的边疆地区，其属于尼泊尔领土范围的地位在此时已不存在外来挑战，更多的威胁来自国家本身能否实现对该地区的有效治理，国王政府试图通过加强民族国家建设、提升特莱地区居民对国家的认同来应对这些威胁。在剧烈变动的国际和国内环境中，拉纳家族的统治被王室的直接统治所取代，国王及其继任者开始尝试用现代多党民主制度来治理国家，随着法律的逐步健全和行政体系的进一步完善，国王政府对特莱地区的治理能力大幅度提高。在整个南亚地区，英国殖民统治被完全推翻，独立后的印度基本继承了英国殖民者的遗产，民族主义成为整个次大陆上的主流，尼泊尔的国家独立有了基本保障，国王政府对特莱地区矛盾的认识和治理都是基于民族主义的立场，特莱地区的治理也由此进入全新的阶段，面对矛盾深重的特莱地区，三代尼泊尔国王以推动国内不同族群的融合为主要手段来加强民族国家建设，提高特莱地区居民对于尼泊尔民族国家的认同，希望在政治上将该地区彻底融入这个国家。

国王政府在短暂地进行民主制试验后迅速将其终结，代之以国王高度集权的无党派评议会制度，将国家的统治力量延伸到特莱地区的最基层，使尼泊尔的中央政府对特莱地区的控制力度达到立国以来的最高峰，同时，国王政府控制下的无党派评议会代表的完全是统治阶级的利益和意志，政党的活动被禁止，政府主导的各项民族主义政策能够得到良好的贯彻。

国王政府着重推进尼泊尔语言和文字作为国家官方语和通用语的使用，通过立法和行政手段，在学校教育、公共机构、公共媒体等渠道强制推广尼泊尔语，压缩特莱地区传统的迈蒂利语、博杰普尔语等地方性语言的使用空间，从而实现对该地区文化上的统一。同时，加强对廓尔喀王国统一尼泊尔的历史的书写权，突出王室在建立统一的尼泊尔王国过程中的合法性，突出其抗击英国殖民者的共同经历，强化对以山区族群为代表的文化习俗、传统节日、服饰、音乐等标志性文化特征的宣传和使用，其根本目的是要构建起统一的尼泊尔民族认同。

（四）政治整合

20世纪90年代开始，尼泊尔进入民主转型期，高度集中的政治权力体系被打破，前期积累的社会矛盾、阶级矛盾和族群矛盾纷纷爆发出来，国家陷入长达10年的内战和旷日持久的制宪进程，外部势力的插手使局势更加复杂。特莱地区也被卷入政治动荡的浪潮，在内战和制宪的过程中逐渐形成了以族群和地域为基础的政治、经济、文化等权利诉求，以主要政党为代表的传统政治精英反复与其博弈，推动特莱地区的政治整合，并在很大程度上影响了尼泊尔民主转型的走向。

无党派评议会制度结束后，多党民主制度在尼泊尔恢复，政治高压态势下被压制的社会矛盾以各种形式爆发出来，王朝统治时期、拉纳家族统治时期和王权恢复后各个阶段治理特莱地区过程中不断累积的问题也全面爆发。在政治上，特莱地区的印度裔移民群体发起了马德西运动，并与尼共（毛主义）发起的人民战争联合，争取推翻王室、实施以族群和语言特征为基础的联邦制，分享在政府机构、军队和安全机构等公共部门中的权力。

第三章　政治治理模式：由独裁专制到民主法治

在两届制宪会议选举中，出现了更多的以特莱地区或马德西冠名的政党，数量达到100余个，提名了1万余名代表参加竞选。在主要政党之外成为最大的赢家的是政坛第四支力量，第一届制宪会议时主要的两个马德西政党——马德西人民权利论坛（MJF）和特莱马德西民主党（Terai-Madhesh Loktantrik Party）在选前经历了分裂，实力大不如前，共获得21席，特莱地区的政治力量在第二届制宪议会中进一步碎片化，更加难以在制宪过程中形成合力。马德西政党在第一届制宪议会中的表现毁誉参半，支持者认为其有力地维护了马德西族群的权益，反对者则批评其阻碍了制宪进程，损害国家利益，但该党从中获得的政治利益是有目共睹的，这也启发了更多马德西政治团体的诞生并投入到制宪活动中来。

通过民主转型期间的政治整合，尼泊尔的封建世袭王朝统治被推翻，民主联邦制度在经历了内战和两届制宪议会后最终得以确立。在这一时期，传统的政治权威不复存在，新的政治权威又尚未建立，政治和社会多元化程度不断提高，特莱地区的治理主体和治理客体都经历了急剧变化，尼共（毛主义）从武装斗争走向议会斗争，成为政坛的第三支力量，马德西运动兴起，马德西政党成为政坛第四支力量，改变了整个国家的政治格局。同时，印度作为尼泊尔重要邻国在其民主化进程中发挥了重要作用，深度介入特莱地区的治理，对特莱地区治理的方式和内容产生了深远影响。

第四章
经济治理模式：由殖民掠夺到开放合作

特莱地区的自然地理条件与尼泊尔北部的山区差异巨大，地势平坦、气候温润，覆盖着茂密的原始森林，蕴藏着丰富的自然资源，又具有靠近印度北部的区位条件，是整个尼泊尔经济发展的核心区域，因此，早期的治理者大力引进移民开发特莱地区的森林和土地，在获取直接经济利益的同时，增加国家财政收入。作为经济治理的一部分，特莱地区的道路交通、农田水利等基础设施也随之发展起来，尼泊尔第一批现代企业也由此在特莱地区建立，经过多年的开发和建设，特莱地区已经成为尼泊尔的人口重镇、经济中心、工业中心和对外贸易中心，在尼泊尔国民经济发展中的地位无可取代。由于特莱地区在整个国家经济中地位的变化和经济治理理念的转变，其经济治理的模式也先后经历了由殖民掠夺到单向依附，再到开放合作的转变。

第一节　经济治理主要举措的演变

在殖民掠夺式的经济治理理念指导下，特莱地区早期的经济治理活动以发展农业为中心，为了解决农业劳动力不足的问题而引入了大量外来移民，并通过复杂的土地政策将农民禁锢于经济地位低下的底层，从而确保特莱地区为其提供稳定的经济收入。随着特莱地区在整个国家经济中的重要性提升和外部经济环境的改变，国家对于特莱地区的倚重程度逐渐提高，治理者开始将其作为国家经济中心加以建设，把工业发展、基础设施建设和对外贸易等领域的政策向特莱地区倾斜，使该地区乃至整个国家的经济逐步依附于印度。而特莱地区的人口增长和经济重要性的提升也给尼泊尔带来了巨大的经济和政治风险，促使治理者寻求对该地区的经济去中心化，试图通过加强与第三国的合作来实现经济独立自主。

一、移民政策

在廓尔喀王国统一尼泊尔前，特莱地区的不同区域被多个小王国所控制，这些小王国对开发特莱地区并不积极，一方面，它们的人口规模、经济实力都极为有限，开发特莱地区对它们来说是非常大的挑战；另一方面，也是更重要的原因，这些小王国将特莱的密林和其中恶劣的生存条件当作天然的防御体系。因此，到尼泊尔统一时的18世纪中期，特莱地区在总体上来说仍是一片尚待开发的处女地。自东特莱地区的控制权逐步被廓尔喀王国所掌握，其对这些地区的土地开发就开始了，起初，廓尔喀王国试图通过强行驱使农民到这些地区进行耕作的方式来开垦当地的土地，但这种做法很快就失败了，统治者意识到，必须将在山区实行的土地制度移植到平原，才能实现有效的开发，由此，鼓励移民就成为必然的选择。

（一）特莱地区的早期开发与移民

1. 移民政策及其效果

第一，移民政策的分类。移民政策分对国内移民和国际移民的两类，对国内移民主要是鼓励山区的无地佃农前往特莱地区，或给予他们一定的土地，或以合同的形式让他们为国家开垦土地，但是对于山区移民的规模则是有一定限制的，其前提是人口的流出不能影响到山区的税收。而对国际移民的政策则是允许特莱地区以南的印度北部地区农民进入，与国内移民相同的政策也适用于这些国际移民。18世纪末至19世纪初，王国政府甚至要求特莱的地方官员每年必须完成引入一定数量的印度移民的任务。[1] 这一时期，印度大陆北部孟加拉地区频繁爆发的饥荒使大量人口迁往其他地区以躲避饥荒，特莱地区就是其外迁的目的地之一。

第二，鼓励移民的政策。包括：一是建立定居点，由政府组织一定数量的农民开辟定居点，并提供基本的行政服务，如基本的医疗服务、建设水利

---

[1] Durga P. Ojha, *History of Land Settlement in Nepal Terai*. Contributions to Nepalese Studies, CANS, Tribhuvan University, Vol. 11, No. 11, December 1983, p.25.

第四章　经济治理模式：由殖民掠夺到开放合作

灌溉设施等①，这类定居点往往是以莱卡尔土地制度②为主的，便于政府征收税赋。二是提供优惠的土地开发政策，如合同制开发，给予一定的免税年限等。为吸引更多人前往特莱，在开发特莱地区的早期，一些荒废的土地甚至被无偿提供给定居者进行开垦和耕作，定居者可以享受对该土地 4~10 年的免税政策。③

第三，鼓励移民政策的效果。鼓励移民的政策对于促进特莱地区的开发总体上起到了一定的积极作用，"特莱地区曾经废弃或被森林覆盖的村庄都重新被居民占据"④，但是，一方面开发的水平仍然有限，定居点数量和发展程度都处于低水平，另一方面，尽管土地所有权仍掌握在尼泊尔统治者的手中，受鼓励政策吸引而来的移民多为印度北部的居民，与土地所有者的文化异质性明显。

2. 移民政策的限制性因素

第一，恶劣的自然环境。特莱平原的密林和湿地中疟疾肆虐，在此时没有医疗手段能够有效防治，几乎是必死的疾病，是移民开发特莱地区最大的阻碍，北部山区的居民对此极为恐惧，环境因素成为尼泊尔山区居民移民特莱地区的最大阻碍性因素。

第二，沉重的税赋徭役。免税等优惠政策虽然在短期内有利可图，但比例极高的地租和繁重的无偿劳动对于移民来说负担太重，尽管疟疾是尼泊尔山区人口不愿移民特莱地区的一个主要原因，却并非全部，因为同样是疟疾横行的大吉岭、阿萨姆地区等山区，尼泊尔山区的人口却愿意移民前往，其原因在于尼泊尔的统治阶级对农民的压榨太过严酷，使农民宁愿远走他乡。⑤

第三，南亚其他地区在这一时期也存在移民机会。如临近的阿萨姆、大吉岭，以及不丹和锡金等国都处在殖民开发的时期，对人口需求巨大。

---

① Durga P. Ojha, *History of Land Settlement in Nepal Terai*. Contributions to Nepalese Studies, CANS, Tribhuvan University, Vol. 11, No. 11, December 1983, p.24.

② 一种国家拥有土地、耕作者充当佃农的土地制度，下文有详细介绍。

③ Durga P. Ojha, *History of Land Settlement in Nepal Terai*. Contributions to Nepalese Studies, CANS, Tribhuvan University, Vol. 11, No. 11, December 1983, p.24.

④ Ibid.

⑤ Ibid., p.27.

（二）拉纳家族统治时期的移民政策

拉纳家族的统治者延续并发展了沙阿王朝的国王们治理特莱地区的策略，最重要的一项政策便是引入移民开发特莱的土地，既是为了加强统治者对该地区的控制，更重要的是开发特莱地区的资源，增加统治者殖民性质的收入。

1860年，英属印度为感谢忠格·巴哈杜尔首相派兵帮助镇压印度民族大起义，将1816年通过《苏高利条约》夺取的部分特莱地区土地交还给尼泊尔，这片土地位于尼泊尔西部，被拉纳家族视为私产，为加快对包括归还的领土在内的特莱地区的开发，忠格·巴哈杜尔修改了相关法令，允许其他国家的人在特莱地区买卖和拥有土地，甚至邀请印度的商人、地主前往特莱地区[1]，这一政策吸引了大量的印度人来到特莱地区进行商业和农业活动。在特莱地区东部，为数众多的亚达夫（Yadav）种姓人口进入当地寻求生计。同时，在1857年印度民族大起义被镇压后，很多不愿受英国殖民者压迫的印度人选择迁往邻近的其他地区生活，特莱地区的优惠政策吸引了他们的到来。而且，恒河流域稠密的人口所造成的就业压力也使一些农民外迁进入特莱。1897年的孟加拉饥荒迫使灾民外逃，促使他们前往特莱地区寻求生机。

进入20世纪，拉纳家族继续推行移民开发的政策。1920年左右，昌德拉·沙姆谢尔首相领导下的尼泊尔政府开始有计划地大规模清除部分地区的森林，鼓励建立定居点，一方面是为了给日渐增多的印度移民提供更多土地，另一方面也是想要吸引因为山区的生存压力而移民印度的尼泊尔人回流。在拉普提谷地（Rapti）和莫朗地区（Morang），政府出资清除了森林，为申请定居者提供大量的优惠条件，分配土地，提供贷款、口粮和基本医疗服务，提供免费的木材供定居者建房，若是逃犯来此定居，甚至可以获得赦免，逃跑的奴隶、无力偿还高利贷者等都可以得到相应的赦免，成功介绍他人迁来定居的，还可以获得一定面积的土地奖励。

鼓励移民政策最直接的效果是带来了人口增长，经过拉纳家族近百年的治理，特莱地区从过去人烟稀少的状况逐渐发展成为人口稠密的地区，尤其

---

[1] Vidya Bir Singh Kansakar, *Nepal-India Open Border: Prospects, Problems and Challenges*, p.10. https://pdfs.semanticscholar.org/b98b/36cb18bd9104d8e0220fd84f5294e119f66c.pdf.

第四章 经济治理模式：由殖民掠夺到开放合作

是东部特莱地区，贾纳克普尔（Janakpur）、齐特旺等地区中心城市逐步发展起来，在拉纳家族统治结束的 1951 年，特莱地区的人口数量占尼泊尔全国人口总数的比例也已经达到 35% 左右。[①] 而此时特莱地区的人口中，从印度迁来的移民及其后裔所占比例是非常高的，这为特莱地区此后的发展轨迹埋下了伏笔。

特莱地区人口的增加带动了农业发展，尽管农业技术的进步有限，但规模的扩大还是极大地增加了尼泊尔政府的财政收入，从特莱地区征收的税收逐年增加，占到了国家财政收入的一半以上。20 世纪 20 年代后，拉纳家族开始在特莱地区开展大型工程建设、设立工厂等，由于熟练技术工人的缺乏，又有更多的印度人口由此移民进入特莱，到 50 年代初期拉纳家族统治结束时，特莱地区已经发展成为尼泊尔的工业和贸易中心区域，在国家经济中的地位进一步提高。

（三）王权恢复后的移民政策

进入 20 世纪，经过 100 多年的移民，外来的印度裔移民已经占据特莱地区人口的多数，统治者为推动民族国家建设，山区的人口爆炸和耕地不足的矛盾尖锐，于是，尼泊尔国王政府鼓励山区居民大规模移民进入特莱地区，希望以此同化外来移民。

1. 大规模移民的原因

王权恢复并加强后，尼泊尔国王政府治理特莱地区的一个重要经济政策是大规模向当地引入移民，其采取这种政策主要有三个方面的原因。

一是加强对特莱地区的控制。1952—1954 年尼泊尔的全国人口统计数据已经足以使国王政府警觉起来，特莱地区人口占全国人口总数的比例已经达到 35% 左右，而在这部分人口中印度裔移民的比例相当高，他们对尼泊尔的国家认同度低，而此时的印度刚刚获得独立，正在逐步削弱境内的土邦，巩固其联邦制度，国家日益强大，这对于尼泊尔境内的印度裔移民的感召力巨大，使尼泊尔国王政府感到巨大的压力。实际上，在恢复王权的过程中，受印度庇护的尼泊尔民主党派力量也正是通过特莱地区向拉纳家族统治发起武装袭

[①] *National Population Census 1952—1954*, https://nada.cbs.gov.np/index.php/catalog/15.

尼泊尔特莱地区治理研究

击等活动的,国王重新掌权后,深知特莱地区的开放边界和复杂形势对于其政权稳定的威胁性。而特莱地区又是整个国家十分依赖的工业中心、农业生产基地、对外贸易通道、税收来源,其重要性不言而喻,国王政府要进一步巩固其统治,必须对这样一个地区进行更为有效的控制,通过迁入族群、语言和政治认同等都与统治阶层更为接近的山区人口来淡化特莱地区的"印度色彩",改变特莱地区的人口构成,这在当时的尼泊尔是一个十分现实的选择。

二是缓解山区的人口压力。1952—1954年的全国人口统计显示,尼泊尔的人口已达850万左右,且65%左右分布在北部和中部的山区,但山区的耕地面积极为有限,且大量掌握在地主手中,农民的生存压力巨大。与此同时,国家人口增长迅速,到1970年,全国人口已经达到1200万,1980年又增至1500万,山区土地的承载能力早已达到极限。更为严重的是,山区土地的产出率在下降,由于耕作方式不当、水土流失等原因,山区耕地年产出处于不断下降的过程中[①],这也迫使大量山区人口离开家乡,到更远的地方寻求生存机会。

三是增加税收来源。特莱地区自拉纳家族统治时期就是尼泊尔的主要税收来源地,当地的税收占全国税收的一半以上,且地区发展潜力巨大。当时的尼泊尔百业待兴,国王政府要巩固统治基础、推动国家建设,财政支出的需求增加,从特莱地区获取更多的税收是其解决财政来源问题的首选途径。

2. 移民的来源

一是来自尼泊尔中部和北部的山区的居民。这些地区是尼泊尔人口最为集中的区域,生存压力迫使人们选择移民到尚待开发的特莱地区,寻求新的生存机遇,改善自己的经济地位。当时特莱地区在很大程度上仍然是尚未开发的边疆地区,移民边疆往往意味着可能有经济和社会地位提升的巨大机遇。此类移民主要分为三种:第一种是永久性移民,即在特莱地区定居;第二种是半永久性移民,其在特莱地区就业或经商,但在一定时间后会返回家乡;第三种是季节性移民,即在特莱地区耕作、收获等农忙季节,短期到特莱务工的移民。

二是来自印度北部地区的居民。印度北部地区在历史上就是特莱地区移

[①] Frederick H. Gaige, *Regionalism and National Unity in Nepal*, Himal Books, Khathmandu,2009, p.64.

第四章　经济治理模式：由殖民掠夺到开放合作

民的主要来源地，甚至连尼泊尔王室家族也是在更早的时候从印度北部进入尼泊尔的。印度取得独立后，与尼泊尔签订了《和平友好条约》，维持开放边界，人员往来高度自由。而与尼泊尔特莱地区邻近的印度北方邦、比哈尔邦等地人口密集、耕地不足，对外移民的需求较高，尼泊尔国王政府引入移民开发特莱地区的政策也吸引了这些地区移民的到来。弗里德里克在1967年对特莱地区进行的田野调查发现，尼印两国边界线以北，越是靠近北方的地区、其定居点的历史越短[①]，这从侧面印证了特莱地区的移民和开发活动由南向北不断推进的特征。

三是退役军人。武装力量是尼泊尔历代统治者赖以维持统治的基础，因此，优待军队是巩固统治地位的重要途径，提供土地历来就是最有效的手段。20世纪60年代土地改革后，分配比尔塔、贾吉尔土地的方式不再使用，1970年，国王政府在特莱平原的贾帕（Jhapa）、班克（Banke）等地区建立起7个定居点，清除森林、开辟耕地，提供给退役的军人及其家属，当年就有7000余人迁入。

四是海外尼泊尔人的回归及其他。1815年廓尔喀士兵开始进入英国殖民军队服役，他们中的很多人在退役后选择留在印度等英国殖民地，同时，英国殖民者为了招募更多廓尔喀士兵，也鼓励尼泊尔人大量移民英国殖民地，其中就包括印度东北部和缅甸。第二次世界大战期间，日本占领英属缅甸，大量因英国殖民者招募殖民地警察和军人而定居在此的尼泊尔人被迫返回尼泊尔，开始在特莱地区定居。1964年，缅甸政府通过了民族主义倾向严重的《缅甸国籍法》，许多不愿被冠以缅甸国籍的尼泊尔人也回到特莱地区定居。英国殖民者曾长期使用廓尔喀雇佣兵镇压印度的民族起义和争取独立的活动，印度东北部地区当地居民对尼泊尔后裔的仇视历来较深，1967年，大吉岭等地的族群矛盾冲突爆发，8000余名尼泊尔后裔逃回特莱地区。1970年，东巴基斯坦爆发独立运动，成立了新的孟加拉国，独立战争期间，1万余名孟加拉国穆斯林进入特莱东部地区避难，并最终定居下来。

3. 移民政策的效果

1954年，尼泊尔国王政府开始尝试在拉普蒂谷地（Rapti，也就是今天

[①] Frederick H. Gaige, *Regionalism and National Unity in Nepal*, Himal Books, Khathmandu, 2009, p.61.

人们熟知的齐特旺地区）设立安置点，安置因遭受洪灾而流离失所的农民，为此，在美国的援助下，国王政府成立了尼泊尔历史上首个政府性质的安置机构拉普蒂发展理事会（Rapti Development Board），在当地探索设立定居点、安置移民的活动。在此基础上，随着对特莱地区开发的加快，1964年，国王政府又在政府粮食与农业部（Food and Agriculture Ministry）下面成立了尼泊尔安置公司（Nepal resettlement Company，NRC），专门负责协调、处理特莱地区的移民和安置工作。1969年，国王政府进一步升级安置公司的级别，在粮食与农业部下设立了安置部（Resettlement Department），其工作内容与安置公司一样，但职权和任务却大幅扩大，负责森林的清除和定居点的建立，该部门还在特莱地区设立了10个分支机构办公室。随后，安置公司和安置部在20世纪70年代又被划归森林部，80年代又划归住房与规划部，新的为解决移民与原住民，以及与其他族群间矛盾的委员会，以及为解决无地农民问题等的各种委员会也先后建立。这些政府和半政府机构的建立，极大地便利了移民进入特莱地区，加快了对这些地区的开发。[1]

1954—1956年，特莱地区的移民还未形成有组织的规模化迁移活动，很大程度上仍处于自发状态，能够清除森林、开垦土地者均可以获得开垦出来的土地。[2]1956年，更有组织化的移民活动开始了，尼泊尔政府开始了拉普蒂谷地发展工程（the Rapti Valley Development Project，RVDP），这一工程被纳入1956—1960年的尼泊尔第一个"五年计划"，是"五年计划"的重要组成部分。根据这一工程，移民到拉普蒂谷地定居的外来人口需要向当地安置管理部门进行申请、登记、注册，管理部门则根据他们的家庭人口、劳动力等情况向其分配面积不等的耕地。在这一政策的鼓励下，大量山区人口涌入拉普蒂谷地，使当地人口急速增长，人口年增长率高达6.8%[3]，人口很快超过了当地的土地承载力，侵占公共土地、人口过剩等问题开始频繁出现。1961年，官方宣布结束拉普蒂谷地发展工程，而特莱地区其他区域的

---

[1] *Nepal: Preparation of National Resettlement*, ADB Technical Assistance Consultant's Report, Project Number: 3821501 October 2006. Policy Framework, p.6.

[2] Nanda R. Shrestha, Raja P. Velu, Dennis Conway, Frontier Migration and Upward Mobility: The Case of Nepal, *Economic Development and Cultural Change*, Vol. 41, No. 4 (Jul., 1993), pp. 787-816.

[3] Ibid.

第四章 经济治理模式：由殖民掠夺到开放合作

移民活动却已经全面展开了。到1973年，移民的浪潮已经席卷整个国家，长此以往将造成山区的人口空虚，而特莱地区的资源和土地也是有限的，于是，政府采取了限制性措施，例如，要求移民申请者必须提供由其原籍所在地区官员签署的无土地证明或是遭受自然灾害失去生计的证明。而且，随着特莱地区人口的增长，到20世纪80年代，新移民所能获得的土地也越来越少了。

但是，经济发展也呈现出极大的不平衡性，其成果更多地被传统的高种姓精英和山区移民享有，印度裔移民因其身份而天然地在经济发展过程中处于劣势，土地改革、经济开发等活动实际上也进一步固化了这种差异。20世纪50年代医疗卫生条件的进步、60年代的土地制度改革和特莱地区经济开发，以及山区的人口爆炸，使大量的山区人口涌入特莱地区，政府也鼓励这些对国家认同程度更高、文化上更加与统治阶级接近的山区人口大量移民到已经由印度裔移民占据人口多数的特莱地区，以逐步实现对这一地区的尼泊尔化，而在此前近百年间已经在此扎根的印度裔移民的生存空间被挤占，他们心理上不可避免地产生了一种先来者对后来者的不满，而山区移民到来后凭借政治上和族群上的优势巩固经济地位上的优势，使印度裔移民的被剥夺感更加强化。

二、土地和农业政策

在尼泊尔这样一个面积狭小、耕地缺乏、生产力极度落后的国家，土地是一切财富的主要来源，"土地不仅对政府，而且对个人来说都是社会和经济权力的基础"[1]，土地的所有权、处置权和对土地产出的分配权是国家政治权力实施的主要对象，谁控制了土地谁就控制了财富，而对土地分配权的垄断就是政治权力的象征。廓尔喀王国通过对土地进行合理的再分配，有效地推动了国家统一进程，而特莱地区大片尚未开发的土地在这一进程中发挥了最为关键的作用，将特莱地区的土地以各种形式加以分配和开发，构成了早期的统治者对该地区主要的治理手段和内容。

---

[1] 王宏纬：《试论尼泊尔的土地改革》，《南亚研究》，1988年第1期。

尼泊尔特莱地区治理研究

（一）土地制度

尽管从理论上来讲，尼泊尔王国所有土地的所有权都属于国家，但廓尔喀王国在统一尼泊尔的过程中，根据形势和不同的对象，实施和创新了不同的土地制度，其主要的土地制度包括以下几种。

1. 莱卡尔（Raikar）

莱卡尔是最为普遍的土地所有制，在国家作为土地最终所有者的前提下，农民从政府手中租种土地，并向政府交纳相应的税赋，税赋则通常以实物或现金的形式交纳，农民实际上是为国家打工的佃农。同时，以莱卡尔形式给予农民的土地是可以进行交易的，因此就出现了大量的莱卡尔地主，地主将多余的土地租给佃农，按土地面积向国家交税，又反过来向佃农收取更高的租税，从中谋取利益。由于税赋的征收是以地而定，无论莱卡尔土地由谁耕种或占有，只需向国家缴纳规定比例的税赋即可，因此，莱卡尔土地也是可以继承的。[①] 莱卡尔土地税赋是国家最主要的财政收入来源，也是由国家直接掌握的，其允许农民开垦和拥有土地的根本目的在于增加财政收入，但是，也并非人人都能够拥有莱卡尔土地，山区人多地少的地方往往有大量无地可种的农民沦为佃户。租种莱卡尔土地的佃户同时还必须承担徭役，如为统治者修筑宫殿、运送物资等。

2. 比尔塔（Birta）

国家垄断了土地的分配权，便将分配土地作为巩固统治的主要手段之一。比尔塔土地便是"出于政治、宗教和慈善目的，或由于军功及其他考虑，赐给某些个人的土地"。[②] 比尔塔土地的拥有者最大的特权是不必像莱卡尔土地拥有者一样纳税，同时，其还可以对实际耕种比尔塔土地的佃农施加徭役，对比尔塔土地上的其他产出，如木材、矿产、药材等产品也享有处置权，这些特权使其收益得到了极大的保障。[③] 用土地来笼络在政治、宗教和军事

[①] Dr. Nava Raj Chalise, Land tenure reform in Nepal, *NRB Economic Review*, Nepal Rastra Bank, Research Department, Vol. 5, p.4.

[②] 王宏纬：《试论尼泊尔的土地改革》，《南亚研究》，1988年第1期。

[③] Mahesh. C. Regmi, *Land tenure and taxation in Nepal*, Volume 2, Institute of International Studies, University of California, Berkeley, 1961, pp.12-19.

第四章　经济治理模式：由殖民掠夺到开放合作

上有过贡献的人，从而更好地维护统治，比尔塔土地制度无疑是非常成功的。普利特维国王及其继任者们在统一尼泊尔的过程中，将特莱地区大量的土地以比尔塔的形式分配给有军功的将军，或愿意臣服于廓尔喀王国统治的其他小王国统治者，成功地取得了他们的信任和支持。

3. 贾吉尔（Jagir）

贾吉尔土地是普利特维国王在统一尼泊尔的战争中推行的，这种土地被分配给军队中的将领和士兵以及政府的官员，以土地的产出和收益来支付其应得的军饷或俸禄，一些在战争中阵亡的将士的遗属也可以获得贾吉尔土地来维持生存。[1]贾吉尔土地的受赠者无须为收益交税，但与比尔塔土地不同的是，贾吉尔土地只是作为报酬的替代物存在，受赠者只有取得土地产出收益的特权，因此，不能对贾吉尔土地进行买卖，不能在受赠者死后被继承。贾吉尔是尼泊尔在统一过程中被大面积推行的土地制度，其主要目的是应对日益庞大的军队和行政体系所需的财政支出，而由于连年征战、经济落后等原因，统治者能够支配的现金极为有限，为了维持对已征服地区的统治、并继续推动统一战争，廓尔喀王国的统治者们便以贾吉尔土地制度来弥补财政收入和支出之间的不足，而且，贾吉尔土地的受赠者必须自己在农作物收获季节设法取得应得的部分，避免了政府收取后再支付给受赠者的过程，节约了大量的行政成本。

4. 古蒂（Ghuti）

古蒂土地是一种以慈善或公益为目的的特殊土地所有制，在加德满都谷地内外，特别是尼瓦尔人社会中广泛存在，同时，国家统治者也将一些土地赠予寺庙、学校、医院等机构，以土地产出的收益来补贴维持机构运行的开销，而这些机构自身并不直接耕种古蒂土地，往往是雇用佃户来耕种，且所得收益无须向国家交税，成为另一种形式的地主。尼泊尔人笃信宗教，普遍认为这种土地是神圣不可侵犯的[2]，人们也把向寺庙捐赠古蒂土地看作一种积德行善的举动。古蒂土地不能买卖，但给予寺庙等机构的

---

[1] Ludwig F. Stiller, S.J., *The Rise of the House of Gorkha*, Educational Publishing House, Kathmandu, 2017, p.282.

[2] 王宏纬：《试论尼泊尔的土地改革》，《南亚研究》，1988年第1期。

尼泊尔特莱地区治理研究

古蒂土地却可以一直由这一机构占有。由于其他形式的土地面临征税或被政府征收等问题,因此,一些人为了逃税或避免土地被征收,便将土地赠予寺庙,使其成为古蒂土地,但实际上只拿出少部分收益来贡献给寺庙,寺庙也乐于增加一笔额外的收入。

5. 吉帕特(Kipat)

吉帕特是尼泊尔统一过程中形成的一种特殊土地所有制,廓尔喀王国在征服尼泊尔东部时,对一些原住民部落,如吉拉特人(Kirat)和林布人(limbu)采取了怀柔的政策,即允许这些部落继续维持其对所在范围内土地的所有权,并以此获得一定程度的自治权,以换取原住民部落对统一国家举措的支持、或至少是不反对。吉帕特土地以原住民部落社区为单位集体拥有,只有属于特定部落的居民才有资格获得吉帕特土地的耕种权,但其所有权归属于社区,属于集体财产,个人以家庭为单位获得土地并耕作,但没有买卖该土地的权利,土地的分配则由部落的族长来掌握。国家不对吉帕特土地征税,也无权征收该类土地,但随着国家统一逐渐巩固、人口增加等原因,国家也逐步开始征收吉帕特土地,将其改为其他性质的土地进行分配。[①]

尼泊尔著名的经济历史学家M.C雷格米(M.C Regmi)将廓尔喀王国统一尼泊尔后大力推行并逐步固化的土地制度称作"国家地主制"(State Land-lordship),尽管少数统治阶级和贵族仍以各种形式拥有部分土地,但整个国家的经济实际上是建立在对农民剥削的基础上的,国家的财政收入高度依赖地租,整个国家的农民在某种程度上都是为统治者打工的佃户,因此,政府必须牢牢地控制土地的支配权。

首先,国家财政收入基本以地租为支撑,通过莱卡尔土地制度,政府可以从农民手中获取其每年收成的50%,但相对于财政和王室用度等支出,这些收入显然是不够的,政府仍然希望获取更多的收益。1804年,当时的国王政府开始在一些地方引入新的地租政策,被称为库特制度(Kut),即以竞价的方式将土地租给农民,出价最高的农户就可以租到最高产的肥沃耕地,反之则只能租到贫瘠的低产耕地,这样一来,政府就不必担心农民偷懒或自然灾害导致收入减少,政府实际上处于旱涝保收的优势地位,而其控制

[①] Anil Chitrakar, *Kipat, Heritage Tale*, Issue 69, July, 2010. http://ecs.com.np/heritage-tale/kipat.

第四章　经济治理模式：由殖民掠夺到开放合作

土地的动机和回报也都进一步加强了。

其次，增加土地供应是增加财政收入的唯一途径，政府以各种方式提高地租来增加财政收入本身就说明了其财政收入不足的现实，而即便是提高了地租，政府的财政收入仍然处于十分窘迫的境地，财政收入来源单一、人口数量少，以及经济规模小都是造成这种窘境的原因，因此在土地有限、人口有限、生产效率无法取得突破的前提下，获取更多土地便成为增收的唯一选择。而随着1814—1816年尼泊尔与东印度公司战争的结束，其领土范围被大致限制在今天的范围内，获取更多土地也不再成为可能，统治者就只能转而开发特莱地区的大片处女地。

（二）土地制度的改革

20世纪50年代，王室恢复了对尼泊尔特莱地区的统治，在拉纳家族专政的100余年间，特莱地区土地的集中程度已经十分严重，人口增长的压力迫使国王政府采取对土地制度进行改革的措施。

1. 土改的背景

一是可耕地面积有限，人地矛盾突出。尼泊尔是一个地形以山区为主的国家，整个国土面积的约86%为山地，可作为耕地的国土面积不足20%，全国耕地资源少，且主要集中在特莱平原地区，山区的农业生产连勉强维持山区人口的生计都不足，而农业恰恰是尼泊尔国家经济的支柱，整个国家的粮食生产、农产品出口等都依赖于特莱地区，使这一地区的重要性凸显。尼泊尔第一个五年计划中对土地问题的表述称，"我们的国家与其他很多国家一样，继承了一个无法保护真正在土地上耕作者利益的农业体系，租佃制度广泛存在，佃户得不到法律的保护"。[①] 此时的尼泊尔，95%以上的国民以农业为生，而与此形成鲜明对比的是，全国85%以上的耕地是由佃农来耕作的，这种耕者无其田的局面是社会矛盾的主要来源之一。

二是土地集中现象严重。自尼泊尔在18世纪中期统一以来，特莱地区一直被作为军事征服的战利品进行对待，大量的土地被以比尔塔、贾吉尔等形式赠予军队将领、士兵和政府官员。拉纳家族统治建立和延续期间，将特

---

① Mahesh Chandra Regmi, Recent Land Reform Programs in Nepal, *Asian Survey*, Vol. 1, No. 7（Sep., 1961）, pp. 32–37.

尼泊尔特莱地区治理研究

莱地区的土地被用作笼络军队等支持者的工具，其家族成员也大量占据该地区的土地，这一时期，在特莱地区清除森林、开垦新土地等活动的最终受益者是加德满都的统治阶层精英们。到1950年拉纳家族统治被推翻时，特莱地区的土地大量被划为大家族的私有财产，而其中最大的地主就是拉纳家族，全国30%以上的土地被划为不需纳税的比尔塔土地，拉纳家族占据了比尔塔土地总面积的75%以上。而占人口绝对比例的农民却只能占有极少的土地，无地家庭的数量也在土地兼并、高利贷、自然灾害等因素下变得越来越多，这对于国王政府推动特莱地区开发、增加财政收入显然是极为不利的。

三是政府税收无法保障。大量比尔塔、贾吉尔、古蒂等免税土地的存在，再加上数百年来封建王朝统治下错综复杂的土地所有权制度，以及土地拥有者层出不穷的避税方式使政府在征税方面面临巨大的困难。而且，即便是在有限的可征税土地上，还存在大量的中间人、承包人，他们在拉纳家族统治时期就已经出现，以承包等方式帮助政府收税，从中抽取一定比例的报酬，这种制度也使政府最终获得的税收大打折扣。更为关键的是，20世纪40年代以来，拉纳家族统治风雨飘摇，其家族成员纷纷将其在特莱平原的资产转移至印度，1950年家族统治被推翻后，拉纳家族成员仍在特莱地区占据着大面积的土地，因为害怕受到王室的报复，他们更加疯狂地向印度进行资产转移，把在特莱地区土地上的收成变现成为资金，再投资到印度孟买、加尔各答等地[1]，使特莱地区继续充当其"殖民掠夺"的受害者。

1951年王权恢复后，土地改革就被提上议事日程，政府成立了土地改革委员会，该委员会于1954年向政府提交了一份报告，建议政府从土地所有制方面入手进行改革，而此时的拉纳家族成员残余势力和政党势力的斗争使国王疲于应对，国内政治环境使政府无法集中精力进行土地改革。1959年，尼泊尔举行民主选举，产生了大会党政府，该政府推动土地改革的做法得到了几乎所有党派的支持，就在其采取具体政策前，马亨德拉国王解散政府，开始了亲政，但是，土地改革已经到了势在必行的地步，大会党政府的政策被国王政府延续。

---

[1] Nava Raj Chalise, *Land tenure reform in Nepal*, Nepal Ratra Bank, p.25.

第四章 经济治理模式：由殖民掠夺到开放合作

2. 土改的措施

土地改革政策实施期间，一批关于土地确权、分配等的重要法令出台，包括《1954年土地开垦者记录法》（Land of Cultivators Record Act, 1954）、《1959年地租税收法》（Land Taxation Act, 1959）、《1959年废除比尔塔土地法》（Birta Abolition Act, 1959）、《1962年土地调整法》（Land Reorganization Act, 1962）等。1962年，马亨德拉国王组建了王室土地改革委员会，研究国内土地制度存在的问题及改革方案，1964年，国王政府正式颁布了土地改革法令《1964年土地改革法》，随后又出台了《1965年乌卡达土地法》（Ukhada Lands Act, 1965）、《1966年古蒂土地合作法》（Ghuti Cooperation Act, 1966）。出台这些法令的主要目的有三个方面：一是明确土地租佃的权利和义务，并加以正规化；二是降低地租，以法律形式规定地租的最高限制；三是打破土地过于集中的局面，由国家出资赎买部分大地主控制的土地，分配给无地农民。

特莱地区东部是尼泊尔人口最为密集的地区，在土改前，这里的佃户需要将每年收成的三分之二交给地主作为地租，而如果佃户还需要从地主那里获取种子、农具等生产资料，那这些生产资料也会以地租加利息的形式支付，最终，其需要将收成的四分之三交给地主。而且，由于人口众多，这种租佃关系是极不稳定的，地主可以随意中止租佃关系，将土地租给出价更高的佃户或者中间人，使佃户丧失生计。土地改革中最关键的一个法令是将地租的最高限度规定为当年收成的50%，且不得增加其他名目的租税，同时，对租佃关系进行一定形式的固定，不允许随意中止，并规定租佃关系可以继承，从而保护佃农的权利。

地租和租赁关系的规范可以在一定程度上缓解人地矛盾，但土地资源毕竟是有限的，因此，还需要在增加土地供应方面着手，新开垦土地是一个方面，另一个重要的方面则是对大地主和特权性质的土地进行改革。《1959年废除比尔塔土地法》和《1964年土地改革法》是这一轮土改触及旧制度最深的法案，比尔塔、贾吉尔和古蒂形式的土地是其改革对象，政府以现金补贴的方式将大地主手中的土地赎买，再进行分配，并对土地拥有量设定了上限，在特莱地区，上限为25比咖（Bigha，约合17公顷），山区的上限约为4.07公顷，加德满都谷地约为2.5公顷。

3. 土改的效果

土地改革的推进在特莱地区乃至全国都面临着巨大的困难，首先，国王政府没有足够的政治力量和行政资源来有力推行土改政策的执行，此时的政府对全国，尤其是基层的控制力度较弱，且行政机构中的拉纳家族势力仍然存在。其次，行政机构的工作人员、政府官员、军队将领等往往就是改革的最主要对象——大地主阶层，他们作为既得利益者，要去执行损害自身利益的政策本身就存在很大的难度，其在执行过程中的敷衍和抗拒十分严重，使土改政策大打折扣。而且，大地主在基层几乎垄断了政治、经济和社会资源，在面临改革时纷纷通过贿赂，以及隐匿土地、转移资产等方式逃避改革，使土改面临更多的困难。最终，在整个土改期间，尼泊尔国王政府总共赎买了31848公顷耕地，不足全国耕地总面积的2%，而其中只有29123公顷被分配给无地农民，而此时的全国耕地面积为166万公顷[①]，土地改革的成效可见一斑。

（三）农业开发

1. 清除森林

特莱地区茂密的森林是尼泊尔的重要自然资源，也是拉纳家族统治时期重要的收入来源，通过砍伐森林、出口木材、获取土地、引入移民的特莱地区开发模式被国王政府延续下来。1957年，在国王政府的主持下通过了《私有林地国有化法案》（Private Forests Nationalization Act），试图将私人手中掌握的林地收归国有，以便统筹安排，但法案一经通过就引起民众的不满，为避免森林被收归国有后自己的财产损失，林地拥有者更加肆无忌惮地清除森林，从而将木材出口变现，并宣称林地为已开垦的土地，以避免土地被国有化。[②] 由于尼泊尔木材的优良质量，其在印度市场上的价格往往高于尼泊尔国内，且在印度市场上需求量也很大，加之特莱地区木材走私活动泛滥，

[①] Keshab Khadka, Land and Natural Resources: Central Issue in the Peace and Democratization Process in Nepal, *Economic Journal of Development Issues Vol. 11 & 12 No. 1-2* (2010) Combined Issue, pp.47-68.

[②] *Private Forests Nationalization Act in Nepal*, http://www.environmentandsociety.org/tools/keywords/private-forests-nationalization-act-nepal.

第四章　经济治理模式：由殖民掠夺到开放合作

这也在客观上鼓励了私人盗伐森林的现象。

与此同时，政府的有组织清除森林活动也被大力推行，由于出口木材的高额利润，国王政府在20世纪50—80年代延续了这种做法。这一时期，由于特莱地区内部和特莱地区至加德满都谷地等地的交通运输条件改善，木材外运更加便捷，也刺激了森林的开发。报告显示，1964年，尼泊尔的森林覆盖率达45%，而到20世纪90年代时，森林覆盖率已经下降到25%左右，1950—1986年，约103968公顷的森林被砍伐，且主要集中在特莱地区。[①] 木材出口给国王政府带来了巨额收入，用以补贴财政支出，而清除森林的另一个重要目的也同时得以达成，森林清除后的土地成为优质的耕地，使政府可以在特莱建立更多的定居点，容纳更多的移民。

2. 促进农业发展

国王政府直接治理下的特莱地区，农业发展取得了较大的进步，这主要得益于三个方面的因素：首先，土地改革缓和了特莱农村的租佃关系，佃农的租赁权受到保护、高额地租被抑制，调动了农民的生产积极性。其次，赎买大地主的土地、清除森林、修建水利灌溉设施等政策增加了耕地供应，使特莱地区的可耕地面积不断扩大，尤其是现代灌溉设施的修建和农药、肥料等的使用，使平原上的农业生产效率大为提高，可使用灌溉设施的耕地面积从1956年的约6200公顷增加到1990年的近58.3万公顷。最后，新移民的涌入为特莱农业发展提供了更多的劳动力，使地区的农业生产规模扩大。从1974—1989年，农业生产的年均增长率为2.4%，同期粮食谷物年均增长率为1.2%。特莱地区的肥沃土地和勤劳的农民提供了更多的主食（主要是大米和玉米），使当地人口的每日热量摄入从1965年的约1900卡路里，提高到1988年的人均2000卡路里。

水稻是特莱地区最重要的谷类作物，由于采用了新的耕作技术并增加了耕地，稻米产量有所增加。1966年，特莱地区的大米总产量略高于100万吨；到1988年，水稻种植面积约为390万公顷；到1989年，大米产量达到300万吨。同时，玉米的产量也大幅增加，1966年，全国的玉米产量大约为50万吨，是尼泊尔第二大粮食作物，到1989年，玉米产量增加到100万吨以上。

---

① Rishikeshab Raj Regmi, Deforestation and Rural Society in the Nepalese Terai, *Occasional Papers in Sociology and Anthropology*, Volume 4（1994）, pp.72-89.

其他粮食作物、包括小麦、小米、大麦和咖啡等的产量也都有所增长，甘蔗和烟草的产量也显著增加。自20世纪80年代以来，马铃薯和花生、葵花子等油料作物的产量也一直呈现增长。到1990年尼泊尔即将重新实施民主制度时，全国人口中从事农业生产的仍超过50%。1988-1989年度，粮食作物占作物总产量的76%。而特莱地区对于整个国家农业生产的贡献是不可或缺的。

但是，特莱地区的农业生产受气候波动的影响较大，一旦发生干旱或洪水等自然灾害，其农业产量就会急剧下降，农业抗风险能力较低。而且，由于人口的快速增长，同期的人口增长率超过农业增长率，农业生产的发展并不能完全满足国内需要，到20世纪80年代，尼泊尔由大米净出口国变为净进口国，特莱地区农业的重要性就更加凸显出来，其对于尼泊尔来说就是"饭碗"一样的存在。

三、贸易和工业政策

特莱地区处在尼泊尔与英属印度帝国以及独立后的印度之间的边界区域，与印度之间的边界开放，人员往来自由，发展贸易的区位优势明显。英国的殖民者和独立后的印度都将特莱地区作为其工业生产的原材料产地，同时也是其产品进入尼泊尔和中国西藏等地市场的转运通道。尼泊尔的统治者通过发展特莱地区的贸易和工业获取了巨额利益，更为重要的是，贸易活动和工业的发展使特莱地区在整个国家生存和发展中的地位更加凸显。

（一）贸易政策

拉纳家族统治时期尼泊尔的贸易伙伴主要在两个方向，北部的中国和南部的英属印度。同时，在19世纪的国际贸易中，尼泊尔还充当了英属印度与中国西藏之间贸易的中转地和通道，经特莱平原进入尼泊尔的英属印度商品和来自欧洲的商品，又通过尼泊尔北部的贸易通道被运往西藏乃至中国内地，西藏所产的盐、动物毛皮等商品又借尼泊尔进入印度。特莱地区的农业和工业发展起来后，人口也随之增长，产品供应和市场规模都相应扩大，因此，尼泊尔本身与印度大陆之间的贸易也得到快速发展。

一是采取贸易保护的政策。拉纳家族统治的早期，统治者继承了沙阿王

第四章 经济治理模式：由殖民掠夺到开放合作

室保守的贸易政策，希望垄断与中国西藏之间的贸易，同时限制从印度的进口，因此在特莱地区给两国贸易设置障碍，如加征关税、只允许商品通过特定口岸入境、不允许交易拉纳家族成员专卖的商品等。但贸易保护政策最终被打破，一方面，尼泊尔与西藏的贸易并不像统治者预想中的那样有利可图，来往两地的商人更倾向于使用易物交易；另一方面，其他不经过尼泊尔的贸易路线逐步繁荣，使尼泊尔丧失了垄断优势。更重要的是，拉纳家族统治者与英国殖民者关系的改善使其无法再对后者采取不友好的贸易政策。

二是大力推动贸易活动，西特莱地区的土地被归还给尼泊尔后，拉纳家族对英属印度积极推动贸易的做法不再过于抵触，大量的英国和英属印度的工业制成品被输入到尼泊尔，拉纳家族成员通过垄断这些贸易而从中获利，从而更加支持对外贸易。同时，特莱地区产出的一些工业和建设原材料也被大量销往印度，又进一步刺激了贸易发展。从19世纪30—90年代的50余年间，尼泊尔与印度之间的贸易额从约每年300万卢比增长到约3000万卢比[①]，增长了10倍，印度商人也进入特莱乃至加德满都谷地进行贸易活动。

这一时期的尼泊尔与中国之间的贸易由其与中国西藏之间进行，贸易物品主要为食盐、动物毛皮、粮食等，贸易量较小，尼泊尔对外贸易的最大对象是英属印度。尼泊尔与英属印度之间的贸易物品主要为以下几类：

1. 大米。特莱地区的地形、气候适宜大面积的水稻种植，大米除供应整个国家的主食外，仍有大量余粮可供出口。特莱地区所产的大米最初以实物地租的形式交给地主，随着尼泊尔与英属印度之间贸易的发展，大米被租户出口到英属印度换取现金，然后再以现金形式交租，地主从中避免了运输、存贮等成本，因而更加鼓励大米出口活动，经营大米出口也由此成为一项利润颇高的生意。特莱地区在拉纳家族的治理下开发程度加深，耕地面积和水稻种植面积一再扩大，大米出口也随之增长，这进一步刺激拉纳家族加大土地开发力度。大米出口持续了整个拉纳家族统治时期，一直到1985年左右，尼泊尔一直是大米净出口国，特莱地区在整个国家粮食供应和外贸出口中所占的地位可见一斑。[②]

---

① 转引自 Satish Kumar, *Rana polity in Nepal: Origin and Growth*, Indian School of International Studies, Delhi, 1967, p.135.

② *Nepali Times*, Nepal's Rice Economy, https://www.nepalitimes.com/editorial/nepals-rice-economy/.

2. 木材。特莱地区广泛分布的茂密森林是开发该地区土地的主要障碍，清除森林需要投入大量人力，但在拉纳家族统治尼泊尔后，局面有所改变。特莱地区森林的主要树种娑罗树（sal tree）木质坚硬，是理想的建筑材料，19世纪中期，印度加尔各答等地的造船业正在兴起，对木材的需求量不断增长，到19世纪末期，英属印度的殖民政府开始在印度各地大规模修建铁路，需要大量的木材作为枕木。在这种市场需求刺激下，拉纳家族加快了木材出口的步伐，为此还提出了著名的口号"绿色森林，尼泊尔的财富"（Hariyo ban Nepalko dhan）。在早期交通工具匮乏的情况下，木材主要由水路外运，通过流经特莱至印度的跨界河流顺流而下，或是以大象来拖拽运输，20世纪20—30年代，拉纳家族主持修筑了两条由特莱地区至印度的跨境铁路，其主要目的也是方便木材外运出口。

3. 茶叶和药材、香料。东部特莱地区靠近锡金和印度大吉岭、阿萨姆等地区，适合茶叶种植，19世纪中期开始就有茶叶种植园出现。特莱地区及其与尼泊尔中部山地接近的区域植物种类繁多，出产药材、香料等，这些产品除供应本国消费外，经特莱地区最终进入印度并销往其他国家。[①]

4. 动物及其制品。特莱地区的森林中出产的大象、犀牛、老虎等动物在拉纳家族统治期间被大量捕捉或猎杀，向印度出口大象、象牙、犀牛角、熊皮、虎皮等也是其收入来源之一。

特莱地区成为贸易集散地和主要通道。1860年英属印度将西特莱地区的土地归还尼泊尔后，两国的边界就维持着开放的状态，英属印度希望边界开放是出于两个方面的原因，一是确保廓尔喀、林布、古荣等族群人口能够自由流动到印度北部及其他地区，方便其征募廓尔喀士兵，二是方便英国向尼泊尔进行贸易活动，并借尼泊尔与其北部的中国西藏开展贸易。开放的边界极大地方便了两个国家的人员和物资往来，这使得尼泊尔的贸易呈现出两大特点：

第一，特莱地区成为贸易集散地。由于特莱地区的地理位置优势，沿着两国边界自东向西形成了一批口岸，产自特莱地区的大米、木材等商品就近跨越边界被销往英属印度，来自印度的产品也首先被运往尼泊尔的这些口岸，然后再进一步被分销到人口更密集的山区。在首都加德满都城市里仅有的街

[①] Carsten Smith Olsen, The Trade in Medicinal and Aromatic Plants from Central Nepal to Northern India, *Economic Botany*, Vol. 52, No. 3（Jul. - Sep., 1998）, pp. 279-292.

第四章　经济治理模式：由殖民掠夺到开放合作

道上，富人们驾驶的汽车都是先从英属印度运送到特莱地区，再分解成零件由人力运输到加德满都进行组装的。

第二，特莱地区的贸易通道作用不断提升。得益于开放边界，两国双边贸易均通过特莱地区完成，陆路通道和水路通道的重要性随着两国贸易量的日益增长而不断提升，跨境铁路的修建更加巩固了特莱地区的通道作用。

英属印度在1947年取得独立，尼泊尔王室也在1951年推翻了拉纳家族的统治，两国的经贸关系自此进入新的发展轨道，特莱地区在两国贸易中的地位进一步提升。1960年尼印两国签订《贸易与转运协定》，尼泊尔获得了对外制定税则的自由。1966年印度同意从其境内经过的、去往尼泊尔的中转货物在印度海关免检免税，同时，以尼泊尔原料生产制造的商品在进入印度销售时也是免税的，这使得尼泊尔商品在进入印度销售时在价格上具有很大的竞争力。大量的加工企业沿着特莱地区与印度边界建立起来，加工从印度或其他国家进口的原材料，然后再将制成品出口到印度销售。同时，利用优惠政策，也有不法商人从香港、新加坡等地进口廉价的免税商品，再通过特莱地区的开放边界走私到印度。20世纪70—80年代，尼印两国就外汇管理、关税和过境运输等议题反复进行磋商，达成了一系列的协议，但是，印度货币在特莱地区一直畅行无阻，给边境地区的走私等活动提供了极大的便利。总的来看，特莱地区作为尼泊尔贸易通道和集散中心的地位在这一时期更加巩固了，国家对其倚重的程度也提高了。

（二）工业政策

1932—1945年作为拉纳家族继承人出任首相的朱达·沙姆谢尔被称为尼泊尔的"工业之父"，他在任期间鼓励发展工业，而特莱地区由于其得天独厚的优势，很快就成为尼泊尔的工业中心。一大批为开发当地特色自然资源和农产品的工厂逐步发展起来，比如比拉特纳加尔的麻纺厂（Biratnagar Jute Mill），主要加工当地产出的黄麻，产品出口到英属印度。尼泊尔木压板公司（Nepal Plywood Company）的建立得益于特莱地区的伐木工业，莫朗地区的制糖厂和卷烟厂依靠当地产出的甘蔗和烟叶。这些企业的共同特征就是因地制宜，利用特莱地区丰富的资源进行生产，另一个重要特征就是与英属印度进行合资，1936—1950年，尼泊尔共有63家生产企业注册，其中大部分都是通过与英属印度的商人合资设立在特莱地区的。

尼泊尔特莱地区治理研究

　　20世纪50年代王室直接掌管尼泊尔政权后，开始在推动工业发展方面有所作为，1955年成立了国家计划委员会，从1956年开始编制国家"五年计划"，在第二个"五年计划"（1960—1965）中，国家对工业领域发展的预算分配从7.5%提升至17%。①1961年修订了1950年颁布的《公司法》，1962年又颁布了新的《工业企业法》，对国内和国外资本投资尼泊尔工业进行规范，并提供了包括免税、进出口便利和利润转移等方面的优惠政策，以鼓励工业发展。在拉纳家族开启的尼泊尔工业化基础上，国王政府又进一步促进了大量现代化企业在特莱地区的建立和壮大，尤其是制造业的发展，其主要产品涵盖黄麻、糖、香烟、啤酒、火柴、鞋、化学品，以及大规模建设所需的水泥和砖头，以出口为目标的服装和地毯行业也发展迅速，黑道达（Hetauda）、达朗（Dharan）、布德沃尔（Butawal）和尼帕尔甘杰（Nepalganj）等中部和东部特莱地区的城市发展成为工业中心。

　　同一时期，处于冷战高潮中的美国和苏联为争夺在南亚的势力范围，各自对尼泊尔的工业发展进行了大力援助，苏联在特莱地区援助建立了多个企业，最著名的包括贾纳克普尔卷烟厂、农机厂、比尔甘杰制糖厂，以及在特莱地区西部的松香和松节油厂等，同时，苏联还为尼泊尔提供了修建水电站、水泥厂、公路等援助项目。②印度和中国作为尼泊尔的两大邻国，对其也给予了大量的工业援助，帮助建设基础设施和工业。

　　国王政府自1955年实施首个"五年计划"开始，为促进就业和公众福利，建立了一系列国有企业，最早的一个国有企业是设在特莱地区贾纳克普尔市的黄麻厂，成立了尼泊尔工业集团，随后，木材厂、卷烟厂、制茶厂、水泥厂、大米加工厂等一系列资源加工型国有企业在特莱地区被建立起来，参与对特莱地区的经济开发，也为国家财政增加税赋和利润收入。③同时，尼泊尔航空、电力、燃油、运输等全国性的国有企业也纷纷组建，这些企业的发展得到了尼泊尔财政的权力支持，根据1992年的经济普查结果，1990–1991财年，尼泊尔政府向全国所有的国有企业直接投入的资金达6.3亿卢比，给予贷款

---

① 约翰·菲尔普顿（英）著，杨恪译：《尼泊尔史》，北京：中国出版集团，2016年，第141页。

② 尼泊尔外交部网站，https://mofa.gov.np/nepal-russia-relations/。

③ *23 public enterprises in profit, 12 in loss; NOC incurs huge benefit*, May 28, 2017, https://myrepublica.nagariknetwork.com/news/23-public-enterprises-in-profit-12-in-loss-noc-incurs-huge-benefit/.

第四章　经济治理模式：由殖民掠夺到开放合作

15.5 亿卢比。[①]

20 世纪 90 年代至 21 世纪初，受国内政治动荡和内战的影响，特莱地区的工业发展停滞不前，来自印度等国的投资活动也受到了极大的抑制，包括国有企业在内的大型企业一方面受到罢工等工会和政党活动的影响，生产能力下降，另一方面，这些国有企业也是游击队筹措经费时的首要对象和打击目标，受到了巨大的冲击。内战和政治动荡也影响了商业环境，再加上官僚主义和腐败等问题，国有企业很难实现盈利，出现了巨额亏损，1989-1990 财年，全国国有企业的总亏损额达 2.4 亿卢比，1990-1991 财年，亏损额猛增至 18.7 亿卢比。在全社会呼吁对国有企业进行改革的背景下，从 1992 年开始，尼泊尔开始对国有企业进行私有化改造，并在 1994 年通过了《私有化法案》。经过改造，以特莱地区为主的地方性国有企业通过实施股份制、引入私人资本，被逐步私有化，仅保留了盈利前景较好的全国性国企，如尼泊尔航空、尼泊尔电信等大型公司。在特莱地区，尼泊尔贸易公司、尼泊尔电力、尼泊尔药业、尼泊尔水泥和尼泊尔能源等公司依然作为掌握国家经济命脉的代表继续存在。

四、基础设施建设政策

为推进特莱边疆地区的经济开发，加强当地的基础设施建设也是经济治理活动的重要内容，交通建设水平的提高加强了特莱地区与作为政治和文化中心的加德满都之间的联系，使人员和物资流动更加便利，使特莱地区的经济发展加速，同时，由于交通的便利化，当地的外部联系不再单向度地依赖南部的印度，也便于处在加德满都谷地的中央政府加强对特莱平原的控制力度。农田水利设施等的发展为更大规模的人口迁移奠定了基础，特莱地区的农业生产进一步提高。

[①] Nirmal Kumar Raut, Causes and impact of privatization in Nepal: A theoretical review, *Banking Journal*, Volume 2（Issue 2），https://www.nepjol.info/index.php/BJ/article/view/6619/5406.

（一）交通设施建设

1. 公路建设

进入20世纪，尼泊尔仍在依赖古老的胡拉克制度（Hulak），分布在全国各地的超过5000户胡拉克家庭（Hulaki）用人力传递政府邮件，邮件分为政府公文、信件（Kagate Hulak）和政府物资（Thaple Hulak），如武器弹药、王室的用品等，但随着经济和社会发展进步，对信息传递的速度也提出了更高的要求，胡拉克制度已经不适应这种要求。20世纪30年代，在昌德拉·沙姆谢尔任首相期间开始有计划地在特莱地区修筑邮政高速公路（hulaki highway），之所有选择在特莱地区修筑公路，主要原因有两点，第一，特莱地区是尼泊尔的经济中心，生产和贸易活动最为活跃，且面向主要的出口目的地印度，对便捷的运输条件的需求更加迫切；第二，特莱地区地形平坦，易于施工，相较于在尼泊尔的山区修筑公路无法承受的资金和技术投入而言，特莱地区是修路的最佳区域。

这条公路沿着特莱地区与印度的边界自东向西延伸，连接了特莱地区几乎所有的城市和较大的定居点，虽然被称为"邮政高速"，但是发挥的作用远超邮政业务本身，从加德满都谷地到东部和西部的山区运输、旅行等都选择先取道特莱地区，沿邮政高速向东或向西，从而节省时间，邮政高速的修建极大地促进了特莱地区经济社会的发展。到20世纪50年代王朝统治恢复后，在特莱地区修建新的高速公路时，仍然以邮政高速为基础进行拓展升级。

20世纪60年代，在印度的援助下，国王政府在特莱地区沿着尼-印边界，修筑了东起贾帕（Jhapa）、西至坎查普尔（Kanchanpur）的马亨德拉高速公路（Mahendra Highway），东西长达1000余公里，将整个特莱地区的交通连为一体，极大地促进了该地区物资和人员的流动，为工业发展提供了极大的便利。在中国的帮助下，修筑了阿尼哥高速公路（Arniko Highway），连通加德满都至中国西藏的樟木口岸，进一步密切了尼泊尔与中国的联系。而与美苏一样，印度的援助项目大多集中于特莱地区，进一步巩固了该地区在尼泊尔工业发展中的地位。

1996年，在日本政府的资金和技术援助下，尼泊尔开始修筑连接加德

第四章 经济治理模式：由殖民掠夺到开放合作

满都谷地和特莱地区东部的毕·普·柯伊拉腊高速公路（BP Highway），受资金、政策、环境和人力等因素的影响，该工程多次中断，最终在2015年全部完工交付，工程总造价超过200亿卢比。[①]2008年，尼共（毛主义）主导下的尼泊尔政府发起了中部山区高速公路（Mid-Hill Highway）工程，沿特莱地区北部的斯瓦里克山脉南沿修筑，自尼泊尔最东部延伸至最西部，总里程约1776公里，连接24个地区、225个村落。[②]

2015年，特莱地区的族群运动与印度的对尼禁运相结合，马亨德拉高速公路被马德西人阻断，使国家经济陷入困境，而且，马亨德拉高速公路已经无法满足特莱地区日益增长的经济活动需求，尼泊尔政府决定修筑一条沿特莱平原北部的新的高速公路，以降低对马亨德拉高速的依赖。新的高速公路与马亨德拉高速公路基本平行，在其北部20~30公里，全长约1200公里，连接特莱地区东西两端，设计为双向4车道，是目前尼泊尔境内等级最高的公路，总投资约500亿卢比，以尼共（联合马列）前领导人命名，被称为"马丹·班达里内特莱高速公路"（Madan Bhandari Inner Terai Highway）。[③]

2. 铁路建设

早在19世纪末期，英属印度就已经将铁路线延伸到靠近特莱地区的印度北部边境地区，方便了来自尼泊尔的商品在印度境内的运输，但在特莱地区，大宗商品，尤其是主要作为主要出口产品的木材的运输仍然面临很大的困难。1927年，在英国的帮助下，尼泊尔建成了连接英属印度的拉克奥索（Raxaul）至特莱地区中部阿姆勒甘杰（Amlekhganj）的铁路线，这条全长48公里的窄轨铁路是尼泊尔历史上的第一条铁路，被命名为"尼泊尔政府铁路"（Nepal Government Railway，NGR），在这条铁路线上运行的是7台蒸汽机车车头、12节客车车厢和82节货车车厢。[④]1937年，又进一步修建了贾纳克普尔（Janakpure）铁路，连接特莱地区最重要的城市贾纳克

[①] *BP Highway handed over*, https://kathmandupost.com/national/2015/07/04/bp-highway-handed-over.

[②] *Existing Highway and propsed extension*, http://dor.gov.np/home/publication/five-years-strategic-plan/force/list-of-national-highway-and-feeder-roads.

[③] *Madan Bhandari Rajmarga Chure Highway Concerns*, https://www.spotlightnepal.com/2020/02/09/madan-bhandari-rajmarga-chure-highway-concerns/.

[④] World Bank, *A National Transport System for Nepal*, Washington, D.C. June 1965, p. 22.

普尔与英属印度的杰纳加尔（Nepal Janakpur‐Jaynagar Railway，NJJR），在这条铁路建成后不久，又从贾纳克普尔进一步向北延伸至比加尔普拉（Bijalpura）。贾纳克普尔铁路全长53公里，在设计线路时选择贾纳克普尔的主要原因就是方便此地和沿线的木材外运出口。

英属印度境内的大规模铁路修建直接或间接地成为特莱地区的贸易通道，而且，实际上还发挥了整个尼泊尔对外联系通道的作用。由于尼泊尔境内的道路修建滞后，英属印度将其境内的铁路线直接修至两国边界附近，从而方便尼泊尔境内货物在出境后的运输，将尼泊尔与英属印度的主要贸易中心连接起来，英国殖民者此举的原因在于"尼泊尔特莱地区能够提供工业生产的原材料和木材"，由此，"铁路在19世纪末到20世纪的尼泊尔‐印度贸易中扮演了关键角色"。[1]

在拉纳家族统治下的20世纪前半叶，特莱地区的森林资源能够被毫无节制地开发利用，铁路的修建起到了关键的作用。跨境铁路的修建使特莱地区的开发程度大为提升，森林被大量地砍伐以供出口，森林被砍伐后的土地又成为耕地，继而吸引新的移民进入。而且，通过铁路，特莱地区乃至整个尼泊尔的经济都被接入英属印度庞大的铁路网之中，英属印度和独立后的印度共和国由此获得了对特莱地区、对尼泊尔的强大政治和经济影响力。

与此同时，中尼两国拟修建连接日喀则至吉隆口岸的铁路，并讨论将拟议中的铁路延伸至加德满都和蓝比尼等重要的尼泊尔城市，印度对此高度警惕，也宣布了自己的跨境铁路计划，2018年4月尼泊尔总理访问印度期间，两国宣布将"提升两国互联互通水平，包括修建新的铁路、公路，升级口岸设施和通关效率，加强内河水路运输合作等"。[2]2018年底，在印度的帮助下，尼泊尔重新启用了废弃多年的贾纳克普尔跨境铁路，以方便往来两地之间的货物和人员运输。

---

[1]　Vijay Kumar Tiwary, *Advent of Indian Railways: Its Expansion in the Bordering Districts of Nepal and Their Impact on Indo-Nepal Trade Relations (1846-1947)*, *Proceedings of the Indian History Congress*, Vol. 69（2008），pp. 635-643.

[2]　*India Nepal issue joint statement during PM Oli's visit*. Apr 7, 2018, http://kathmandupost.ekantipur.com/news/2018 04 07/india nepal issue joint statement during the pm olis visit.html.

第四章 经济治理模式：由殖民掠夺到开放合作

（二）农田水利设施建设

由于尼泊尔整个国家对农业的极度依赖，而农业又主要集中在特莱地区，因此，拉纳家族对特莱的农业水利灌溉建设进行了大量的投入。昌德拉·沙姆谢尔在任时，于1922年开始动工，耗时6年在中部特莱的萨普塔里（Saptari）地区修建了昌德拉运河（Chandra Canal），萨普塔里地区位于特莱平原中部，是当时人口最密集、农业最发达的区域，该运河是尼泊尔的第一条运河，在运输作用之外，更多的是发挥了灌溉农田的作用。随后在朱达·沙姆谢尔的主持下，又在萨普塔里邻近的劳特哈特地区（Rautahat）修建了朱达运河（Juddha Canal），以满足当地的农业灌溉需求。水利设施的修建改善了灌溉条件，增加了特莱地区农业的产量，也增加了农业的多样性选择，棉花、玉米、甘蔗等经济作物的种植也在这里迅速发展起来。

尼泊尔水资源丰富，水电蕴藏量极大，1911年在昌德拉·沙姆谢尔任首相期间，尼泊尔在加德满都谷地附近修建尼泊尔历史上第一座水电站，为加德满都的拉纳家族统治者供电。随着特莱地区经济发展程度的提高，尤其是东部特莱地区人口和城市规模的增长，用电的需求日益突出，1942年拉纳家族在东特莱中心城市比拉特纳加尔（Biratnagar）附近的奇桑·科拉（Chisang Khola）修建了一座装机容量677千瓦的水电站，为周边供电。[①]同时，为应对人口和城市的增加，拉纳家族的统治者在莫朗等地区尝试建设了公共供水系统，一些学校、医院等设施也在特莱地区的中心城市出现。

1951年王室政权恢复后，稳定的政局使国王政府得以将更多的资金和精力投入特莱地区的基础设施建设上来，无党派评议会制度时期，国王政府推动的"重返乡村"运动，将大量的行政和财政资源集中在基层，同时，印度和苏联以及美国等西方国家，在这一时期开始加大对尼泊尔的援助力度，其援助项目多集中在医疗卫生、道路交通、电力开发等领域，使特莱地区的基础设施建设在此期间经历了一次快速的发展。

20世纪50年代王室统治恢复后，国王政府在特莱平原投入了更多的资源进行农田水利建设，这些措施伴随着大规模的森林清除计划进行，在特莱平原密布的河流上修筑小型水坝来阻断河流，一方面可以使密林中的沼泽干

---

① Deepak Adhikari, Hydropower Development in Nepal, *Economic Review*, Nepal Rastra Bank, Vol 18_art 4, p.72.

涸，从而便于砍伐树木、开垦农田；另一方面，水坝在季风季节可起到治理洪水、旱季蓄水灌溉的作用，也能够提高当地的农业产量。

1954年，国王政府与印度政府签署了《柯西工程协议》，允许印度在柯西河上游的特莱平原的孙萨里地区（Sunsari）修筑防洪大坝，以缓解下游印度比哈尔邦每年雨季的洪水，同时为特莱地区和比哈尔邦的农业生产提供灌溉，特莱平原约250平方公里的土地从中受益。但是，该工程也饱受批评，尼泊尔作为主权国家，允许另一个主权国家在本国境内修筑工程，并拥有工程的所有权和运营权，是对尼泊尔主权的极大削弱。[①]

修筑水利设施的做法极大地提高了特莱地区的农业生产效率，尤其是在中部特莱地区。随着无党派评议会制度的推行，村庄、社区机构被建立起来，国王政府的投资在一定程度上得到了合理利用，小型水利设施在此被大力推广，以村为单位分配使用水资源，农田灌溉面积大为提高。

第二节　经济治理模式的形成与演变

特莱地区的经济治理模式与其特殊的地理区位优势和其在国家经济体系中的定位密切相关。作为尼泊尔罕见的亚热带平原地区，又处在印度和尼泊尔人口都最为稠密的交界地带，特莱地区的经济在早期完全服务于加德满都的统治阶层，形成了内部殖民式的经济治理模式，随着其开发程度的提高又依附于英属印度和独立后的印度，特殊的地缘政治环境使尼泊尔获得了大量外部经济援助，并逐步形成了对援助的依赖。进入21世纪，尼泊尔与中国和其他国家的关系不断加强，并开始寻求政治和经济上的独立自主，设法改变对外高度依赖的经济模式，开始尝试开放合作的经济治理模式。

一、内部殖民模式及其影响

内部殖民模式，是指早期的特莱地区经济依附于加德满都的统治阶层，

[①] 芈岚：《尼泊尔、印度水资源政治关系研究》，北京：中国财政经济出版社，2014年版，第83—86页。

第四章　经济治理模式：由殖民掠夺到开放合作

为巩固国家统一服务，其经济治理模式类似于殖民掠夺。

18世纪中期到19世纪中期是尼泊尔实现和巩固国家统一的时期，拉纳家族对特莱地区的开发一方面是为了满足其经济方面的私欲，但另一方面，其也延续了尼泊尔统一过程中将土地及其收益用于补贴军队开支的做法，给军队将领分配比尔塔和贾吉尔土地，以此争取军队支持拉纳家族取代王室的统治。在家族统治逐步稳固后，军队的高层已基本上全部被拉纳家族的成员所占据，以特莱的土地来优待军队实际上也是在优待拉纳家族，尽管此时拉纳家族已不再以土地为诱惑鼓励军队对外征战，已获取的土地却被用来维持常备军，如此一来也激励了军队更加忠诚于实际统治国家的拉纳家族，进而使维护国家的统一和领土完整变得可以实现。

统治者在获取了特莱地区的土地后需要对其进行利用，而此时的特莱地区除少数原住民外几乎是人口真空地带，通过引入印度北部和其他地区的移民进入，尼泊尔王国在军事征服特莱地区的基础上逐步实现了对其的经济开发。而特莱开发程度的提高又反过来吸引更多的移民到来，人口与经济发展的正向互动，为尼泊尔国家和拉纳家族的统治者们创造了巨额财富。此外，特莱地区的经济开发伴随着当地基础设施的建设和工业化的推进，特莱地区由偏远落后的边疆逐步成长为尼泊尔的农业、贸易、工业和交通中心，人口数量、财政贡献等都实现了跃升，对整个国家发展的意义极为重要。农业历来是特莱地区的经济支柱，有限的工业一直到20世纪才缓慢发展起来，特莱地区的农业与19世纪晚期兴起的伐木业在很大程度上推动了整个国家的经济发展，统治阶级掌握了特莱地区的大量土地，但却没有相应的劳动力来进行开发和耕种，移民的进入解决了劳动力短缺的问题，移民来到特莱地区后，砍伐森林、开垦土地、进行耕种，产出的木材和农产品最终使土地拥有者获益，由此，使得整个地区的农业依附于以加德满都为中心的统治阶层。

贸易是特莱地区特殊区位优势造就的另一大经济形式，其贸易活动主要分为三个方面，一是将特莱地区的农产品、木材、矿石等资源出口到英属印度和独立后的印度，为作为土地所有者和国家统治者的拉纳家族及王室赚取利润。二是从印度进口尼泊尔必需的工业制成品进行销售，这种利润丰厚的贸易活动也被王室和拉纳家族的成员基本垄断。三是特莱地区作为贸易口岸，成为印度与中国西藏之间的贸易通道之一。这三类贸易活动都能够为王室和拉纳家族带来丰厚的利润，而这三类贸易都离不开印度的参与，无论是作为特莱地区产品的消费者还是供应者,印度都是极为重要的一环。

二、单向依附模式及其影响

随着贸易的进一步发展和尼泊尔国内的经济发展、人口增长,封闭状态下依靠特莱地区产出的经济要做到自给自足已经不再可能,包括特莱地区在内的整个尼泊尔经济又逐渐依附于独立前和独立后的印度。

随着特莱地区和整个尼泊尔人口的快速增长,对工业制成品和粮食等基本物资的进口也在增长,1950年,尼泊尔与印度签署《贸易协定》,协定给予尼泊尔通过印度的领土和港口进出口货物"完全和不受限制的权利",1956—1960年,两国贸易额占尼泊尔对外贸易总额的95%[1],这种局面随着时间的推移变得更加严重,尼泊尔从印度进口商品的总额增长速度远超过其对印度出口商品总额增长的速度[2]。不仅特莱地区的经济、整个国家的经济都逐渐依附于印度,印度控制了尼泊尔的能源、粮食、药品等经济和民生的命脉。另外,尼泊尔人利用两国的特殊关系在印度务工,赚取的侨汇也是尼泊尔外汇收入的重要来源之一。除贸易对象依附印度之外,尼泊尔的外贸渠道也依附于印度。受特殊地理位置的影响,印度对尼泊尔形成了"苹果式"的包围,其三面都被印度包围,只有北部有如苹果柄一样的微弱通道连通中国,而在特莱地区与印度的500公里开放边界上分布着20个通商口岸,人员、车辆往来便利。[3]

单向依附经济治理模式的形成既有客观方面的原因,也是尼泊尔治理者主观选择的结果,这种经济治理模式对特莱地区的影响在于造成了当地单一的经济结构,使其完全成为印度经济的一个附属部分,国家的经济独立性由此丧失。而且,为了维持这种单向依附经济的治理模式,治理者不断从其他区域引入移民来开发特莱地区,使当地的人口结构严重失衡,根据1991年尼泊尔人口统计,特莱地区总人口在当年已经接近尼泊尔总人口的一半,其

---

[1] 王宗:《尼泊尔印度国家关系的历史考察(1947—2011)》,北京:中国出版集团,2014年版,第283—284页。

[2] 同上。

[3] 徐亮:《尼泊尔对印度的经济依赖研究》,北京:人民日报出版社,2015年,第12—14页。

第四章 经济治理模式：由殖民掠夺到开放合作

经济总量占尼泊尔国民经济总量的 70% 以上，到 2001 年尼泊尔再次进行人口统计时，特莱地区的人口超过 1100 万，经济总量和重要性进一步上升。外来移民人口过多和特莱地区至关重要的经济地位之间的矛盾，成为后期特莱地区治理中最为复杂的问题。

单向依附经济治理模式造成的另一个严重问题，是特莱地区的印度资本严重泛滥，20 世纪 20—50 年代，拉纳家族在其统治的后期积极鼓励特莱地区的工业发展，建立起一批现代企业，在这一过程中大量引入印度的资金、技术和熟练工人。由于大量印度移民在拉纳家族统治时期进入特莱地区，山区的高种姓移民又拒绝从事商业活动，使零售等商业领域也大量被印度资本和人力所占据。1950 年，在拉纳家族统治结束前夕，印度利用其岌岌可危的处境，引诱此时的首相莫罕·沙姆谢尔签署了尼印《和平友好条约》，给予印度诸多经济和政治特权。王室的统治权在 1951 年恢复后，采取的开放边界、允许印度人在尼泊尔经商、购买不动产等政策通过尼印《和平友好条约》的优惠条件被固定下来，印度资本涌入特莱地区的趋势一直被延续下来，最终的结果是印度资本在特莱经济发展中的影响力更加稳固。

单向依附经济治理的另一个对象是国际援助。1955—1990 年，尼泊尔共实施了 7 个"五年计划"，其中外部援助占其总支出的比例分别为 90%、80%、54%、46%、48%、48% 和 70.6%。[①]1947 年，尼泊尔与美国建交，此后，美国便开始对尼泊尔进行大规模援助，最早的援助项目之一便是在特莱地区的拉菩提谷地修建水利灌溉设施，以便提升当地农业生产率，从而改善农民的生存状况，仅 1956 年，美国在拉菩提项目上的援助便超过 100 万美元。1951—1961 年，美国对尼经济援助总额为 4550 万美元，到 1965 年为止，美国一直是尼泊尔资金来源最大的援助国。[②]在美国的带动下，西方阵营的英国、瑞士、新西兰等国家也纷纷加入援助尼泊尔的行列。20 世纪 60—70 年代末期，印度是尼泊尔最大的援助国，对尼泊尔的工业发展和交通设施建设提供了巨额援助，还给予技术援助，到 1977 年时，印度累计在尼泊尔设

---

① 徐亮：《尼泊尔对印度的经济依赖研究》，北京：人民日报出版社，2015 年，第 12—14 页。
② 王艳芬：《冷战初期美国对尼泊尔政策评析》，《世界历史》，2011 年第 2 期，第 44 页。

立 3669 个培训点，其中 1157 处为工程和技术培训点。[①] 80 年代，日本又接棒印度成为对尼援助最多的国家。

  同时，联合国、亚洲开发银行、世界银行等国际组织也是援助尼泊尔的主力，尤其是世界银行的投资对尼泊尔的水电开发起到了关键作用。到 20 世纪末期，尼泊尔累计接受的援助款项总金额超过 52 亿美元，按其总人口来算，人均获得的援助额远超同时期的其他南亚国家。[②] 无偿的捐赠和软性贷款是尼泊尔接受最多的外援，其用途主要是建设，在尼泊尔对外援依赖到达顶峰的 20 世纪 80 年代，外国资本达到了尼泊尔建设预算的 80%，相当于这一时期政府全部预算的 40%。[③] 与此相对应的，苏联和中国在冷战时期也向尼泊尔提供了包括道路和工厂建设等在内的经济援助。

三、开放合作模式及其前景

  尼泊尔经济单向依赖印度的后果是十分严重的，尼泊尔的国家安全，尤其是经济安全被印度牢牢把控，而印度也十分愿意使用经济武器来敲打尼泊尔，1976 年因比兰德拉国王提出将尼泊尔建立为"和平区"的倡议，试图实现尼泊尔的中立，印度故意拖延续签两国在 1971 年签署的《贸易和过境条约》，直到 1978 年才续约，1989 年又因为尼泊尔购买中国武器一事而再次拒绝续约，并关闭连接特莱地区的 15 个过境贸易点中的 13 个，使尼泊尔经济几乎崩溃。而尼泊尔特殊的地理位置使其要想改变经济单向依赖印度的局面就只能通过加强与中国的关系来实现。进入 21 世纪初，尼泊尔政府开始调整其对特莱地区的经济治理模式，特别是在 2015 年再次遭到印度禁运后，更坚定了尼泊尔改变对印经济依赖、实现经济独立自主的决心，其在特莱地区实现的开放合作的经济治理模式就此形成，该模式主要由三个部分组成。

  第一，推动贸易多元化。尼泊尔的对外贸易以印度为主要对象，与印度之外的国家开展贸易也必须以特莱地区为通道借印度实现转口贸易，这就赋

---

  ① 毕岚：《尼泊尔—印度水资源政治关系研究》，北京：中国财政经济出版社，2014 年，第 191 页。
  ② 约翰·菲尔普顿（英）著，杨恪译：《尼泊尔史》，北京：中国出版集团，2016 年，第 144 页。
  ③ 同上。

第四章 经济治理模式：由殖民掠夺到开放合作

予特莱地区极端的战略重要性，为改变这种经济单向依赖印度的不利局面，尼泊尔政府加强了与中国的双边合作，尤其是在尼泊尔于2017年正式加入"一带一路"建设后，中尼两国先后就转口贸易、过境运输达成了一系列协议，双方同意就建设跨喜马拉雅立体交通网络进行合作，修建中尼跨境铁路项目已经开始进行可行性研究，跨境能源贸易是两国合作的重点方向。尼泊尔此举的目的十分明确，提高与中国的互联互通水平、降低特莱地区的战略重要性，使进口来源地和出口目的地多元化，从而分散风险，2017年，中国与尼泊尔贸易总额为9.9亿美元，同比增长11.2%。其中，中国对尼出口9.7亿美元，同比增长12%[1]，增长空间巨大。2019年4月，两国签署《过境运输议定书》，中国政府同意尼泊尔使用天津、深圳、连云港、湛江四个海港和兰州、拉萨、日喀则三个陆地港口与其他国家进行贸易往来，这对于打破尼泊尔对印度经济依赖的意义重大。

第二，大力吸引外资。吸引外国直接投资进入特莱地区可以达到两个方面的效果，一是进一步推动特莱地区的经济开发，尤其是以能源和交通设施为主的基础设施建设项目，如大型水电站、长距离输变电项目等。二是以更多的外资来抵消印度资本在特莱地区一家独大的优势，形成多方竞争的局面，减轻印度对特莱地区的经济影响力。2006年内战结束以来，尼泊尔通过了多项旨在改善投资环境的法律，2011年设立了尼泊尔投资委员会（IBN），负责协调外商在尼投资活动，2017年尼泊尔共产党执政后提出了"繁荣的尼泊尔、幸福的尼泊尔人"的施政目标，进一步将吸引外资提升到国家战略的高度，并在2019年召开尼泊尔投资峰会，推出了总投资需求达320亿美元的77个项目[2]，其中大量的交通和能源项目就位于特莱地区。中国是尼泊尔第一大直接外资来源国，2017–2018财年，中国的对尼投资占尼泊尔所获外资总额的87%。

第三，加快特莱地区经济结构转型。特莱地区传统的优势产业是农业和有限的工业，其农业和工业产出在尼泊尔国民经济的发展中占重要地位，但缺点也是十分明显的，一是土地集中现象和贫富差距仍然十分严重，农业生

---

[1] 中国驻尼大使馆：2017年中国与尼泊尔贸易总额同比增长11.2%，2018年2月9日，http://np.mofcom.gov.cn/article/jmxw/201802/20180202710508.shtml。

[2] 新华社：2019年尼泊尔投资峰会签署多项合作文件，2019年3月31日，http://www.xinhuanet.com/world/2019-03/31/c_1124308044.htm。

产效率低下、农业劳动力过剩、农民贫困率高,2001年尼泊尔人口统计显示特莱地区贫困率达27.6%[①],经济地位的不平等进而表现为特莱地区的移民群体马德西人与山区族群的矛盾。二是农产品种类单一、农业生产技术落后,特莱地区主要的农产品包括大米、玉米和甘蔗,附加值有限,且育种和栽培技术等都极为落后,产量低且易受自然灾害的影响。尼泊尔政府一方面为特莱地区劳动力外出中东和东亚国家务工提供支持,另一方面,积极开发特莱地区的旅游业、手工业等第三产业,增加就业,同时还积极吸纳中国等国在当地投资建厂,提升特莱地区的工业化水平,增加尼泊尔的贸易出口量,此外,尼泊尔与中国、印度等农业大国还达成农业技术合作协议,借印度和中国的技术、资金和装备来改善特莱地区的农业生产的面貌。

由此,就形成了对特莱地区经济治理的开放合作模式,这一模式的基本精神是希望改变特莱地区的经济结构和高度依赖印度的发展导向,通过贸易多元化、引入外资竞争来降低特莱地区特殊经济结构和发展导向带来的风险,将该地区纳入国家不同区域均衡发展的整体中来。尼泊尔政局企稳、人心思定是开放合作模式取得成功的良好基础,但面临的困难和挑战也是十分具体的,印度对尼泊尔寻求经济独立自主、进而实现政治独立自主的动向高度警惕,将特莱地区的经济从印度完全剥离也是不现实的,而特莱地区内部的既得利益集团也是推动这一模式面临的主要不利因素。

第三节 经济治理模式形成与演变的动力

特莱地区经济治理模式转变的动力来自其内部和外部两个方面,内部而言,特莱地区在整个国家经济体系中的重要性不断提升,从经济上的边疆之地逐步成长为国家经济的前沿和中心。外部而言,其邻国和主要交往国家的对尼经济政策随着尼泊尔的地缘政治和经济地位改变而改变,尤其是印度对特莱地区的经济模式转变具有关键性作用。同时,与特莱地区的经济地位和外部经济环境改变相适应,尼泊尔历代治理者的经济治理理念经历了巨大的

---

① Devendra Gauchan, Agricultural Development in Nepal: Contribution to Economic Growth, Food Security and Poverty Reduction, *Socio Economic Development Panorama*, Vol. 1, No. 3(2008)pp. 49-64.

第四章　经济治理模式：由殖民掠夺到开放合作

变化，从私产化到中心化，再到去中心化的理念，塑造了特莱地区独特的经济治理模式。

一、特莱地区经济地位的变化

（一）特莱地区在国家统一过程中的经济地位

特莱地区的土地是驱动着廓尔喀王国统一进程的动力。喜马拉雅山脉南麓的小王国都对土地极度饥渴，廓尔喀王国对外军事行动的初衷也是获取其他王国的土地，使国王政府由此得到更多的征税对象。而且，在普利特维国王的军事政策下，参与对外军事行动的将领和士兵都可以从被征服的土地中获得好处，或是近似私有且免交赋税的比尔塔土地，或是以贾吉尔土地形式支付的俸禄，这样，国王的意志与军队的利益就高度统一起来。实际上，在普利特维统一加德满都谷地及其周边后，新建立的尼泊尔王国对土地的渴求也并没有得到根本性的缓解，一方面，征服者给予了被征服者高度的自治权，包括允许其继续在原有的土地制度下收税，国王政府从中获利不多；另一方面，这些小王国可开发的土地资源原本就十分有限，国王政府能够用来分配给军队的就更少了。

特莱地区为尼泊尔的统一提供了物质资源。廓尔喀王国的军事力量依赖特莱地区的土地为其提供动力，军人正是在获得土地的期待中不断夺取了整个特莱地区，而特莱地区的土地被以各种形式的所有制给予军人，也鼓励了他们去夺取更多土地，这种互动关系推动廓尔喀王国以军事手段不断向外部拓展。普利特维·纳拉扬·沙阿流传后世的作品《圣喻》（Dibbaya-Upadesh），记录了他对国家内政、外交、军事、经济等重要事务的言论，是他治理尼泊尔的思想的集中体现，他认为农民是国家最基本的财富，是国王的仓库，只要有农民在，国王所需要的一切都取之不尽、用之不竭，他将农民和军队看作是对国家最重要的两大支柱，农民为国家提供财富，军队守护国家并开疆拓土。[①]而将这两大支柱紧密联系起来的就是特莱地区土地。为了征服更多

---

① Prithivi Narayan Shah, *Dibbaya-Upadesh*, http://www.lawcommission. gov.np/en/wp-content/uploads/2018/09/dibbaya-upadesh-of-prithivi-narayan-shah. pdf?fbclid=IwAR31WbpaLTuzGYDWEq-rVqSb5TTLff43G2goLX1XX3nySap8xMsD-156rtw.

的土地就必须拥有强大的军事力量，为了维持军事集团的运转，就必须夺取更多的土地和土地上的人民，而为了夺取土地，又必须加强军事力量，维持一支更大的常备军，从而使对土地的需求量进一步加大，"土地数量的限制是军队规模，军队规模的限制是土地数量"，整个国家变成了一部战争机器，而驱动这部机器不断前进的燃料就是土地。[①]

在尼泊尔的统一过程中，廓尔喀王国的军事行动带有对外扩张的性质，尤其是统一活动的早期，其对特莱地区没有有效的经营治理措施，其夺取土地—分配土地—引入移民的政策带有一定的殖民主义色彩，对促进国家统一仅起到了军事统一的作用，因此，廓尔喀王国很难获得特莱原住民的支持，在一个多世纪后尼泊尔族群政治兴起的背景下，特莱地区的原住民和移民者将廓尔喀王国的崛起和对尼泊尔统一称为"廓尔喀帝国主义"。而当时在尼泊尔与东印度公司的战争中，导致特莱地区的政治势力支持后者。战后的尼泊尔政府愈加意识到特莱地区的重要性，于是开始着手加强对该地区的经营和控制。

特莱地区为统一后的尼泊尔提供了宝贵的生存空间。一方面，经过与东印度公司的战争后，特莱作为未开发地区，成为尼泊尔经济发展、财政增收的主要来源，同时也是重要的战略缓冲区，对于战后的尼泊尔维护国家统一意义重大。另一方面，特莱地区在容纳尼泊尔人口增长、接纳外来移民上发挥了决定性作用，而其在这方面的意义在国家统一、融合和发展的过程中将更加显著地体现出来。

（二）特莱地区在拉纳家族统治时期的经济地位

在拉纳家族统治的早期，尼泊尔经济完全建立在农业的基础上，政府的财政收入也几乎全部来自土地租税和其他与农业相关的税收，特莱地区在拉纳家族统治的早期就开始被大力开发，大面积的耕地被开垦出来进行种植，木材出口、矿产出口和动植物特产出口都增加了国家的财政收入，而且也为国家统一后不断增长的人口提供了更多就业机会。在拉结家族统治的后期，一些较为初级的工业、企业已经在尼泊尔发展起来，如制糖、木材加工和农产品粗加工等，但这些企业无一例外地都集中在特莱地区的几个主要城市，

---

① Ludwig F. Stiller, S.J., *The Rise of the House of Gorkha*, Educational Publishing House, Kathmandu, 2017, p.282.

第四章 经济治理模式：由殖民掠夺到开放合作

是尼泊尔工业中心，在20世纪20—30年代还修建了连通特莱平原主要城市贾纳克普尔与印度之间的铁路，使特莱地区的经济地位进一步提高，成为尼泊尔的经济中心和与外界经济交往的窗口。

对于拉纳家族本身而言，更是将特莱地区作为攫取经济利益的最佳对象。首先是土地，拉纳家族在长达百余年的统治过程中，将大量的特莱地区土地以比尔塔的形式赠予家族成员，据估计，到1950年拉纳家族统治被推翻前夕，全国三分之一左右的耕地被划为比尔塔土地，比尔塔土地中的至少四分之三被拉纳家族的成员占据[①]，而由于山区土地极为有限，拉纳家族在其统治后期已经成为特莱地区最大的地主，最主要的三个拉纳家族就占据了特莱地区2.27万公顷的土地，并引入了更加可靠的征税制度。同时，拉纳家族还凭借政治优势垄断了木材出口、特许商品进口等高利润行业，获取超高利润。

拉纳家族统治的最重要特征是不惜一切代价将权力限制在家族成员之间流转，并以此为基础攫取经济利益，因此，有许多研究者将拉纳家族统治期间延续的廓尔喀王国对特莱地区的经济治理方式称之为"内部殖民主义"。拉纳家族出于对经济利益的无限度追求，将特莱地区视为国家对外军事征服的战利品，对特莱的资源进行无节制的私产化，财富和资源被集中在拉纳家族及其支持者手中，并且不惜以引进移民的手段进行开发，带有掠夺的特征。同时，利用掌握政权的优势，拉纳家族统治者对特莱地区施加了沉重的赋税负担，到1950年拉纳家族统治被推翻前夕，尼泊尔政府的主要收入都来自特莱地区，其家族的收入至少有一半是从特莱地区搜刮而来的。

（三）特莱地区在王权恢复后的经济地位

特莱地区作为边疆，是国家的战略资源、战略空间储备，承载了尼泊尔国家发展的人口和资源压力。从整个国家发展的层面来看，正是由于特莱平原作为边疆地区发挥了吸纳移民的作用，才使山区的人口爆炸和脆弱的经济问题得以缓解，大量的山区人口移民特莱地区，为山区腾出了经济和社会发展的机遇，实现了人口与资源在空间分布上的基本平衡。弗里德里克的研究

[①] John Whelpton, *Nepal Politics and the Rise of Jang Bahadur Rana*, 1830–1857, Department of History, School of Oriental and African Studies, University of London, February 1987, p.370.

显示，20世纪60年代中期，特莱地区的经济就贡献了全国国民生产总值的59%和全国76%的税收来源[1]，其对于整个尼泊尔国家而言就是经济命脉。到20世纪80年代末期，特莱地区以约全国20%的国土面积，承载着全国50%以上的人口，贡献了全国三分之二以上的国民生产总值和四分之三以上的税收，在国民经济发展中占绝对主导地位。

二、外部经济环境的变化

尼泊尔是一个封闭的内陆小国，远离出海口，且邻国数量有限，其经济活动受外部经济环境的影响较大，尤其是在对外贸易方面，英国、印度和中国成为最主要的贸易对象，因而也间接促进了尼泊尔国内经济治理模式的演变。同时，美国作为冷战时期尼泊尔最主要的援助国，在美国带动下的西方阵营国家也纷纷向尼泊尔提供各类援助，苏联和中国也在此期间不断援助尼泊尔，这些国家对尼泊尔的经济援助项目也对这一时期特莱地区的经济治理形成了重要影响。进入21世纪，中尼经贸关系有了长足发展，尼印经贸关系遭遇禁运危机的打击，尤其是尼泊尔加入"一带一路"建设后，其对特莱地区的经济定位和治理又有了新的转变。

农业是尼泊尔第一大产业，统一初期和拉纳家族统治时期，地租和农业相关的税赋一直是其财政收入的主要来源，在农业生产力提升有限的前提下，增加财政收入的唯一途径就是扩大农业生产的规模，这种需求为特莱地区的农业开发和移民政策增添了动力。国际贸易在尼泊尔统一之前就存在，统一完成后，英国的殖民者和中国西藏的商人从南北两个方向与尼泊尔开展贸易活动，英国的工业制成品源源不断地通过特莱地区进入尼泊尔，再经过原始的运输方式输入加德满都谷地。1885—1898年，连接贾纳克普尔、比尔甘杰、尼帕尔甘杰和比拉特纳加尔四个特莱地区主要城市印度一侧的铁路修筑完成，将特莱地区接入了印度次大陆的铁路网，1927年还在尼泊尔境内修建了一段连接木材主产区的铁路，更大规模的贸易活动由此展开。英属印度的工业生产、日常消费和建设所需的大量原材料刺激了尼泊尔的出口，促进了伐木业、黄麻、制糖业、稻米加工等产业在特莱地区的发展，拉纳家族通

---

[1] Frederick H. Gaige, *Regionalism and National Unity in Nepal*, Himal Books, Khathmandu, 2009, p.28.

第四章　经济治理模式：由殖民掠夺到开放合作

过投资工业、垄断进口业务、推行专卖政策等方式从中谋取巨额经济利益，对贸易活动的积极性极高。1923年，尼泊尔与英国签订了《永久和平与友好条约》，对尼泊尔与英属印度之间的贸易活动做出了极大的便利性安排，使尼泊尔的对印贸易潜力进一步得到开发。第二次世界大战期间，来自英国的军需品订货也刺激了特莱地区的工业发展。

1947年英属印度独立，并通过印-尼《和平友好条约》继承了英国处理对尼关系的衣钵，在经贸关系方面，两国相继签署了一系列与经贸相关的协议，包括最重要的《贸易和过境协定》，使尼泊尔与印度和通过印度与第三国开展国际贸易进一步便利化。印度也给予尼泊尔大量的优惠条件，尼泊尔从印度进口的商品全部免除进口附加税和许可证管理，进口的农副产品和初级加工品免除海关基本关税，两国货币可以相互用于结算，印度卢比可在尼泊尔自由流通。[①] 这一时期特莱地区和整个尼泊尔的人口快速增长，经济发展较快，对外贸易也随之迅速发展，其对印度的贸易依存度大幅提升，到20世纪80年代，尼泊尔的粮食、燃料、药品等战略性物资进口几乎全部依靠印度，维护国家安全所需的武器进口也受印度的制约，有限的出口贸易也以印度为主要对象，整个国家的经济成为印度经济的附庸。

20世纪70年代至80年代，印度逐步放弃了不结盟战略，在第三次印巴战争中获得胜利，肢解了巴基斯坦，控制了不丹，随后又吞并了锡金，印度称霸南亚的意图和行动越发明显，对尼泊尔的政策也更加傲慢，经济武器成为其达成政治目的的重要手段。70年代中期、80年代末期和2015年，印度先后三次发动对尼泊尔的禁运，企图迫使尼泊尔在政治问题上让步，这表明，印度有能力、有意愿和决心将其对尼泊尔的经济优势转化为政治优势，尼泊尔在摆脱印度经济控制之前，很难取得政治上的完全独立自主。

但是，2015年的禁运也成为尼-印关系的一个转折点。2015年4月发生的大地震使尼泊尔损失惨重，地震和禁运带来的悲情情绪反而将尼泊尔人团结起来，民族主义情绪高涨，禁运不仅未能使尼泊尔政府屈服，反而使尼泊尔人更加支持政府，在这样的民意环境下，尼泊尔对印度进一步屈服几乎是不可能的，禁运并没有起到预期的效果。禁运期间，尼泊尔媒体对印度的做法口诛笔伐，进行了大量的批评报道，政府和政党领袖也对印度公开表达

---

① 徐亮：《尼泊尔对印度的经济依赖研究》，北京：人民日报出版社，2015年，第13页。

尼泊尔特莱地区治理研究

不满,少数未公开谴责印度的尼泊尔政党领袖也被冠以"亲印"的标签受到批评,海外的尼泊尔人也广泛地加入抗议印度的活动中,印度在尼泊尔的国家形象一落千丈,人们对印度的厌恶无以复加,反印与爱国几乎被画上等号。印度政府原本打算以禁运为工具来左右尼泊尔内政的走向,但结果却适得其反,"既惹怒了高山族群的政治精英们,也没有实现其为马德西人群体阻滞新宪法的承诺,是一个全盘皆输的行动"①,将印尼两国的双边关系推入低谷。印度国内对政府对尼泊尔实施禁运的做法持反对态度的不在少数,批评者认为莫迪政府的对尼政策是完全失败的。

这种不利局面促使印度在处理两国关系时变得更加谨慎,采取更加柔性的对尼经济政策,提出提升两国互联互通水平、尽快启动并完成此前签署的合作项目等,欲以经济和文化软实力来影响尼泊尔。即便是在十分敏感的修宪和特莱地区马德西族群问题上,莫迪政府也以总理访问其文化中心贾纳克普尔和大力推进农业合作等更为隐蔽的方式来表达关切。②

与此同时,尼泊尔与中国的经贸关系稳步增强,2017年度,两国贸易总额达9.9亿美元,同比增长11.2%,中国是尼泊尔第一大直接外资来源国,是仅次于印度的尼泊尔第二大外国游客来源国,两国经贸联系的加深有利于增强尼泊尔的经济独立性,减少对印度的依赖。2017年访尼中国游客近十万人次。中国同时也是尼泊尔地震后重建的主要援助国,在震后重建阶段,中国政府宣布对尼进行大量的资金、技术、人员和项目援助,着重在基础设施、民生恢复、古迹修复、灾害应急能力建设和医疗卫生等领域具体实施。

尼泊尔是亚洲基础设施投资银行的创始成员国和"一带一路"倡议的重要参与国,通过加强与中国的互联互通来使本国对外联系多元化也一直是尼泊尔的自主战略之一,时任总理K.P奥利于2016年访华期间,两国签署了一系列协议,将中尼铁路建设、自贸区建设、能源管线建设等重大互联互通项目提上议事日程。2018年1月,尼泊尔互联网正式通过陆地光缆接入中国,

---

① Prashant Jha, *Is it the end of India's special relationship with Nepal?* https://www.hindustantimes.com/india-news/is-it-the-end-of-india-s-special-relationship-with-nepal/story-ijLNl5AvvOt1w6fQANekVP.html.

② 贾纳克普尔(Janakpur)位于马德西人聚居和执政的尼泊尔2号省,是其文化中心和首府,同时也是印度史诗《罗摩衍那》中弥提罗国首都韦德哈所在地,是印度教徒朝圣地点之一;尼泊尔农业产出的绝大部分都来自特莱平原,已经有舆论指出,两国农业合作将使马德西人与印度北方邦、比哈尔邦的联系更加密切。

第四章 经济治理模式：由殖民掠夺到开放合作

从而结束了长期依赖印度连接国际互联网的历史。2018年，两国签署了历史性的《过境运输协议书》，中国允许尼泊尔使用中国境内的4个海港和3个陆地港口进行国际贸易，包括天津、连云港、深圳和湛江，以及兰州、拉萨和日喀则，这将打破尼泊尔外贸活动完全依赖于印度的局面。

三、经济治理理念的转变

特莱地区的经济治理理念是治理者对该地区在国家经济体系中角色的总体定位，对其经济治理模式的形成起到了决定性作用。早期的治理者将特莱地区视为私产，对土地、森林等资源毫无节制地予以掠夺性开发，以满足其私欲。20世纪50年代，在内部和外部政治经济环境发生剧变后，治理者调整治理理念，转而将特莱地区作为国家经济的中心和前沿进行建设，使其经济地位在此后的几十年中不断提升。到20世纪末期，中心化的理念日益显露出其弊端，达到扰乱国家政治和经济运行的地步，去中心化的经济治理理念应运而生。

（一）私产化的经济治理理念

廓尔喀王国发起统一尼泊尔战争的根本动力是对土地的渴求，在当时的经济体制下，土地和依附于土地的农民皆是属于王国统治者的财产，即便是国王通过各种土地所有制形式分配给军人和政府官员的土地，其所有权仍然是属于国王所代表的国家，因此，特莱地区被廓尔喀王国夺取首先意味着王室私产的增加，其次才是国家领土的扩大。王室对特莱地区土地和其他资源的处置方式是将其作为封地赐予军人和官员，让他们可以享受土地开发的经济利益，从而巩固王室的统治基础，而王室本身也从中获取税赋收入。拉纳家族继承了这一理念，继续以特莱地区的土地和森林等资源换取军队的支持，维持家族统治，拉纳家族帮助英国殖民者镇压印度民族起义后，重新获得了部分因《苏高利条约》被割让的特莱地区土地，更加强化了其将特莱地区私产化的意图。

私产化的经济治理理念得以实施，得益于两个方面的条件，一是政治资源的高度集中，王室和拉纳家族成员垄断了特莱地区的地方政府，并以利益交换的形式控制了地方政治精英群体，形成了利益共同体。二是特莱地区森严的种姓制度将低种姓的农民、贱民禁锢在相应的职业之中，其经济和社会权益被剥夺，使高种姓的精英能够维持超然的经济和社会地位。

私产化经济治理理念的实施造成特莱地区经济乃至整个社会的畸形发展，使当地土地集中、产业单一、效率低下和总体上的极度落后。同时也造成了特莱地区的高度封闭，尽管从印度等地来的移民不断涌入，但移民群体的到来都是作为低端的劳动力，仅仅扩大了特莱地区的生产规模，对于经济发展质量的提升并无实质性的意义，反而使私产化程度提高了。同时，特莱地区被作为边疆地区进行特别的管理，一直到20世纪中期，当地居民进入北部地区尤其是加德满都都需要特别的旅行证件和官员的批准，这使两地相互封闭隔绝。

（二）中心化的经济治理理念

20世纪50年代以后，国内和国际的政治、经济环境促使重新掌握政权的王室改变对特莱地区的经济治理理念，逐步放弃了将特莱地区私产化的理念和做法，转而集中精力对该地区进行经济开发，鼓励国内的山区居民移民特莱地区充实农业劳动力，同时推行土地改革，大规模接受国际援助用于当地工业发展和基础设施建设，本国的经济建设规划和投资也向特莱地区倾斜，并通过特莱地区加强与印度的经贸联系，这一系列举措都是基于将特莱地区打造成为国家经济中心和对外贸易前沿的治理理念。

在中心化治理理念的引导下，特莱地区经济地位迅速提升，沿边界一线的主要贸易口岸都发展成为规模较大的城市，工业和农业由于获得了投资和劳动力的补充，发展尤为明显，道路交通设施建设、水电能源开发、航空、水运、通信，以及居民的商业意识等经济要素都超过同时期的北部山区，到了20世纪80年代，特莱地区的经济中心地位已经牢固地确立下来。对于其在国家经济中的作用，一名访谈对象描述称：

> 加德满都谷地的繁荣是虚假的繁荣，他们一旦失去特莱平原就无法生存，而特莱地区摆脱了加德满都的控制反而能够生存得更好。

与中心化的经济治理理念相适应的背景是国王政府在这一时期推动的民族国家建设，特莱地区在政治上不再被当作"殖民地"，而是统一的民族

第四章 经济治理模式：由殖民掠夺到开放合作

国家的一部分，相应的在经济上也不再被作为供王室私产化的对象，强化当地与印度和北部山区的经济联系符合尼泊尔民族国家建设的要求。客观而言，选择将特莱地区建设成为国家经济中心和前沿也是国王政府的无奈之举，尼泊尔北部是喜马拉雅山脉天险，人口稀少、交通不便、经济落后，与中国的经济往来极为有限，而且，这一时期的中国经济仍处在较低发展水平，对尼泊尔的辐射和吸引力不够。相比之下，特莱地区的区位优势十分突出，人口密集、地势开阔平坦、资源丰沛、与印度往来便利，在这一背景下，将其作为尼泊尔的国家经济中心和前沿是最优选择。

（三）去中心化的经济治理理念

中心化的经济治理理念提振了特莱地区的经济地位，但其负面后果也很快暴露出来，20世纪70年代末、80年代末和2015年的三次印度对尼禁运表明，特莱地区的经济中心地位是以整个国家的经济命脉依附于印度为代价取得的，印度将其经济优势转化为对尼的政治优势，以经济制裁为手段迫使尼泊尔在内政和双边问题上让步，一名尼泊尔大会党的高层人士在访谈中表示，"在取得经济独立自主前，尼泊尔永远不可能取得真正意义上的政治独立自主"。进入21世纪，对特莱地区的经济治理去中心化理念逐渐形成，该理念的核心是贸易多元化，一是应当改变进口来源和渠道完全依赖印度的局面，考虑到尼泊尔的地理位置，替代性方案只能是中国。二是加快本国其他区域的经济开发，实现国家经济的多中心发展，着重发展尼泊尔独具优势的旅游业，实现产业的多元化。三是尝试在贸易渠道多元化的基础上发展转口贸易，变被动为主动，在中印两个人口大国和经济大国之间充当桥梁。四是对外部援助进行适当的集中和优化，对外援设置最低金额标准，从而提高援助质量，以便逐步摆脱对外援，尤其是印度援助的依赖。[①]去中心化并不是要削弱特莱地区的经济地位，而是以国家经济的整体发展来降低特莱地区经济一枝独秀所带来的风险，将风险分散，以便在面对印度经济制裁时能够有一定的抵御能力和替代性方案。

地区和全球的经济环境为去中心化理念的形成和实施提供了有利条件，经济全球化的趋势在进入21世纪后更加明显，区域经济合作进程加快，尼

---

① 徐亮：《尼泊尔对印度的经济依赖研究》，北京：人民日报出版社，2015年，第129页。

泊尔先后加入了南亚区域合作联盟（SAARC）、环孟加拉湾多领域经济技术合作倡议（BIMSTEC）等区域合作组织，也积极参加了"一带一路"建设，是亚洲基础设施投资银行（AIIB）的创始成员国之一，其积极参与此类合作机制，目的仍然是通过将尼泊尔融入国际市场来降低对印度依赖的风险。

2015年新宪法颁布后，尼泊尔国内的政局开始稳定下来，执政党将国内经济建设放在首要位置，建设目标是在2030年成为中等收入国家，积极改善投资环境，吸引外资进入。2017年尼泊尔政府与中国政府达成在"一带一路"倡议框架下开展合作的备忘录，加强中尼互联互通建设，逐步拓展尼泊尔的北部通道。在2019年召开的尼泊尔投资峰会上，政府推出了投资额数百亿美元的77个项目，并获得了175亿美元的投资意向[1]，这些项目主要涉及水电、道路、机场、旅游开发和教育等领域，分布于全国各个省，特别将北部喜马拉雅山脉一线的旅游项目开发作为重点领域。这些具有战略意义的举措既是尼泊尔国家经济发展的总体战略规划，也是去中心化经济治理理念的实施，考虑到印度仍然是尼泊尔的第二大外资来源国和最大贸易伙伴的现实在短时间内无法彻底改变，这一理念对于特莱地区经济治理的影响还需要时间的检验。

---

[1] Bhoj Raj Poudel, *Can Nepal Attract a Foreign Investment Windfall?* https://thediplomat.com/2019/04/can-nepal-attract-a-foreign-investment-windfall/.

第五章
社会治理模式：由全面歧视到多元共存

社会治理是对族群关系、地域关系、阶层关系等社会不同特征和利益诉求群体间关系的治理，其目标是实现不同群体关系的和谐稳定。特莱地区特殊社会结构和关系的形成肇始于当地人口的增长，移民改变了特莱地区的人口和族群结构，导致了地域间关系和族群关系的对立，外部势力对族群关系的恶化还起到了推波助澜的作用。不同时期治理者的治理理念也经历了深刻的变化，新理念的形成既是旧理念积重难返的结果，也推动着特莱地区的社会问题呈现新的面貌。在相应理念的指引下，特莱地区的社会治理实践不断演进，先后经历了全面歧视和强制融合的治理模式，最终演变为当下正在经历的多元共存模式。

第一节　社会治理主要举措的演变

统一尼泊尔的沙阿王室，以及宣称属于北印度拉吉普特人后裔的拉纳家族，都是为了逃避穆斯林入侵印度后的严酷宗教和政治环境而来到尼泊尔的印度教徒，他们自称为印度教的捍卫者，在等级化和同化治理理念的引领下，印度教及其附带的文化特征是其试图在当地乃至尼泊尔全国构建的文化认同的核心元素，并一度在宪法中规定国家为印度教国家，以此为基础，他们在特莱地区确立种姓制度，推广尼泊尔语和尼泊尔文字教育，试图将特莱地区纳入统一的尼泊尔民族国家的文化认同当中来。

一、改革和加强种姓及相关制度

（一）特莱地区种姓制度的建立

尼泊尔的种姓制度源自印度，从印度迁移到加德满都谷地的印度教徒将种姓制度带入尼泊尔，随着他们在加德满都建立政权，种姓制度也被沿袭下

尼泊尔特莱地区治理研究

地之一,当地有着共产主义思想传播和发展的广阔空间。大量的无地和少地农民,生活在极其贫困的条件下,与地主和高种姓阶层的经济地位、社会地位差距巨大,政府长期忽视边缘化群体的权益,社会不公不仅广泛存在,还有继续扩大的趋势,这种社会环境为共产主义思想的传播提供了土壤。尼共毛派领导人普拉昌达原名帕苏巴·卡麦尔·达哈尔(Pushpa Kamal Dahal),生于尼泊尔博克拉地区,但他成长和求学都在特莱平原的齐特旺地区(Chitawan),大学毕业后曾在美国国际开发署(USAID)赞助的贾贾尔科特(Jajarkot)农村发展项目工作,自少年时代就见证了当地严重的贫困和社会不公,因此被左翼政党所吸引,普拉昌达于1981年加入尼泊尔共产党的地下组织。实际上,类似特莱地区的社会不公等问题在此时的尼泊尔全国范围内都是普遍现象,这些矛盾既有深刻的社会现实原因,也有复杂的历史背景,矛盾之复杂以至于"毛派的领导人们可能也没有预料到他们点燃的星星之火会延烧成10年的人民战争,因为社会矛盾的根源早在几代人之前就已经埋下"。

由于其地理上的特殊位置和受歧视的类似遭遇,特莱地区成为尼泊尔共产主义思想传播的主要途径和区域。尼泊尔共产党于1949年诞生于印度西孟加拉邦的加尔各答,该党诞生时尼泊尔尚处于拉纳家族的统治下,共产党人通过开放的尼-印边界返回尼泊尔,在特莱地区和加德满都等主要城市传播共产主义思想,或进行革命活动,也曾参与了推翻拉纳家族统治的运动。20世纪60年代,印度北部、东北部邦的共产主义革命运动此起彼伏,1967年在西孟加拉邦爆发了著名的"纳萨尔巴里起义"(Naxalbari Uprising),并由此蔓延到其他邦。革命的火种很快传到尼泊尔,1969年,在尼泊尔共产党的领导下,东部特莱平原的贾帕地区(Jhapa)农民发动起义,要求打倒地主、均分土地,贾帕地区紧邻印度东北部的西里古里走廊,此次起义也被认为是受印度共产主义革命活动的影响而产生的。

特莱地区在10年内战进行的过程中也扮演了重要的角色。首先,毛派武装从特莱地区获得了较大的支持,特莱地区受歧视和压迫的民众是毛派武装重要的支持和同情者,也是其建立人民共和国、实现联邦制、推翻封建专制政权等主张的响应者,在毛派武装的领导下,特莱地区也出现了类似的武装组织与政府开展武装斗争。其次,特莱地区地理位置重要,被毛派武装作为武器运输、干部藏匿的交通线,尤其是在贾南德拉国王加大对毛派武装的

第五章　社会治理模式：由全面歧视到多元共存

打击力度后，印度秘密与毛派领导人接触，并为其提供庇护后，特莱地区扮演了毛派游击队安全通道的角色，从该地区至印度北部的比哈尔邦和西孟加拉邦成为安全走廊，一些在战斗中受伤的战士也由此地进入印度北部接受治疗。大吉岭等地有大量尼泊尔裔移民群体存在，这些地方的廓尔喀人同情、支持毛派进行武装革命，因此，从特莱地区撤出的武装人员将大吉岭作为其境外的安全基地，特莱地区实际上变成了内战中毛派的根据地和大后方。

二、推广尼泊尔语言文字和教育政策

语言问题是特莱地区治理的关键问题之一，王室在恢复政治权力后也意识到，应当通过推动尼泊尔民族国家建设、加强国家官方语言和通用语言的使用来逐步解决这一问题，因此尼泊尔语作为以王室和高种姓为代表的统治阶级的语言，在特莱地区广泛推广。公共教育既是增强特莱地区居民国家认同的重要手段，也是推广尼泊尔语的重要渠道，国王政府将普及教育与推广语言结合起来，产生了较好的效果。

（一）推广尼泊尔语和文字

国王政府在20世纪50年代恢复权力后开始逐步加强了对尼泊尔语的推广，政府的这种民族主义姿态得到了特莱地区山区移民广泛的支持，尼泊尔语作为其母语，若能够在特莱地区成为主导语言，那么他们在经济和政治上的优势地位也将在特莱得到进一步的巩固。各类要求政府加快实施推动尼语进入特莱地区的政治团体被建立起来，并积极进行活动，给政府施加压力和制造舆论。1956年，比拉特纳加尔（Britnagar）的激进民族主义者成立了语言组织，要求将尼语作为当地行政机构的唯一语言，并散发宣传册、发表演讲等，其活动遭到了当地以印地语为母语的移民团体的激烈反对，尼泊尔特莱大会党发起了针锋相对的"拯救印地语"运动（Save Hindi），并在特莱地区的各个城镇成立语言保护组织。[1] 两类语言组织分别代表了政治上的多数和人口上的多数，尼泊尔语推动者是政治上的既得利益者，他们希望用自己的语言将这种政治关系进一步巩固，印地语推动者则是特莱地区人口上

---

[1] R. S. N. Singh, *The Unmaking of Nepal*, Lancer Publishers, 2010, p.42.

的多数，他们借保护语言的契机寻求扩大自身的政治权利，相互矛盾的两派互相攻讦，引发了一些冲突事件，然而，国王政府推动尼泊尔语的决心并未因此受到动摇，反而更加坚定了。1959年颁布的尼泊尔宪法将以梵文天城体（Devanagari script）书写的尼泊尔语确定为国家语言，马亨德拉国王提出了著名的口号"我们的语言与服饰比我们的生命更重要"，将推广尼泊尔语作为其加强国家融合的重要内容。[1]

1962年，在解散民选政府后亲政的国王主持下，尼泊尔颁布了新版宪法，在这一部宪法中，再次确认了尼泊尔语作为国家语言、官方语言的地位，并且规定，任何在尼泊尔境内经营或开展业务的企业，其企业内部文件、相关文字记录等资料都必须使用尼泊尔语或英语来书写。[2]而此时的尼泊尔绝大多数企业都集中在特莱地区，且其中有很多都是由印度资本投资或部分投资建立的，不论是企业所面对的客户，还是企业的经营管理者，使用印地语作为经营过程中的语言已成惯例，这一条规定基本上等于规定了尼泊尔境内的商业活动必须以尼泊尔语或英语开展，大大挤压了印地语和其他语言的使用范围。同时，在媒体和宣传领域尼泊尔语也被大力推广，而印地语和其他地方性族群的语言则受到限制，例如，1965年政府就通过行政手段关停了尼泊尔电台的印地语和尼瓦尔语新闻节目。[3]

到了20世纪80年代末期，尼泊尔语的国家语言和通用语言地位已经被牢固地建立起来，国家行政、商业、教育等活动中均使用尼泊尔语作为交流工具，1991年的全国人口普查显示，使用尼泊尔语的人口比例从1954年的19.5%提升到50.3%。[4]

（二）特莱地区教育政策的实施

1. 拉纳家族统治时期特莱地区的教育

忠格·巴哈杜尔是尼泊尔教育体系的最早推动者，在访问英国期间，他

---

[1] Bishnu Raj Upreti, Safal Ghimire, Suman Babu Paudel, *Ignored or Ill-Represented The Grievance of Terai Madhes Conflict in Nepal*, Adroit Publications, 2012, p.42.

[2] Constitution of Nepal 1962.

[3] 转引自王艳芬：《论尼泊尔潘查亚特体制的历史影响》，《史学集刊》，2008年第5期。

[4] 同上。

第五章　社会治理模式：由全面歧视到多元共存

受到英国教育体系的启发，认为尼泊尔也应当建立自己的教育体系，同时，他也认识到了英语对于尼泊尔对外沟通的重要性，认为应该给自己家族的继承者们进行西方式的教育，因此，他从英国聘请了2名教师到尼泊尔，负责对家族子弟的教育，由此建立了宫廷学校（Durbar School）。1858年，拉纳家族设立了教育部，忠格·巴哈杜尔的儿子巴巴尔·忠格（Babar Jung）被任命为首任教育部长。1885年，宫廷学校开始向加德满都的公众开放，接收高种姓者的子弟入学。1901年，德维·沙姆谢尔·拉纳（Dev Shamsher Rana）任首相时，提出了建立公共教育体系的改革政策，但并未取得成功，其继任者在此基础上又不断进行教育改革，1918年，尼泊尔第一所学院——特里昌德拉学院（Tri-Chandra College）成立，到20世纪40年代，加德满都谷地已经出现了一些以英语和尼泊尔语教学的中学，宫廷学校的学生经过考试可以升入印度瓦拉纳西大学就读。[①]

但是，或许正是因为拉纳家族明白了教育对于个人和社会发展的重要性，其在教育上的投入和改革都始终偏向于统治阶级本身，所惠及的范围有限，对于低种姓群体，拉纳家族并不愿意对他们有更多的教育投入，甚至有意限制其获得教育，这样一来，未受过良好教育的人们只能被限制在土地上耕作而不会有其他更多的就业机会，同时，也更利于他们受到宗教思想的控制，使其屈服于种姓制度。1912年，担任尼泊尔首相的拉纳家族继承人昌德拉·沙姆谢尔在访问英属印度时向英国乔治五世国王坦称，尼泊尔的教育极端缺失，但是，在1918年特里昌德拉学院成立时他却表示："学院将成为拉纳家族统治的墓地。"[②]

2. 特莱地区的尼泊尔语教育

1954年，国王政府下令，由教育部组织专家组建了国家教育规划委员会（National Education Planning Commission），委员会由美国俄勒冈大学教育学教授休·B.伍德（Hugh B. Wood）领衔，主要成员为教育部的工作人员，经过两年在全国范围内的调查和研究，1956年，该委员会向政府提交了一

[①] Gopi Nath Sharma, *The impact of education during the Rana period*. Volume 10, Number 2 Himalayan Research Bulletin No. 2 & 3, Article 6, p.6.

[②] Satish Kumar, *Rana polity in Nepal: Origin and Growth*, Indian School of International Studies, Delhi, 1967, p.138.

尼泊尔特莱地区治理研究

份题为《尼泊尔的教育》的报告，并在报告中建议，应当重视梵文和英文教育，建议将尼泊尔语作为自小学至大学的所有层级教育用语，其建议以尼泊尔语作为教育用语的理由有7个方面：

（1）以国家通用语为教育用语，可以避免使用不同语言的教材；

（2）将大多数民众使用的语言确定为通用语是势在必行；

（3）尼泊尔语较印地语更易于学习，且尼泊尔国内并不存在真正的使用印地语的居民；

（4）尼泊尔语作为官方语历史较长，在全国通行已久，各地民众在理解尼泊尔语方面不存在困难；

（5）尼泊尔的不同族群能够轻松地理解尼泊尔语；

（6）尼泊尔语与印地语的相似性高于任何其他地方性语言；

（7）为了解决语言多样化的问题、确保尼泊尔的完整与统一，就必须推崇一种通用语言。[①]

印地语在特莱地区的广泛使用与当地的教育是分不开的，拉纳家族统治晚期，特莱地区就有私人创办的学校出现，在一些规模较大的城镇，少数学校以尼语作为教育用语，而更多的学校则是以印地语作为教育用语，一方面，在特莱地区比要找到来自山区的合格的尼泊尔语教师是很困难的，受过良好教育的山区居民更愿意在加德满都谋一份职业，而不愿意前往炎热的特莱平原；另一方面，由于相同的文化和习俗，特莱平原能够轻松聘请到印度北部的说印地语的教师。在这种背景下，政府推行尼泊尔语的阻力是相当大的，要想成功就只能从教育这一根本问题上入手。

正是基于这样的考虑，1956年，政府正式要求特莱地区废除将印地语作为教育用语的规定，但受到当地民众的激烈反对，保护印地语的活动与反对尼语作为通用教育用语的活动此起彼伏。1958年，国王任命激进的K. I. 辛格（K.I. Singh）为政府总理，为加快尼语在特莱地区的推广，辛格政府在当年10月直接就教育用语问题发布行政命令，要求全国各地的学校必须以尼语作为教育用语，所有的教师必须在2年内具备以尼语进行教学的能力，在尼泊尔从事教师职业的，必须在6个月内提供其身为尼泊尔公民的身份证明[②]，命

---

① National Education Planning Commission, *Education in Nepal*, 1956. pp.62-63.

② 转引自 Frederick H. Gaige, *Regionalism and National Unity in Nepal*, Himal Books, Khathmandu, 2009, p.111.

第五章 社会治理模式：由全面歧视到多元共存

令一出，特莱地区反对的声音一浪高过一浪，支持者为之欢欣鼓舞，反对者认为此举是对特莱地区印度裔移民赤裸裸的歧视，是对其基本权利的侵犯，要求政府收回此命令。1959年，尼泊尔举行首届民主选举，语言问题成为各政党争取选票的重要议题之一，尼泊尔特莱大会党将保护印地语、反对强行推动尼泊尔语作为竞选手段，很快，尼泊尔大会党、尼泊尔共产党等主流政党在语言问题上也采取了类似的立场，这使国王政府陷入被动局面，而且，支持者与反对者阵营在一次大规模集会上还酿成了流血冲突[1]，最终，国王政府做出了一定的妥协，暂缓推行尼语教学的政策。

1961年，解散了民选政府的马亨德拉国王直接控制了议会和政府，在国王的直接命令下，教育部成立了由9名成员组成的全国教育委员会，该委员会对国家现行的教育体系进行了考察，在考察结束后提交的报告中，委员会再次提出将尼语作为全国通用的教育用语，马亨德拉国王完全采纳了这一建议，并将其写入了1962年通过的《教育法》。但是，考虑到特莱地区的现实情况，以及其他山区原住民语言仍在大量使用的现实，国王政府在具体实施该政策的过程中又采取了一定的折中方案，允许学校在考试时使用尼语以外的其他语言类型。1964年国王政府又出台了《尼语出版集团法案》，以规范和推进尼语出版业的发展，更重要的是方便尼语教材的出版，从而更好地配合尼语教育的开展。

尽管在特莱地区抗拒尼泊尔语教育的力量仍然存在，但尼语成为国家通用语言的大趋势已经无法逆转。首先，尼语是统治阶层的语言，统治者垄断了政治资源，利用行政手段推行自己的语言，特莱地区的印地语推动者在政治上天然处于劣势地位，其无法与政府抗衡。其次，政府利用政治优势，强制将尼语作为行政活动、经济活动、教育活动的语言，这使得拒绝尼语者在社会上越来越难以立足，最终使学习尼语从强制变成了一种自觉。而且，到了1962年以后，无党派评议会制度（也称"潘查亚特制度"）在尼泊尔建立并得到巩固，国王政府的统治力量从中央直接深入乡村，强有力的行政力量进一步提高了尼语作为官方语和国内通用语的地位。

这种由国家主导的民族主义教育政策也被马亨德拉国王的继任者比兰德拉国王所延续，后者还进一步加强了国家在教育和文化上的投资，1975年，

---

[1] Frederick H. Gaige, *Regionalism and National Unity in Nepal*, Himal Books, Khathmandu, 2009, p.112.

比兰德拉国王治下的政府宣布提供免费的义务小学教育，在此基础上，1978年又宣布所有公立学校教材和教育资料免费，以提高国民入学率。在国家重视教育、加大教育投入的背景下，尼泊尔人的识字率从1950年前后的不足2%，提升到1990年前后的近50%[1]，识字率的提升，尤其是尼泊尔语的普及，极大地促进了特莱地区乃至全体国民对国家的认同。

三、规范特莱地区居民的国籍问题

（一）20世纪60年代前的国籍问题

自尼泊尔国家统一到拉纳家族统治时期的结束，特莱地区居民的国籍问题并不成其为问题。首先，这一时期的南亚次大陆几乎全部沦为英国的殖民地，名义上维持独立的国家也深受其影响，特莱地区邻近的英属印度北部为土邦所统治，尽管有边界线存在，但边界历来是开放的，边界线两边的人员和物资等流通自由，国籍存在的必要性并不突出。其次，民族国家的概念和民族主义思想尚未在尼泊尔构建起来，国王与拉纳家族的统治者在很长的时期内一直将特莱地区作为"殖民地"来进行统治，这片土地上居民存在、繁衍的意义更多在于维持统治和增加经济收入，因此，国王与拉纳家族均大力鼓励移民进入该地区进行开发。最后，最为关键的是，国籍是与公民的政治、经济权利紧密相连的，拥有一国国籍才能享受该国相应的政治和经济权利，而这一时期的特莱地区居民多为移民，且社会地位低下，能够享受到的政治权利微乎其微，拥有国籍与否对统治者和居民来说都是无关紧要的。

1951年，拉纳家族统治被推翻，国王重新掌握尼泊尔政权，国内对于民主的呼声高涨，国王政府开始为下一步进行民主选举投票开展准备活动，为确定国内选民，特莱地区居民的国籍问题首次被正式提出。同年，国王政府制定了《1951年公众代表法案》（*Public Representation Act*），这一法案尽管没有直接回应国籍问题，但却对选民资格进行了明确的规定："任何在某一选区内居住超过60天者"均有参加投票的资格[2]，1952年，国王政

---

[1] Shiva Gaunle, *Thirty years of King Birendra's reign*, http://archive.nepalitimes.com/news.php?id=11394#.XahzGnaiskM.

[2] Frederick H. Gaige, *Regionalism and National Unity in Nepal*, Himal Books, Khathmandu, 2009, p.89.

第五章　社会治理模式：由全面歧视到多元共存

府制定的《国籍法》中对国籍问题进行了详细的界定，该法规定了获得尼泊尔国籍的三种途径：

1. 在尼泊尔出生；
2. 作为女性，与尼泊尔男子结婚；
3. 父母一方或双方为尼泊尔人，且在尼泊尔定居。

关于获得尼泊尔国籍的三种途径实际上都是十分开明的，对于特莱地区大量的印度裔居民而言，他们中有些人的祖辈就已经移民来到这里，满足第一项条件不存在问题。就第二项而言，由于开放边界的存在和紧密的文化联系，两国之间的通婚是普遍现象，通过婚姻归化入籍也是较为容易的，但需要指出的是，由于印度教文化传统中对女性的歧视，婚姻归化入籍的方式对尼泊尔女性是不适用的，嫁给外国男子的尼泊尔女性无法使其配偶获得尼泊尔国籍。第三项也有利于广泛分布在周边的尼泊尔裔移民及其后代归化入籍。

这种较为开明的国籍法一直持续到1962年尼泊尔颁布宪法，弗里德里克认为这一时期的国王政府采取如此宽松的国籍政策主要有两个方面的原因，第一是由于此时的国王政府受印度政府的影响程度较深，其过渡宪法、国籍法等临时性法律制度都是对印度的简单模仿；第二，此时来自山区的政治精英与特莱地区的精英关系密切，其在推翻拉纳家族统治、争取民主的过程中是并肩奋斗的同志，来自特莱地区的政治精英还在20世纪50年代短暂的民主制度试验期间深度参与国家政治活动，与山区精英一样担任部长等高级别官员。

（二）国籍相关法律的制定和修订

1962年，国王主持下制定的新宪法通过，其中首次加入了有关国籍问题的条款，宪法中对于尼泊尔公民的定义为：

任何在尼泊尔拥有住所，且同时满足以下条件之一者，

1. 在尼泊尔出生；
2. 其父母中任何一方出生于尼泊尔；
3. 与尼泊尔男性公民存在合乎尼泊尔法律和习俗的婚姻关系的女性；
4. 已经根据尼泊尔法律取得了公民证件。[1]

---

[1] *Nepal Constitution 1962.*

尼泊尔特莱地区治理研究

这一条款与 1952 年制定的国籍法是一致的,同时也是自动获得国籍的标准,出生和婚姻属于自动获得国籍的范畴,而在此时的尼泊尔,婴儿出生和成年人的婚姻都缺乏妥善的登记,要证明一个人的出生地、亲缘关系等事项只能依靠当地官员的主观判断,特莱地区的印度裔移民更多需要通过归化入籍的方式获得公民身份,而宪法对于归化入籍也做了明确的要求,规定申请尼泊尔国籍者需满足以下条件:

1. 能够使用尼泊尔的国语尼泊尔语进行读和写;
2. 在尼泊尔拥有居所和职业;
3. 已经采取实际行动放弃其原有的国籍;
4. 若为尼泊尔人后裔,在尼泊尔境内居住应不少于 2 年,若非尼泊尔人后裔,则在尼泊尔境内居住应不少于 12 年。①

1964 年,国王政府在 1962 年宪法关于国籍的条款的基础上,又专门制定了规范国籍的取得和剥夺等相关问题的《1964 年国籍法》,这部法律中对自动获得国籍的标准进行了调整,宪法和此前一直通行的"父母任何一方为尼泊尔公民的子女均自动获得尼泊尔国籍"的条款被改为"父亲为尼泊尔公民的子女",尼泊尔男子才能将国籍自动传递给自己的后代,这使得尼泊尔女性在与外国男子通婚后诞生的子女无法自动入籍,只能通过归化入籍的方式获得尼泊尔公民身份。而对于归化入籍的途径,这部法律的规定也更加严格,其对于外国归化入籍申请者的要求包括:

1. 能够使用尼泊尔国家语言进行阅读和书写;
2. 在尼泊尔有正当职业;
3. 已放弃其他国家国籍;
4. 在尼泊尔居住超过 15 年;
5. 原有国籍所属国家允许其申请尼泊尔国籍;
6. 品行端正。②

对于父亲为外国男子的子女,归化入籍的要求包括:

1. 能够使用尼泊尔的国家语言进行阅读和书写;
2. 已放弃其他国家国籍;
3. 在尼泊尔国内定居已超过 2 年,且有在尼泊尔永久定居的意愿;

---

① *Nepal Constitution 1962.*
② *Nepal Citizenship Act 1964.*

4. 品行端正。①

《1962年国籍法》在颁布后的数十年间，经过了7次大的修订，一些歧视性条款被废止，新的条款也适时地被加入，但其对于性别、语言和定居时间的硬性要求一直没有改变，无党派评议会时期（1961—1990）尼泊尔立法活动由国家最高评议会进行，实际上被国王所把持，国籍相关立法体现了国王政府试图通过对公民身份这一政治权利源头的把控来降低国家分裂的风险，将国籍的获得限定在与国家主体族群接近的群体，并以这个群体的特征来同化其他群体，从而促进国家不同族群的融合，即便是1990年多党民主制得到恢复后，关于国籍的基本要求仍然在法律中被延续。

2015年新宪法在关于国籍的条款中，继承了1991年宪法的有关规定，其基本精神与《1964年国籍法》是一致的，即否认了尼泊尔女性将国籍通过生育传递给子女的权利，对归化国籍也进行了严格的规定，这也是特莱地区大量印度裔移民对新宪法不满的一个重要原因。

宪法草案在公开讨论和征求意见期间就引起了特莱地区马德西人的强烈不满，大规模示威活动不断，新宪法在9月20日颁布后，马德西人的不满情绪被进一步点燃，示威活动演变为示威者与警方暴力冲突，数名警察被杀死，这使得政府采取更加强硬的镇压手段。而新宪法颁布所引起的反弹并不仅限于尼泊尔国内，长期支持马德西运动的印度很快也对该宪法做出了反应，在内外双重压力下，尼泊尔政府在2016年1月做出一定的让步，在制宪议会通过了宪法第一修正案，在一定程度上回应了马德西政党提出的有关选举等诉求，但仍然无法满足马德西政党的诉求。

（三）国籍问题的影响

从以上法律中关于尼泊尔国籍的相关规定来看，有三个方面的要素是最为关键的，即申请入籍人的性别、语言和在尼泊尔定居的时间，这些规定对于特莱地区印度裔移民的影响体现在以下几个方面。

首先，性别问题给跨境通婚者，尤其是女性通婚者及其子女带来极大的困难。在印度教文化的影响下，尼泊尔女性的法律地位历来低于男性，在国籍问题上，男性拥有比女性更多的政治权利，因而能够把国籍传递给配偶和

---

① *Nepal Citizenship Act 1964.*

尼泊尔特莱地区治理研究

子女，而女性则不然。尽管女性可以选择归化入籍的方式获取国籍，但在实际操作中却依赖官僚机构主观性极大的判断，这使得特莱地区跨境通婚的女性面临两个选择，要么去印度定居，要么接受丈夫和子女在尼泊尔无国籍生活的现实。

其次，语言问题是归化入籍的最大困难。在这一时期，尼泊尔国家语言的定义就是尼泊尔语，而特莱地区印度裔移民主要使用的语言是迈蒂利语（印地语），尼泊尔语是很少使用的语言，即便人们能够在日常生活中学会尼泊尔语，但考虑到尼泊尔极高的文盲率和极低的教育普及率，对于普通人来说，能够使用尼泊尔语进行阅读和书写的要求几乎是不可能达到的。

最后，定居时间问题也是一大障碍。第一，要求达到的定居时间期限较长，这使得很多在20世纪50—60年代进入特莱地区的印度裔移民被排除在外。第二，关于申请人定居时间的判断也因为缺少妥善的资料记录而依赖于官僚部门的主观判断。

对于整个国家的统一和融合而言，国籍问题的影响则更加深远。从积极的角度看，严格的国籍法确实起到了维护国家统一的作用。首先，20世纪70年代，锡金的外来移民人口超过本国原生民族的人口，继而在民主选举中掌握了国家政权，最终将国家并入印度联邦，这给尼泊尔带来了巨大的震撼，也坚定了国王政府限制移民政治权利的决心。其次，由于对入籍方面的诸多限制，印度裔移民流入特莱地区的速度和数量受到抑制，这为山区的尼泊尔人移民特莱地区提供了相对多的机遇，这也符合国王政府在制定政策时的初衷，即控制外国移民、增加本国移民，以改变特莱地区的人口和族群构成。而且，将国籍与从事特定的职业相关联，避免无国籍者或外国国籍者渗透其公共机构、控制经济等要害领域，客观上也起到了维护本国公民利益的作用。

从严格的国籍法产生的不利影响来看，也造成了诸多遗留问题。首先，入籍的严格要求使大量移民沦为无国籍人员。尼泊尔的立法者认为，其境内只存在两种人，一种是符合国籍法要求的可入籍者，另一种就是外国人，而实际上境内还存在第三种人，他们的祖辈可能在尼泊尔统一前就来到了特莱地区生存，不属于国界线另一边的国家，但是也不符合国籍法的严格规定，他们及其后代就此在尼泊尔境内沦为无国籍者。其次，国籍问题造成了尼泊尔社会的撕裂和对立。政府以国籍为工具来选择国民，将不符合国家主体族

第五章　社会治理模式：由全面歧视到多元共存

群特征的群体排除在国民行列之外，划入国民行列者也因血统和语言等自然特征被区别对待，人为地将移民群体边缘化，造成了他们与政府的对立，而政府以主体民族为样本来同化其他族群，在国籍问题上对前者宽松、对后者严苛，照顾一方利益的同时又损害另一方的利益，在利益受损者看来就是取之于己、加之于彼，这又激化了这两个群体间的对立。受国籍法影响而无法获得政治权力、经济机遇和社会地位的主要是印度裔移民，其集中于特莱平原这一边疆地区，该地区本身就与作为国家主体区域的山区特征迥异，国籍问题无疑将差异进一步扩大，使地区间的对立也加剧。

四、推动医疗卫生事业进步

（一）防治疟疾

20世纪50年代，人类对于预防和治理疟疾有了新的认识和手段，奎宁等药物被广泛运用，疟疾不再是一经感染就只能等死的不治之症，高效杀虫剂"滴滴涕"（DDT）被大规模使用，在消灭疟疾的主要传播者——疟蚊方面显现出极高的效率。

1950年，在修筑甘达基水电工程期间，尼泊尔为该工程组建了一支防疟疾小组，并在特莱平原的黑道达地区（Hetauda）开展相关试验，试验证明，通过科学合理的防控手段，人类是可以在疟疾肆虐的地区生存的。1954年，在美国援助机构和联合国卫生组织的协助下，尼泊尔国王政府成立了虫媒疾病防控小组（Insect-borne Disease Control IBDC），开始在特莱地区进行系统性防控疟疾疾病的研究和准备工作，1958年，在前期工作的基础上成立了尼泊尔消除疟疾组织，发起了"消除疟疾"运动，1978年，又将运动的目标调整为"控制疟疾"。[1]

"消除疟疾"运动采取的是防控和治疗相结合的做法，一方面，美国和世界卫生组织援助的疟疾治疗药物被用于对感染疟疾病原体的患者进行治疗，从而降低了疟疾的致死率；另一方面，更重要的是从源头阻断疟疾的传播，大量使用"滴滴涕"杀灭疟蚊是防控疟疾最有效的方法。疟蚊是一种特

---

[1]　WHO Regional Office for South-East Asia, *Nepal Malaria Programme Review*, 7-16 June 2010, p.11.

殊的蚊子种类，吸食人血，且总是栖息在人类定居点内，因此便于使用杀虫剂进行杀灭。[1] 在"消除疟疾"运动期间，防控人员携带"滴滴涕"喷洒设备，到居民家中进行灭蚊，同时，向居民发放蚊帐等防蚊设备，并在当地报纸、广播电台等媒体进行防治知识的宣传，大大降低了人群因被蚊虫叮咬而感染疟疾的概率。[2] 由于特殊的自然环境和落后的经济条件，完全消除疟疾的目标在尼泊尔至今未能达成，但20世纪50—60年代所进行的"消除疟疾"运动却大幅度降低了当地的疟疾感染率和死亡率，其最重要的意义在于，这使得特莱地区不再是山区尼泊尔人的禁区，为山区人口移民特莱平原地区消除了最大的障碍。

（二）建立公共卫生体系

1956年，国王政府通过了《总体卫生计划》（General Health Plan），开始建立覆盖全国的公共卫生体系，在特莱地区关注的重点仍然是疟疾、登革热等热带地区传染病的防控。在美国和联合国等机构的援助下，国王政府开始在贾纳克普尔、比尔甘杰和比拉特纳加尔等特莱地区的中心城市建立公共医院，提供基本的医疗服务。20世纪60年代，无党派评议会制度在特莱地区实施，以《总体卫生计划》为基础，公立医院和公立卫生机构的数量进一步增加，到80年代比兰德拉国王发起"重返乡村"运动时，又在每个村级发展委员会设立医疗站。1988年，国王政府在特莱地区建立了当地最大的公立医院，命名为贾纳克普尔区域医院，医院的地点就位于贾纳克普尔市。

1991年，尼泊尔政府通过了《1991年国家卫生政策》（National Health Policy 1991），根据该计划在全国14个发展区设立区域医院（Zonal Hospital），医院等级要高于此前的公立医院，要求能够提供儿科、妇科、普外科、眼、耳、鼻、喉科等专业的医疗服务，并保证提供与护理有关的专门服务以及牙科服务。

在建立公共卫生体系的同时，国王政府加大了对医疗卫生人才的培

---

[1] Tom Robertson, *the insect that changed Nepal's history*, March 28, 2018, https://www.nepalitimes.com/here-now/the-mosquito-that-changed-nepals-history/.

[2] Kiran Raj Awasthi, Kazeem Adefemi, Mamata Sherpa Awasthi, Binaya Chalise, *Public Health Interventions for Control of Malaria in the Population Living in the Terai Region of Nepal*, Nepal Health Res Counc 2017 Sep-Dec;15（37）:pp. 202–207.

第五章　社会治理模式：由全面歧视到多元共存

养，1972年，国王政府教育和卫生部门在尼泊尔最大的公立大学特里布文大学设立医学院，专门培养医疗卫生人才，此后，又通过该学院的指导在全国各地设立了9个分校区。此外，2001年，在国家医学会（National Medical Council）的指导下，在特莱地区工业中心比尔甘杰设立了国家医学院（National Medical College）。同时，由于地理上的便利性和尼泊尔与印度的特殊关系，大量特莱地区青年赴印度的医学院求学，学成后也回到特莱地区从事医疗卫生事业。

特莱地区居民从公共医疗卫生体系的改善中直接受益，一方面，特莱地区的居民人口从20世纪50年代开始快速增长，另一方面，新生儿死亡率的降低、传染病的控制和基础性疾病的治疗，使特莱地区居民的平均寿命稳步延长，1950年左右，包括特莱地区居民在内的尼泊尔人平均寿命约34岁，到2010年，其平均寿命已增长为69岁。[①]

五、推崇印度教的国教地位

尼泊尔王室笃信印度教，自称是印度教大神毗湿奴的化身，在统一尼泊尔后，一直坚持以印度教文化来改造整个国家，在特莱地区，结合了尼泊尔山区高种姓族群文化特征的印度教文化，成为其融合外来移民、同化当地原住民的有力工具。

（一）印度教的国教地位

统一尼泊尔的沙阿王室是来自印度北部的虔诚印度教徒，为了躲避莫卧儿王朝严酷的宗教政策而逃亡到北部的尼泊尔，普利特维国王在建立尼泊尔王国后称，这个国家是"真正的印度教徒之地"（Real Land of Hindus）[②]，将印度教作为国教。尼泊尔的国王被视为印度教大神毗湿奴的化身，在信众心中享有极高的地位，宗教权威与世俗的政治权威结合在一起，使王权更加稳固。19世纪中期拉纳家族统治期间沿用了这种宗教政策，并依照印度教

[①] United Nations, *World Population Prospects: The 2017 Revision*, https://www.un.org/development/desa/publications/world-population-prospects-the-2017-revision.html.

[②] Megan Adamson Sijapati, *Islamic Revival in Nepal: Religion and a New Nation*, Routledge, 2012, p.34.

197

尼泊尔特莱地区治理研究

法典制定了尼泊尔首部民法典，使印度教文化渗透到社会生活的各个方面，也正因为国王在宗教上和政治上的双重地位，拉纳家族在完全掌握政权的情况下也不敢轻易罢黜国王。[①]1962年颁布的宪法将尼泊尔王国定义为印度教王国（Hindu Monarchy），以法律的形式确立了印度教的国教地位，"国王作为雅利安文化和印度教信仰的代表性人物成为民族统一的象征"[②]，尼泊尔也由此成为世界上唯一一个以印度教为国教的国家。

印度教在特莱地区是占绝对主导地位的宗教，1952—1954年的人口普查显示，特莱地区人口中信仰印度教的比例超过88%，这一比例在1991年的统计中仍然超过80%，在这种宗教结构的背景下，推动印度教国家建设的意义主要有两点，第一，以相同的宗教来增强对特莱地区不同族群的感召力，将印度教这一信仰作为统治阶层与特莱地区居民的联系纽带，尽管语言和所属的族群不同，但同样是印度教徒，而且，印度独立建国后坚持世俗化，印度教与政治生活相剥离的倾向十分明显，在尼泊尔建设印度教国家这样的政治、宗教理想，对于虔诚的印度教徒而言是极其具有吸引力的，在宪法和国家层面给予印度教如此高的地位，既有统治者本身的信仰需要，也是出于以宗教信仰凝聚人心的考虑。第二，以印度教作为国教来逐步影响特莱地区和其他山区原住民的宗教信仰，除印度教以外，佛教、伊斯兰教和原住民的一些原始宗教信仰仍占据特莱地区宗教版图的相当一部分,其中就包括塔鲁、林布等原住民族群，即便不能改变他们的信仰，国家和这一地区浓郁的印度教氛围也将使他们在潜移默化中逐渐接受印度教的部分理念。

同时，国王政府对于印度教文化的推广也是不遗余力的，马亨德拉国王希望将以印度教文化为特点的山区高种姓文化推广成为整个国家的主导文化，进而同化特莱地区居民和山区其他族群，以文化为切入点推动尼泊尔民族国家建设，因此，山区高种姓统治精英使用的语言——尼泊尔语、宗教信仰的宗教——印度教、日常饮食——米饭配豆汤和蔬菜，乃至传统服饰和习俗等文化符号都被提升到国家层面加以推广，这种文化政策被称为"马亨德拉的文化民族主义"。在潘查亚特制度建立起来后，马亨德拉

[①] 王艳芬：《论尼泊尔潘查亚特体制实行的历史背景》，《世界历史》，2008年第6期。

[②] 王艳芬：《共和之路——尼泊尔政体变迁研究》，北京：社会科学文献出版社，2013年版，第138页。

第五章　社会治理模式：由全面歧视到多元共存

国王提出了著名的口号："同一种语言、同一个宗教、同一种服饰、同一个国家"（Ek bhasa, ek dharma, ek bhes, ek desh）[①]，希望将尼泊尔同化成一个单一文化构成的国家。马亨德拉国王的继任者比兰德拉国王完全延续了其父亲的这一文化政策，继续强调印度教文化价值观念，即国王是国家的保护神的化身[②]，不断加强王权的威信，使国王成为国家团结的象征。因此，尼泊尔语被作为国家语言和通用语强制推行，印度教的传统宗教节日被定为国家法定节日，进行全国范围内的庆祝，山区高种姓精英的服饰符号——男性的船形帽、女性的纱丽[③]被作为国服广泛地出现在报纸、宣传画、影视作品等媒介上，这些努力也在潜移默化中增强了国民对于尼泊尔作为一个民族国家的认同。

（二）印度教及印度教文化的影响

在国王政府的文化民族主义政策下，印度教和印度教文化被作为国家主导下的主流意识形态进行推广，经过近40年的努力，到1990年尼泊尔恢复多党民主制时，这些政策确实促进了国家不同族群的融合，但由此引发的矛盾也逐渐显现出来。

首先，特莱地区移民和原住民的文化受到歧视。1991年宪法中关于国家语言的规定，仍然坚持尼泊尔语为国家语言，但加入了一条"在尼泊尔境内各地被作为母语使用的语言皆为国家语言"[④]，在实际操作中，尼泊尔语的主导地位仍然无法撼动，学校教育、行政和立法活动、经济活动、媒体等领域中尼泊尔语已经成为通用语，在国家议会中，无论议员出身于何种族群文化背景，都必须以尼泊尔语进行发言，以其他语言进行发言不被认可，电视、报纸和广播等新闻报道、影视作品也以尼泊尔语为主导，其他语言的使用范围日益萎缩。

其次，种姓制度造成的歧视根深蒂固。根据尼泊尔的种姓制度划分，原住民是不洁的群体，移民中的大多数人因其职业特点，也基本属于"不

[①] Mahendra Lawoti, Susan Hangen, *Nationalism and Ethnic Conflict in Nepal, Identities and Mobilization after 1990*, Routledge, London, 2013, p.14.
[②] 王艳芬：《论尼泊尔潘查亚特体制的历史影响》，《史学集刊》，2008年第5期。
[③] 尼泊尔女性传统服饰。
[④] *Nepal Constitution 1991*.

洁"或"不可接触"者。根据2001年的人口统计，特莱平原的印度裔移民、原住民和所谓"不可接触"者（达利特，Dalits）人口总量占全国人口的32.29%[1]，这一庞大群体的社会地位低下，受到广泛的歧视，这又直接导致其受教育和参与经济活动的机会远远低于高种姓群体，使其始终无法凭借着求学或经商改变自身的经济地位，穷困成为他们最大的共同特征，这也成为社会诸多矛盾中最易被引爆的一个。20世纪90年代，尼共（毛主义）发动"人民战争"，承诺消除种姓歧视带来的社会极端不平等，这成为其发动群众、获取支持的主要途径。

文化上的歧视是普通人最直接、最容易感受到的歧视。20世纪60年代开始的无党派评议会制度的确给乡村带来了一些变化，道路、教育、媒体等事业都较以往有了一定的进步，国王政府希望以发展来赢得民心、消弭矛盾，从而巩固这一套制度的合法性。但这些事业的发展促进了人们交往的便利性，道路交通的发展使人们能更加便捷地到达国内其他地方，见识不同的生存环境，教育和媒体使人们接触到更多外部的信息，从而认真审视自身的处境并进行对比，最终使他们更加质疑国王政府。

第二节 社会治理模式的形成与演变

特莱地区的社会治理模式演变是一个从聚拢到放开的过程，早期的国家统治者对特莱地区的社会治理目标是同化和融合，希望将外来移民和本地原住民的文化改造为统一的尼泊尔文化，无论是等级化还是同化的治理理念，其治理手段以行政和法律手段为主，而随着政治民主化的推进，多元共存的治理模式开始逐步形成，对特莱地区的社会治理开始逐步放开，治理手段也更加趋于柔性，以制度和环境建设取代了直接干预。

一、全面歧视模式及其影响

自尼泊尔统一到20世纪中期，王室和拉纳家族对特莱地区的文化治理

---

[1] *Population and Household Census 2001.*

第五章　社会治理模式：由全面歧视到多元共存

以整合不同文化为目标,突出统治阶层所代表的具有山区特色的印度教文化,将种姓制度以法律的形式在特莱地区强行推广,建立严格的等级制,把绝大多数的印度裔移民和特莱地区原住民划为"不洁者",禁锢于社会底层,并将其文化和习俗囊括进印度教文化的体系内,其目的是通过宗教思想来为其统治特莱地区乃至整个尼泊尔披上合法、合理的外衣,使特莱地区的民众"自觉"地从种姓制度的角度接受其统治。特莱地区的塔鲁人、林布人等原住民,因其饮酒的习俗而被印度教高种姓者视为"不洁",印度裔移民则由于其大多从事农业等体力劳动而被划为低种姓,因而受到歧视,王室和拉纳家族试图以这样的文化整合手段逐步将早期的特莱地区纳入文化范畴上的尼泊尔。

全面歧视的治理模式,一方面忽视了特莱地区印度裔移民和原住民的正当权益,将其作为"下等公民",甚至不将其视为公民来对待,其直接后果是招致他们对山区高种姓精英的不满,进而仇视整个山区族群,使族群关系恶化。另一方面,由于全面歧视的存在,治理者忽视了特莱地区社会的其他重要问题,如巨大的贫富差距、严重的贫困和民众的教育和医疗卫生保障缺乏等问题,其结果是导致了特莱地区在整体上的封闭和落后。而且,歧视性治理模式将本来就与印度存在密切文化联系的印度裔移民进一步推向印度一方,使他们在文化和政治认同上倾向于印度,而对尼泊尔则缺乏认同感。

二、强制融合模式及其影响

1951年王室统治重新确立后,特莱地区的人口规模、族群关系和社会结构都发生了巨大的变化,国内和国际环境也不同于以往,尼泊尔民族国家建设被提上更为重要的位置,国王政府希望以被称为"文化民族主义"的一系列政策加快特莱地区的"尼泊尔化"进程,从而实现对外独立自主和内部的高度统一,其借助法律和行政手段,在官方语言、通用语言、教育等领域推行同化政策,试图以山区文化为模板来改造特莱地区的平原文化,从而构建起统一的尼泊尔民族国家的文化。为此,国王政府将公民所属的语言等文化特征与国籍挂钩,并作为取得国籍的必要条件,一方面排除"外来者",使印度裔移民获得尼泊尔国籍的难度大为增加,维持特莱地区合理的族群结构;另一方面,同化外来移民和原住民,提升他们对尼泊尔文化的认同,并逐步尼泊尔化。

尼泊尔特莱地区治理研究

　　国王政府采取强制融合的社会治理模式的另一个重要原因是塑造区别于印度的民族文化，把特莱地区打上尼泊尔的文化烙印，凸显尼泊尔的文化独特性和独立性，避免因特莱地区与印度的文化相似性而逐渐成为后者的附庸，进而被印度分裂。印度独立以后表现出极大的扩张倾向，并且因领土问题与中国发生了武装冲突，在南亚地区也频频与邻国交恶，尼泊尔作为国力弱小的国家，对印度更加忌惮，因此，以民族主义来整合国内族群、一致对外，是显示国家独立性的重要手段，是对国家政治和经济独立政策的重要补充。

　　强制融合治理模式的实施有其积极影响的一面，经过数十年的努力，尼泊尔民族国家的建设在特莱地区取得了明显的成效，特别是语言、文字和教育政策的实施，使特莱地区的文化属性有所改变，实现了尼泊尔对外独立自主的目标。但是，其负面影响也十分严重，以山区文化作为国家主流文化去改造特莱地区的平原文化，忽视了特莱地区居民的文化特征和相关诉求，使其在这一改造过程中形成了特殊的族群认同，并与其他族群产生对立。民族主义的文化治理模式是一种不平等的治理模式，治理者利用自身所属的文化特征去改造特莱地区的文化特征，最终导致了族群的对立和撕裂。由于权力的过度集中，治理过程中产生的矛盾被压制和掩盖，其或选择继续维持权力的高压态势，或寻求改变才能化解这些矛盾，而随着20世纪90年代尼泊尔多党民主制恢复，在政治权力多元化的背景下，这些矛盾很快就爆发出来。

　　国王政府以文化民族主义来改造特莱地区的文化属性，减少其与生俱来的印度特征，利用行政和法律手段来推行以尼泊尔语为代表的统治阶级的文化，这种治理方式的背景一方面是特莱地区迥异的文化和族群特征，以及由此产生的政治分离倾向。另一方面，在摆脱殖民统治后的南亚地区，民族国家建设和民族主义是这一时期的时代主题，尼泊尔作为小国，更需要以此为工具来巩固国家的团结和统一。总体而言，国王政府对特莱地区的文化治理是基本成功的，国家与特莱地区的关系由类似殖民与被殖民的关系，转变为国家主体部分与边疆地区的关系，主体族群与移民群体的关系也由本土居民与外来居民的关系，转变为多数族群与少数族群的对等关系，尼泊尔民族国家的建设由此取得了巨大进步。

　　然而，文化上的同化政策在某种程度上起到了适得其反的作用，加剧了族群之间的对立。原本特莱地区的印度裔移民及原住民本身由于封闭和隔离

第五章　社会治理模式：由全面歧视到多元共存

并不明确知晓自身与国家主流的差异，或者即便是知道存在这样的差异也不以为意，但国家强制推动的同化政策反而使他们清晰地认识到了差异的存在，并切身感受到这种差异给他们带来的不利地位，对统治阶级的反感促使他们抱团取暖，产生了一种受歧视、受压迫的共同经历和记忆，反而促进了他们对所在族群的认同，使一些本族群的知识和政治精英被推到前台，也为地方性政治组织的发展壮大推波助澜。

强制融合的治理政策在总体上的确起到了加快特莱地区经济发展、加强尼泊尔国家对该地区的控制力度等作用，但是，由于原有的封建制度未能彻底打破、政治腐败等原因，在特莱地区的政治、经济和社会结构中，山区高种姓精英仍然牢牢占据了政治、经济和社会资源，体现在其把控政治权力、行政资源、土地资源和超然的社会地位方面，1969年的统计显示，山区的高种姓精英牢牢占据着93%的政府公共机构职位[1]，外来移民、低种姓者和原住民群体被排除在社会主流之外，政治上的权利长期得不到保障，文化上受到歧视，经济上处于不利地位，使特莱地区的社会矛盾极为尖锐，这种局面从长远来看是不利于特莱地区的安全和稳定的。

三、多元共存模式及其前景

20世纪90年代，政治局势和社会形势的变迁促使特莱地区的治理者改变了对当地的文化治理模式，一方面，以多党民主制度的恢复为标志，国王政府对于特莱地区的无上权威被打破，失去了以强力手段来推行文化政策的条件，内战和两次制宪会议等重大事件进一步启发了特莱地区的民主思想，使其对自身文化特征和所处地位进行深刻反思，提出了更高的要求。另一方面，宽松的政治环境使特莱地区出现了大批以族群、文化和地域等特征为召集口号的政党和团体，在内战和制宪进程中为族群和文化议题抗争，逐渐形成和巩固了马德西族群的概念，"同化"从理念到实践都变得不再切合实际。与此同时，其他的山区原住民族群，如尼瓦尔人、古隆、夏尔巴等族群也在这一时期受到族群运动的影响，对"同化"的质疑迫使治理者改弦更张。

社会治理与政治治理是无法割裂的，随着尼泊尔的民主转型，国家对特

---

[1] T. Louise Brown, *The challenge to democracy in Nepal*, Routledge, London, 2010, p.54.

尼泊尔特莱地区治理研究

莱地区少数族群的文化和权益保护也走向正轨，平等和平权成为全社会共同的呼声，其中最具标志意义的是不再坚持在宪法中规定尼泊尔语为唯一的国家语言，而是将包括特莱地区广泛使用的迈蒂利语在内的数十种少数族群语言也一并列入，在制定新宪法的过程中，涉及特莱地区族群的语言和教育等文化权利的条款是主要的争论焦点之一，对于历来受到歧视的低种姓群体和原住民群体的文化权益保护也是新宪法体现的重要精神，由此，随着政治上的权力中心多元化在民主转型过程中得以实现，对特莱地区的社会治理也逐渐形成了多元共存主义的模式。

在多元共存模式下，特莱地区被人为压制的本土文化需求报复性地发展起来，马德西人族群特征在20世纪90年代迅速被构建和加强，特莱地区印度裔移民和低种姓人群将语言和习俗等有别于尼泊尔山区族群的文化特征作为其族群认同的主要标准，并把受歧视和同化的共同经历作为加强认同、争取更大权利的动力。国家的政治体制也做出了相应的妥协，通过建立联邦制度和对省份范围的划分，特莱地区在文化上仍然作为一个整体，但在政治上却被划入不同省份，减小了文化认同演变为政治上的分离倾向的可能性，其文化特征得以完整保留，并且在法律上保障了其文化得以平等、充分发展的权利。同时，由于联邦制度的设计和民主政治的规则，此前被当作尼泊尔民族国家主流文化进行推广的山区文化降格为与平原文化平等竞争的不同文化之一，但其曾经对其他文化形成的影响仍然深远，而今，不同族群文化之间更多的是一种相互影响的关系，在理想的状态下，尼泊尔也将由此朝着一个文化多元的统一多民族国家发展。

多元共存的社会治理模式风险在于，第一，特莱地区族群文化的自由发展可能形成对山区文化的反噬，考虑到历史上的同化和强力推行，特莱地区族群的精英更倾向于通过对苦难和受压迫经历的描述来强化本族群的认同，通过对立来强化自身的特殊性，这种倾向将造成族群对立加剧，甚至引发族群冲突。第二，特莱地区族群认同的膨胀可能促进分离主义的发展，特莱地区特殊的地理位置、特殊的发展史、治理史，以及其与印度的特殊关系，使分离主义的苗头早在20世纪中期就已经出现，文化上的放任自流可能首先导致其拥抱分离主义。第三，特莱地区受印度的文化软实力影响可能更加严重，特莱地区的文化本身就与印度高度相似，其可能借多元主义文化的名义在特莱地区进一步扩大影响。

第三节　社会治理模式形成与演变的动力

推动特莱地区社会治理模式转变的动力主要来自特莱地区社会自身，首先是当地人口结构在经历长期移民后的改变，成为占据国家总人口半壁江山的人口密集区，并且在这一过程中形成了以印度裔移民为主的新的族群。其次是地域和族群关系的变化，政治、经济和社会地位的差异导致了平原与山区、不同来源的移民群体之间的对立。而治理者在不同时期又遵循不同的治理理念，等级化和同化的理念加深了对立，民主化时期形成的多元化理念也需要经历时间的检验。

一、特莱地区人口和族群构成的变化

（一）人口结构

统一后被纳入尼泊尔版图的特莱地区是远离国家政治中心的边疆地区，也是一个人口真空地带，对特莱地区的经济开发过程始终伴随着大规模的人口迁移和增长，王室和拉纳家族在不同的时期都鼓励印度和尼泊尔山区的移民进入特莱地区，这样的鼓励政策持续了100余年，最终形成了特莱地区独特的人口和族群结构。王室对尼泊尔的统治在1951年恢复后，加大了对特莱地区经济开发的力度，医疗卫生条件的进步使山区人口也能逐步适应特莱地区的自然环境，在这样的背景下，特莱地区又成为容纳山区过剩人口的国内移民目的地，成为国家经济增长的引擎，同时，也是增加国家财政收入的主要来源。通过移民和开发建设，特莱地区的经济地位进一步提升，一个重要的标志就是当地人口的增长。1952—1981年间的人口平均增长率达2.9%，特莱地区的人口占国家总人口的比例从20世纪50年代中期的35%左右，上升到1981年的43%[1]，到1990年尼泊尔人口统计时，这一比例已经上升

---

[1] Nanda R. Shrestha, Dennis Conway, Keshav Bhattarai, Population Pressure and Land Resources in Nepal: A Revisit, Twenty Years Later, *The Journal of Developing Areas*, Vol. 33, No. 2（Winter, 1999）, pp. 245–268.

到 46.7%。[①]

表 5-1 尼泊尔历次人口统计及地区比例

普查年份	高山区（Mountain）	山区（Hill）	高山区与山区（Moutain&Hill）	平原（Terai）	总人口
1952			5349988（64.8）	2906637（35.2）	8256625
1961			5991297（63.6）	3421699（36.4）	9412996
1971	1138610(9.9)	6071407（52.5）	7210017（62.4）	4345966（37.6）	11555983
1981	1302896(8.7)	7163115（45.5）	8466011（56.4）	6556828（43.6）	15022839
1991	1443130(7.8)	8419889（45.5）	9863019（53.3）	8628078（46.7）	18491097
2001	1687859(7.3)	10251111（44.3）	11938970（51.6）	11212453（48.4）	23151423
2011	1781792(6.7)	11394007（43.0）	13175799（49.7）	13318705（50.3）	26494504

资料来源：Nepal Population Report 2016, Government of Nepal, Ministry of Population & Environment。

特莱地区的人口数量和人口密度远超尼泊尔其他区域，依据 2015 年宪法划分的 2 号省处于特莱地区核心区域，面积共 9961 平方公里，自西向东分为 8 个地区，分别是巴沙（Parsa）、巴拉（Bara）、劳特哈特（Rautahat）、萨拉西（Sarlahi）、马霍塔里（Mahottari）、Dhanusha、Siraha 和 Saptari，8 个地区均与印度接壤。根据 2011 年的人口统计，全省人口约 540 万，是尼泊尔人口密度最高的区域。在 2 号省，以迈蒂利语（Maithili）为母语的人口比例约 45.30%，以博杰普尔语（Bhojpuri）为母语的人口比例约 18.58%，以巴吉卡语（Bajjika）为母语的则为 14.65%，宪法规定的官方语、尼泊尔语的比例不足 7%。[②] 2 号省的居民中，信仰印度教的比例达 85% 左右，伊斯兰教是该省第二大宗教，穆斯林占人口比例约 12%。[③]

[①] Govement of Nepal, Ministry of Population & Environment, *Nepal Population Report 2016*, p.16.

[②] 迈蒂利语、博杰普尔语、巴吉卡语均为印度北方邦的方言。

[③] Mukesh Yadav, *Province No. 2 of Nepal*, December, 2017, https://www.researchgate.net/publication/322069068.

第五章　社会治理模式：由全面歧视到多元共存

表5-2　尼泊尔2号省8个地区基本情况

序号	地区名称	地区首府	面积	人口
1	Bara District	Kalaiya	1,190 KM^2	687,708
2	Dhanusha District	Janakpur	1,180 KM^2	654,777
3	Mahottari District	Jaleshwar	1,002 KM^2	627,580
4	Parsa District	Birgunj	1,353 KM^2	601,017
5	Rautahat District	Gaur	1,126 KM^2	686,722
6	Saptari District	Rajbiraj	1,363 KM^2	639,284
7	Sarlahi District	Malangwa	1,259 KM^2	769,729
8	Siraha District	Siraha	1,188 KM^2	637,328

数据来源：Mukesh Yadav, Province No. 2 of Nepal, December, 2017, https：//www.researchgate.net/publication/322069068。

早期鼓励移民的政策主要吸引了两类人口迁往特莱地区，一是来自印度的移民，他们中间更多的是劳动者，作为农民、伐木工等领域的劳动力进入，大多数是没有土地的，为地主工作。另一类则是来自尼泊尔山区的地主，他们以政府官员、军队官兵为主，他们以各种方式在特莱地区获取土地，但却生活在加德满都谷地或其他山区，土地则由移民到当地的农民耕种，其坐享地租等收成。这种分配方式导致的直接后果就是特莱地区严重的社会贫富差距问题，大量无地农民生活极度贫困，其对代表着统治阶级的山区高种姓精英极为不满。

（二）特莱地区印度裔马德西族群的形成

马德西（Madheshi）[①]一词源自梵文，最早只是一个地理上的概念，意为"中间之国"，指喜马拉雅山脉与温迪亚山脉（Vindhya Range）之间的区域[②]，弗里德里克将其称为"地理和文化意义上的山区与平原过渡地

[①] 英文有时也写作Madhesh，中文也有将其翻译为马迪西的。
[②] Humayun Kabir, *Education, Nationalism, and Conflict in Plural Society in Nepal: Terai Region in the Post-Maoist Context*, Hiroshima University Partnership Project for Peace Building and Capacity Development, Discussion Paper Series, Volume 19.

带"①，在尼泊尔的语境下，马德西指的就是特莱平原地区，自1947年以来，尼泊尔南部的官员就开始使用Madhesh一词来区分当地事务与北部山区的事务。②自20世纪60年代，尼泊尔国王政府开始推行带有同化色彩的民族主义政策，希望通过推行通用语言和移民等手段来增强特莱地区印度裔移民群体和原住民群体的国家认同，其区分印度裔移民与山区移民或原住民的标准有三条：一是体貌特征，从肤色、体形等生理特征进行区分，二是语言，印地语、迈蒂利语等语言是移民的另一特征，三是服饰和习俗，由此就构建起马德西人群体的基本特征。

20世纪50年代王权统治恢复后，不信任特莱地区印度裔人口的心理依旧萦绕在统治阶级心中，70年代锡金被印度吞并的先例更加重了他们的忧虑，而锡金与尼泊尔的特莱地区东部仅隔着一条梅吉河（Mechi River），某种程度上，特莱地区的文化实际上就是印度文化的延伸。马亨德拉国王自60年代开始推行民族主义政策，试图以语言、文字、服饰和习俗等文化手段来加强国民对尼泊尔作为民族国家的认同，以王室所属的卡斯族群的文化为模板塑造这个多族群国家的文化，在特莱地区，这种文化上的同化政策受到强烈质疑，反对的声音一直存在，早期的尼泊尔特莱大会党（Nepal Terai Congress）就在其政治纲领中明确提出以印地语为当地的官方语，并发起了一系列保护母语的运动，1956年，拉古纳什·塔库尔（Raghunath Thakur）还发起了"马德西自由运动"（Madhesi Mukti Andolan），要求结束对特莱地区的压迫，并援引《联合国宪章》，提出特莱地区应实行自治，总的来讲，90年代前的马德西运动范围较小，诉求也较为单一。

但是，在同化政策推行的过程中，共同的语言和宗教文化、共同的习俗，以及共同的受压迫、被歧视的经历，反而促进了印度裔人口对自身的族群认同，20世纪80年代尼泊尔政治自由度逐步放开后，以马德西人政治权利为奋斗目标的地方性政治团体开始大量出现，并参与到争取多党民主制度的斗争中。1990年确立君主立宪的多党民主制后，政治自由度的提高使马德西人的权利意识觉醒，开始反思其遭受的歧视和现实处境，其精英纷纷加入为

---

① Frederick H. Gaige, *Regionalism and National Unity in Nepal*, Himal Books, Khathmandu, 2009, p.11.

② Kalpana Jha, *The Madhesi Upsurge and the Contested Idea of Nepal*, Springer, 2017, p.25.

第五章　社会治理模式：由全面歧视到多元共存

马德西人争取权利的政治活动，马德西人的族群认同被进一步强化。同时，马德西人的概念被滥用，有的政客、学者将其用以指代"整个特莱地区的居民"，因此得出结论称马德西人口占尼泊尔总人口的半数以上，来增加其诉求的合理性，并将马德西人与北部山区居民"帕哈迪"（Pahadi）作为对立的两个概念来使用，由此，马德西运动既带有强烈的政治权利诉求，又混合了族群认同运动的特征，并衍生出独立自治的政治倾向。

毛派武装在内战中对马德西人的发动，促进了马德西运动的发展。尼共（毛主义）在起义初期采取的斗争策略是"打倒地主、均分土地"，在偏远地区袭击警察局、税务所等象征国家强力机器的机构，获得了民众的支持。在特莱地区，尼共（毛主义）对马德西人的发动是通过对族群和权利议题的操作来实现的，20世纪90年代，有关特莱马德西人的族群权利运动已经开始，尼共（毛主义）巧妙地抓住了当地社会的痛点，将马德西人寻求扩大权利的运动与其主导的武装斗争结合起来，印度教文化在马德西人当中根深蒂固，其深受因果轮回和种姓观念影响，用阶级斗争的概念无法有效动员他们，而族群利益、身份认同这样更加直观的概念赢得了他们的支持。2001年，尼共（毛主义）向尼政府发出了75点宣言，其中第65条明确要求包括存在于特莱地区各民族间的各种土著语言，如迈蒂利语、博杰普利语等等应该得到充分的尊重，主张特莱地区实行民族自治，要求政府必须终止在特莱地区的各种形式的歧视，长久以来没有解决的公民身份问题也应该得到合理和公正的解决。

同时，尼共（毛主义）也在特莱地区促进和扶植了马德西政党的发展，马德西人民权利论坛（Madhesi Janadhikar Forum，MJF）也参与到尼共（毛主义）领导的运动中，为马德西运动的到来"奠定了基础"[1]，尼共（毛主义）还在特莱地区发展了自己的侧翼组织"马德西民族解放阵线"（Madhesi Rashtriya Mukti Morcha）。在毛派武装斗争的影响下，一批试图模仿毛派、以武力争取独立自主的武装组织出现在特莱地区，如"特莱军"（Terai Army）、"特莱眼镜蛇组织"（Terai Cobras）和"马德西自由之虎"（Madhesh

---

[1] Kalpana Jha, *The Madhesi Upsurge and the Contested Idea of Nepal*, Springer, 2017, p.79.

Mukti Tigers）等①，这些组织利用袭击、爆炸等恐怖主义的手段来表达诉求，使马德西运动的影响力进一步扩大。到2008年尼泊尔举行首届制宪会议选举时，两个主要的马德西政党——马德西人民权利论坛（MJF）和特莱马德西民主党（Tarai-Madhesh Loktantrik Party）②共获得了总共605个席位中的75席，成功进入国家主流政治。

二、族群关系的变化

（一）印度裔移民与山区移民的对立

自尼泊尔统一以来，特别是拉纳家族的百年统治期间，为开发特莱地区而大力鼓励移民进入当地，使特莱地区的印度裔移民数量持续增长，20世纪40—50年代，随着医疗水平的提高，特莱地区的疟疾不再是不治之症，而且，森林的大量砍伐和湿地被开垦也减少了疟疾存在的客观条件，更多的移民涌入特莱地区，使当地居民的族群构成和族群关系呈现出十分复杂的局面。

首先，印度裔族群占总人口比例较大。1952—1954年尼泊尔开展了拉纳家族统治结束后首次全国人口普查，同时也是尼泊尔整个国家历史上第一次全国性人口普查，此次普查并未统计国内人口的族群分布，但对居民的母语进行了统计，数据显示这一时期以迈蒂利语（Maithili）为母语的人口仅次于以尼泊尔语为母语的人口，数量约92万，占尼泊尔总人口数的约11%，以迈蒂利语为母语的人口主要集中在东部特莱地区，与印度北部的迈蒂利语邦连接在一起。历史上，东部特莱地区被密林覆盖，并不是人口密集的区域，而在1952—1954年的人口统计中显示，这里的人口密度已经达到512人每平方英里，这一人口密度也与国境线另一侧的印度北部地区大致相当，特莱地区大量的人口均为外来移民及其后裔，再结合其母语的特点，可以得出的结论是，特莱地区的人口构成和增长都是以印度裔移民及其后裔为主的。

---

① Miklian, J., *Nepal's Terai: Constructing an Ethnic Conflict. South Asia Briefing Paper #1*,（2009）, Oslo: International Peace Research Institute. ISBN 82-7288-309-5.

② 该党于2007年12月成立，主席为尼政府前科技部长 Mahantha Thakur，2010年该党分裂。

第五章 社会治理模式：由全面歧视到多元共存

其次是高比例的印度裔族群人口构成又衍生出的众多社会问题，使特莱地区的治理面临更为复杂的局面。印度裔族群对尼泊尔国家的认同是最根本的问题，由于此前拉纳家族统治时期对特莱"殖民"性质的统治，当地的原住民和印度裔移民对属于不同族群的以山区高种姓政治精英为代表的尼泊尔国家政权并无好感，对于王权的恢复和加强也并没有直观感受，国家虽然已经统一了近两个世纪，但特莱地区居民对于国家并无归属感，对国家的认同和国民身份的认同度极低，设在加德满都谷地的尼泊尔最高权力机关对特莱平原的居民来说不过是收税者，"占统治地位的山区文化与在特莱地区占重要地位的平原文化在近几十年才相互接触，两个文化迥异的群体在相互的猜疑中生活"。[①]

同时，由于开放边境的长期存在，特莱地区与印度北部的人员往来几乎是不受任何限制的，大量印度裔移民在特莱地区定居、繁衍，使两地之间产生了紧密的姻亲关系，边界线两边的居民或多或少是沾亲带故的，这种关系被称作"罗蒂-贝蒂"（Roti-beti relationship），Roti 是印度和尼泊尔常见的一种食物，类似于煎饼，Beti 是女儿的意思，直到今天，"罗蒂-贝蒂"还被用来形容印度和尼泊尔之间特殊的传统关系，但是，考虑到两个国家之间人口规模、文化构成和特殊的历史和政治现实，尼泊尔在"罗蒂-贝蒂"关系中实际上是处于十分不利的地位。印度裔移民的数量尽管在尼泊尔总人口中的比例不占绝大多数，但却是特莱地区的主要族群，与印度的密切关系直接影响到这一群体对尼泊尔的国家认同，其在心理上更容易接受政治和经济上更加强大、文化上更加接近的印度，而这对于重新掌握政权的国王政府来说是一个极为危险的因素，而且，族群构成的比例失调又导致了不同族群之间的对立。

印度裔移民在特莱地区毫无政治地位可言，其作为拓荒者和廉价劳动力进入特莱，在某种程度上只是统治者开发特莱所需的工具，政治权力被牢牢把控在高种姓的精英手中，而移民的后裔已经将自己视为脚下这片土地的主人，进而要求政治权利，这种矛盾成为特莱地区最危险的不稳定因素。印度裔移民大多充当佃农、苦力等社会底层角色，土地资源被山区精英和政府所掌握，特莱地区开发和发展的成果被少数精英占据，移民的经济地位低下，

---

① Frederick H. Gaige, *Regionalism and National Unity in Nepal*, Himal Books, Khathmandu, 2009, p.87.

对统治者更加不满。移民、土改和经济开发等治理政策在总体上的确起到了加快特莱地区经济发展、加强尼泊尔国家对该地区的控制力度等作用，但是，由于原有的封建制度未能彻底打破、政治腐败等原因，在特莱地区的政治、经济和社会结构中，山区高种姓精英仍然牢牢占据了政治、经济和社会资源，体现在其把控政治权力、行政资源、土地资源和超然的社会地位，1969年的统计显示，山区的高种姓精英牢牢占据着93%的政府公共机构职位[①]，外来移民、低种姓者和原住民群体被排除在社会主流之外，政治上的权利长期得不到保障。

移民者多为低种姓群体，在尼泊尔的种姓制度下仍然是最受歧视的群体，所能够享受的社会资源和社会上升渠道极为有限，在特莱地区，作为人口多数的移民被少数高种姓精英歧视，这也在很大程度上加深了其对尼泊尔国家的不满和不信任。另外，特莱地区以塔鲁人为主的原住民族群、来自山区的移民和来自印度的移民形成了三个语言、习俗迥异的群体，又代表着不同的政治和经济地位，这些差异性最终都表现为族群之间的矛盾。

2015年的禁运事件又进一步加深了印度裔族群与尼泊尔主流社会的分裂和对立。首先，禁运前后的马德西人抗议示威活动演变为流血冲突，造成了民众与安全人员大量伤亡，政府尽管在宪法问题上有所让步，但并未完全满足马德西人的诉求，马德西政党虽然结束了"禁运"，但仍然威胁随时再度发动禁运，双方的暂时妥协是在内外压力共同作用下做出的选择，并不是真正的和解，而对对方的不信任和疑虑实际上有增无减。其次，印度裔族群与山区族群之间的分裂与对立更加严重，山区族群在禁运期间遭受了巨大的影响，在缺乏能源、药品和食品等基本生存物资的环境中生活近半年，目睹国家陷入人道主义危机，尽管禁运是少数的马德西政党在外国配合下发起，但山区的族群更多的是指责整个印度裔族群，这加深了本来就已经十分严重的对立情绪，对印度裔族群的不信任，甚至是敌视也增强了。

（二）印度对特莱地区族群运动的推动

印度在马德西运动中的利益诉求可以从其支持的马德西人四个核心诉求中得到实现。首先，马德西人要求的确保比例选举制度，就可以让人口在

---

① T. Louise Brown, *The challenge to democracy in Nepal*, Routledge, London, 2010, p.54.

第五章　社会治理模式：由全面歧视到多元共存

特莱地区占优势的马德西人的政治权利得到基本保障，印度对马德西人施加影响力就可以直接影响尼泊尔政局。其次，马德西人在制宪过程中要求将特莱地区单独划为一个省，成立统一的由马德西人高度自治的行政区，这样一来，马德西人和马德西行政区就更加易于印度进行控制。再次，确保马德西人在公共机构、军队和警察部门等安全力量中的比例，使其分享更多的政治权力，从而对传统的政治精英形成更大牵制。最后，要确保马德西人及其后裔的入籍权利，其中最重要的是与跨国婚姻相关的配偶和子女入籍权，国籍意味着投票权，这将使马德西人群体在特莱地区的政治活动中获得更大优势。

在双边关系层面，印度就马德西人的权利诉求不断向尼泊尔施加影响力，从尼泊尔开启民主化进程以来，印度一直试图左右其政局发展走向，其中就包括对毛派武装的打击和对马德西运动的支持，2007年马德西运动大爆发时，马德西人在特莱平原的抗议示威活动与政府安全力量冲突，造成流血伤亡事件，最终是印度驻尼泊尔大使穆克吉（Shiva Shankar Mukherjee）居中调停结束了政治僵局，促使双方达成了协议，政府方面承诺在制宪过程中照顾马德西人的利益，而印度则充当了担保人的角色。在2008—2015年旷日持久的制宪过程中，也是印度一直在背后支持马德西政党的诉求，敦促尼泊尔的主流政党履行承诺，落实对马德西人权利的保障。2015年尼泊尔新宪法颁布后，由于其未能体现印度的意图，马德西政党不惜发起对尼泊尔的禁运来向尼泊尔主流政党施压。

同时，印度还直接介入尼泊尔国内政治活动，策划政府更迭，2006年尼泊尔各政党签署《全面和平协议》后，尼泊尔政局不稳，政府频繁更迭，印度在背后发挥了重要的作用，尼泊尔媒体上关于印度插手其内政的报道比比皆是，而尼泊尔的政治人物在处理马德西相关事务时也必须小心地照顾印度的感受，以至于尼泊尔总理、外长等官员在访问印度时都不得不向印方做出相应承诺，2017年时任尼泊尔总理德乌帕访问印度，其间他对印度官员和媒体公开承诺，将推动尼泊尔修宪，确保宪法更加具有包容性[①]，言下之意就是要回应马德西人的诉求。在这样的环境下，印度对马德西运动的支持变得更加直白，印度官员访问尼泊尔时，就在印度驻尼大使馆召见马德西政

---

① Deuba assures Delhi of constitution amendment, August 24, 2017, https://myrepublica.nagariknetwork.com/news/deuba-assures-of-constitution-amendment-in-delhi/.

党领袖，这些人员在重大问题上历来听命于印度，印度驻尼大使频繁地访问特莱地区，深入马德西人村庄进行宣传，并将印度对尼泊尔的援助往特莱地区倾斜，以加强印度在特莱地区的影响力。值得指出的是，自1990年以来，印度派驻尼泊尔的11位大使都是来自印度北部邻近特莱平原的比哈尔邦，其中6位自身就属于与马德西人相同的族群[①]，这种安排的意图不言而喻。在内战期间，比哈尔邦和北方邦的地方政客也为马德西运动提供了直接的帮助，给马德西武装组织提供武器、资金和训练，以及安全藏匿地。[②]

三、社会治理理念的转变

纵观特莱地区治理的历史过程，其在社会层面的治理体现出三种不同的治理理念，首先是在统一初期和拉纳家族统治时期形成的等级化治理理念，追求将特莱地区纳入尼泊尔等级森严的印度教王国，其次是在国王统治恢复后形成的同化治理理念，试图用山区族群的文化特征改造特莱地区的平原和印度裔族群，最后是在民主化过程中形成的多元化治理理念，寻求在民主法治环境下各个族群的和谐共处、公平竞争。三种社会治理理念的转变与相应时期内的政治制度转变密切相关，是政治制度转变的产物。

（一）等级化的社会治理理念

统一尼泊尔的廓尔喀王国是来自印度北部地区的印度教徒，他们是高种姓婆罗门的后裔，其国王以印度教大神毗湿奴（Vishnu）的化身自居，以印度教的理念和习俗来治理国家。拉纳家族本身也是印度教高种姓家族，其架空王室、掌握政权后，参照印度教经典《摩奴法典》制定了尼泊尔首部类似于民法典的法律《穆鲁吉·艾恩》，在特莱地区实施严格的种姓制度，将特莱地区的居民按照职业、部落、习俗和血统等复杂的标准划分不同的种姓，把从事农业等低种姓职业的劳动者禁锢在底层，实现整个国家的"梵化"，

[①] Yubaraj Ghimire, *who are the Madhesis, why are they angry?* October 5, 2015, https://indianexpress.com/article/explained/who are the madhesis why are they angry/.

[②] 卢远：《尼泊尔联合共产党（毛派）崛起的印度因素》，暨南大学博士学位论文，2012年3月，第107页。

第五章 社会治理模式：由全面歧视到多元共存

从而维护高种姓群体在政治、经济和社会上的优势地位。[1]

等级化的社会治理理念的核心在于对等级制度的建设和维护，与此相适应的是特莱地区森严的印度教种姓制度和配套的法律，来自印度北部、孟加拉等地的移民在进入特莱地区后，被划入相应的种姓群体，其政治权利、社会地位、宗教权利和行为规范等都被限定，社会上升通道被锁死，政治、经济和社会资源的流转只限于山区的高种姓精英群体，特莱地区的社会秩序由此建立起来。

在等级化理念之下，特莱地区的社会高度封闭，社会成员的阶层和地位完全固化，其后果是尼泊尔事实上分裂成了两个社会，一个是以山区高种姓精英为主的北部社会，另一个是以平原低种姓移民为主的特莱地区社会，两个社会之间的对立随着拉纳家族统治进入20世纪后逐步松动而公开化、尖锐化，任由这样的对立继续发展可能会造成国家的分裂。

（二）同化的社会治理理念

同化的社会治理理念诞生的背景是20世纪50年代开始的尼泊尔民族国家建设进程，是在民族主义的指导下对前期等级化治理理念的一种修正，其核心是要在维持和强化印度教文化这一共同特征的前提下，逐步淡化因地域、语言、习俗和认同等差异而导致的族群特征，以山区族群的特征为模板改造特莱平原的印度裔移民和原住民族群，增强他们对于带有山区特征的"尼泊尔文化"的认同，从而加快特莱地区的"尼泊尔化"（Nepalization）[2]，从而维护国家的统一，促进不同族群的融合。

同化理念在国家层面的实践是一系列法律和政策的实施，包括与国籍相关的立法、语言文字政策和教育政策的实施，以及国王政府有意识地对一些特定的代表统一的尼泊尔国家的文化符号的推广，在公共领域，如政府、学校、公共媒体等限制非尼泊尔语言文字的使用，是一种自上而下的同化。在个人层面，同化理念首先意味着血统的纯洁性，越接近山区高种姓族群，则其"尼泊尔性"就越强，就越能够名正言顺地作为尼泊尔人，其次是语言和

---

[1] Sagar S.J.B.Rana, *Singha Durbar: Rise and fall of the Rana regime of Nepal*, Rupa Publications India Pvt. Ltd 2017. pp. 28-31.

[2] T. Louise Brown, *The challenge to democracy in Nepal*, Routledge, London, 2010, p.77.

习俗的纯洁性,即以尼泊尔语为母语,使用尼泊尔文字,穿戴着尼泊尔的传统服饰,吃尼泊尔传统食物,这就构建起一个尼泊尔人的基本文化特征,最后,要拥有尼泊尔国籍,这是对前两种特征加以法律上的认可。特莱地区的印度裔居民,若在语言、出生地、在尼泊尔生活时间的长短等要素达不到相应标准,则只能被认定为归化国民,甚至沦为无国籍人员,类似法律条款设置的目的不仅要将特莱地区的印度裔移民逐步同化为"尼泊尔人",更重要的是希望将更多的印度裔移民排除在特莱地区之外,或至少排除在公民行列之外,以便促进国家不同族群的逐步融合。

同化治理理念的实践不仅仅被应用于改造族群特征差异,也体现在这一时期的治理者试图提供的无差异的公共服务,其在特莱地区推动与国内其他地区相同的基础教育和基本医疗卫生服务,缩小山区社会和平原社会之间的差距,通过政府控制的国家媒体进行有意识的舆论引导,试图加强平原与山区的相互了解,弥合两地的社会对立情绪。

同化理念的萌生和应用与尼泊尔王室的自身经历有关,在王室被架空的百余年中,把持政权的拉纳家族依附于英国,将特莱地区当作私产,人为地割裂了平原与山区的联系,使国家面临分裂的风险,王室重新掌权后需要修补这样的关系。同时,这一时期南亚的殖民地独立浪潮、民族主义在南亚乃至全世界的兴起也给王室带来启发,其在进行相关制度的设计时也着重参考了社会主义国家和资本主义民族国家的相关制度安排,实地考察了南斯拉夫、埃及、巴基斯坦和印度尼西亚等国的政治体制。[①] 但是,同化的治理理念之所以能够实施,与等级化的理念一样,都有赖于政府对政治资源的垄断,随着政治民主化时代的到来,同化理念就变得无以为继了。

(三)多元化的社会治理理念

自 20 世纪 80 年代开始,尼泊尔国内要求实行多党民主制的呼声日益高涨,国王政府不得不做出让步,全国性和地方性政党、族群政党、族群和边缘化群体组织等大量出现,王室的政治权力不断被政党侵蚀,同化的社会治理理念再也无法继续。与此同时,特莱地区治理的积弊在这个时期爆发出来,被卷入内战和战后的政治、社会秩序重建之中,这一过程激发了特莱地

---

① 王艳芬:《共和之路——尼泊尔政体变迁研究》,北京:社会科学文献出版社,2013 年,第 120 页。

第五章 社会治理模式：由全面歧视到多元共存

区的族群意识，印度裔移民和平原原住民纷纷拾起曾经作为被同化对象的文化特征，迅速完成了对本族群特征的构建，进而以此为动员手段，投入政治和社会秩序重建的过程中，为本族群争取更大的权益，这又进一步强化了他们的族群认同。一直受歧视的低种姓人群、妇女、宗教少数派也在政党的发动下组织起来，要求自身权益得到保障，行业组织、工会等组织也加入其中，使整个社会都被调动起来。

与此相对的，传统的政治权威不断消解，王室在2006年被推翻，主要政党不断分化、合并，政府更迭频繁发生，政治权力不再是自上而下的授予，而是分为众多的权力中心，相互博弈和合作成为常态，多元主义不仅是对此时尼泊尔现实的一种描述，也是不同政治势力和群体的共同追求，最终，2015年的新宪法将多元化的治理理念确立下来。新宪法以联邦制来回应不同地域的自治诉求，加强了对少数族群、边缘化群体权益的保护，是对多元主义的肯定。

多元化的社会治理理念包含两个层次的意义，就国家层面而言，对族群、阶层等不同群体的非制度性差异予以包容，允许不同特征和诉求的存在，并且提供充分的空间来供其博弈。就族群和个人而言，制度性的歧视不复存在也意味着制度性的优待政策的结束，权益需要去争取，因此就必须参与博弈。而且，对于某些有限的社会资源，如行政职位、教育资源、医疗卫生资源的分配，博弈就意味着此消彼长，处于弱势的群体为了确保自身利益，往往会采取更为激烈的手段，这是多元化社会治理理念的风险所在。

第六章
对特莱地区治理的评价与反思

作为尼泊尔的边疆地区，特莱地区的治理历经200余年，从最初的封建王国到2015年开始的民主联邦共和国，在其历史发展的各个不同阶段，统治者或执政者都根据时代背景和自身情况采取了不同的治理理念和举措，形成了不同的治理模式，这些举措在一定程度上是成功的，其确保了尼泊尔国家的独立和统一，特莱地区的政治、经济、文化等领域也取得了一定的发展，但从边疆治理的角度来看，这些策略和措施也存在很多不足，对尼泊尔治理特莱地区的成功和不足之处进行反思，从整体上检视其治理过程，可以对中国的边疆治理活动有所启示。

第一节　特莱地区治理的成就

尼泊尔对特莱地区治理最重要的成就是在极端不利的地缘政治环境中维护了国家的独立和统一，避免了特莱边疆地区的分裂，使国家免于被殖民，在此前提下，对特莱地区进行开发和建设，巩固了国家的统一。同时，其适时而变化的治理理念和由此形成的治理模式对于尼泊尔本国的治理具有重要意义，是其独特的政治和社会形态进一步发展的基础。经济开发和社会建设加快了特莱地区的发展，也增强了其与尼泊尔其他地区和民众的联系，巩固了国家的统一。

一、维护了国家的独立和统一

独立和统一是一个国家最核心的利益，而一个国家的分裂和主权的丧失往往都是由边疆地区开始的，对尼泊尔而言，能否保有特莱地区、并对其实施成功的治理关乎国家核心利益。自18世纪中期实现统一以来，尼泊尔至少经历了三场使国家独立和统一受到威胁的重大危机，但最终都被一一化解，特莱地区始终处在尼泊尔的版图内，维护了尼泊尔作为独立自主国家的地位。

1814年，东印度公司与尼泊尔王国爆发战争，殖民军队大举入侵尼泊尔，占领了此时仍在尼泊尔控制下的克什米尔部分地区和今天属于锡金、不丹的部分地区，尼泊尔王室奋起反击，取得了部分战役的胜利，也沉重打击了殖民者，在最终签署的条约中，尼泊尔失去了东部、西部和南部其控制下的土地，但是成功保留了特莱地区[①]，使侵略者无法进一步深入其腹地。尼－英战争的重要意义在于，它使英国人认识到了尼泊尔人捍卫其独立地位的决心，也见识了其军队的顽强，使殖民者不得不重新考虑吞并整个尼泊尔要付出的代价，而尼泊尔也认识到了自身与殖民者之间的巨大差距，促使其采取更加灵活的对英政策，换取了双方在整个殖民时代的和平，尼泊尔得以保持独立。

特莱地区是尼泊尔内部分裂危机的主要策源地，20世纪50年代，反拉纳家族统治的运动在特莱地区风起云涌，特莱当地的政治力量也开始发展起来，提出了特莱自治的政治口号，要求建立以印地语和印度教为特征的邦或独立国家，取代拉纳家族的国王政府先是以民主制度聚拢人心，后又以高度集中的政治体制治理特莱地区，并加强对该地区的同化政策，成功压制了分裂活动和分裂倾向。内战在20世纪90年代爆发后，特莱地区成为积极响应毛派武装革命的地区，自治要求和分裂活动的动向再次出现，尼泊尔政府成功平息了内战，以政治整合的方式将毛派和马德西政党纳入政治解决分歧的框架中，最终以新宪法弥合了国家分裂的危机。

面对英国、印度和美国的过度干涉，尼泊尔采取的是十分灵活的应对方针，一方面，其以实用主义的态度从与这些国家的交往中获取实际利益，为英国殖民者和印度提供廓尔喀士兵以换取其对尼泊尔的支持，与印度保持特殊关系以获得印度对其利益的照顾，对美国和苏联等国的援助全盘接受，但是，另一方面，在涉及特莱地区主权和统一的问题上，尼泊尔也坚决不做任何让步，即便印度通过禁运等非常手段来向其施压，尼泊尔政府也未放弃一贯立场，坚决地捍卫了国家核心利益。

二、形成了一套独特的边疆治理模式

对特莱地区政治、经济和社会领域的治理，在该地区自身实际情况等客

---

① 西部特莱地区的部分被割让土地在1860年归还尼泊尔。

第六章 对特莱地区治理的评价与反思

观条件和治理者的治理理念等主观因素的共同作用下，形成了一套独特的治理模式，考虑到特莱地区作为尼泊尔边疆地区的地位，这一套治理模式也就是尼泊尔的边疆治理模式。与各个时期的主客观环境相适应，这一套边疆治理模式由政治治理模式、经济治理模式和社会治理模式构成，不同的治理模式之间联系紧密、互为前提和补充，共同塑造了特莱地区当前的政治、经济和社会面貌，是小国家在治理边疆地区、应对边疆问题方面的一个典型例子。

从特莱地区治理模式形成和演变的过程来看，这一套模式具有与时俱进的特点。尼泊尔历代的治理者始终将特莱地区作为国家治理中的一个特殊组成部分来对待，政治制度、经济基础和社会结构等客观环境因素是其形成的根本原因，治理理念等主观因素是促使其演变的主要动力之一，相应模式的演变由此保持了内在的延续性，当下特莱地区正在经历的民主法治的政治治理模式、开放合作的经济治理模式和多元共存的社会治理模式，实际上也是对历史上其他模式的修正和提升，具有一定的进步性，但从实际的实施情况来看也存在很大的局限性，同时面临巨大的挑战，该地区的治理在未来仍然有进一步演变的可能性。

从特莱地区治理模式的实施效果来看，这一套模式具有两面性，对特莱地区政治、经济和社会领域的发展影响深远。特莱地区治理的成就，尤其是经济开发和建设方面的成就，是遵循特定的治理模式所取得的，特莱地区政治治理的理念和模式的改变最终促成了整个国家政治格局的改变，而特莱地区社会治理模式的演变也促进了尼泊尔族群关系、阶层关系的改变。同样的，当前特莱地区政治、经济和社会发展中面临的诸多问题正是前期治理失当造成或遗留的，例如特莱地区族群关系的恶化和政治活动的失序，以及经济发展的高度对外依赖性，因此，对特莱地区治理模式需要辩证地看待。

三、实现了对特莱地区的开发和建设

经过 200 余年的开发和建设，特莱地区已经成为尼泊尔人口最密集的农业和工业中心、交通枢纽和对外贸易及人员往来通道，是尼泊尔国民经济发展不可或缺的重要部分，也是该国对外开放和交往的门户，对国家的战略意义极为重要。

从 19 世纪开始，国王政府就鼓励移民进入特莱地区进行开发，此时的开发主要是指清除森林、开垦土地并进行耕种，土地产出和税收是国王政府主要的收入来源，为了扩大收入就只能鼓励更多的移民来到特莱地区，为此国王政府还专门实施了奖励性的政策来吸引移民，特莱地区的农业由此发展起来。由于适宜的气候和广袤的耕地面积，特莱平原从19世纪开始就扮演着尼泊尔粮仓的角色，当地所产的大米在供给本地和北部山区的需求外，还有对印度出口的余粮，这种情况一直持续到20世纪80年代。同时，特莱地区的伐木业和森林相关的经济活动也为尼泊尔创造了客观的收益，出口木材和木制品来增收的做法一直延续至今。

在开发特莱地区的同时，尼泊尔历代政府对于当地的建设投入也不遗余力。王国统一后，尼泊尔在特莱地区建立了胡拉克邮政制度，专门为政府传递行政文书、重要消息和物品。拉纳家族统治时期的特莱地区是尼泊尔最早建设水电站、最早通电的地区，在19世纪后期，特莱地区被作为整个国家的工业中心进行建设，由国家投资的现代型企业都设在这里，而且，随着工业的发展，与之配套的能源和交通建设也开始进行，由于山区地形和工程技术的限制，尼泊尔早期的道路建设几乎都集中在地形平坦的特莱地区，甚至还修筑了通达印度的跨境铁路、运河以及大量的水利灌溉系统，这些工程建设为特莱地区在后期的经济和社会发展奠定了基础，使特莱地区始终能够保持在尼泊尔的领先地位，对国家经济增长的贡献率和税收的贡献率都居首位。

同时，特莱地区的各项公共事业也得到了长足的进步。医疗卫生事业的发展是对特莱地区影响最深远的进步，20世纪50年代尼泊尔在美国的援助下消灭了特莱地区的疟疾，医疗水平也大为提高，为当地更大规模的开发和经济建设活动扫清了障碍，特莱地区的人均寿命大幅延长。国王政府从50年代起在特莱地区推行的教育政策降低了文盲率，更重要的是推行尼泊尔语为通用语的教育政策，有利于族群融合，提高了特莱地区族群对国家的认同感，并且将尼泊尔语强制推广到商业活动和公共媒体等领域，结合其他民族主义建设的手段，巩固了其官方语和通用语的地位。

四、加强了特莱地区与尼泊尔其他地区的联系

作为边疆地区的特莱平原与尼泊尔山区既存在地理空间上的距离，也有两地居民因为族群和文化差异而导致的心理距离，尼泊尔对特莱地区的治理

缩小了这两类距离，加强了其与尼泊尔其他地区的联系，其民族国家建设和政治整合的举措，也在一定程度上使特莱地区的移民和原住民群体融入国家，有利于国民的团结进步。

连接山区和平原的交通条件从20世纪中期后开始改善，从加德满都谷地通往平原上主要城市的公路陆续修建起来，连通南北部和东西部的高速公路解决了国内运输和旅行的问题，在修路困难的偏远地区还修建了小型机场，使人员和物资流通的渠道畅通，平原与山区两地之间的空间距离实际上由此缩短了。随着通用语的推广和电话、广播、电视的普及，以及进入21世纪后互联网的流行，信息交流更加通畅，政府借助这些媒介对特莱地区施加政治和文化上的影响，提高了其对国家的认同，同时也促进了特莱地区族群与国内其他族群之间的交流与联系。

在强制推行通用语言文字教育等刚性民族主义建设措施之外，尼泊尔也通过提高特莱地区边缘化族群的权利地位等柔性政策来减少他们对国家和主流社会的不满情绪，尤其是在20世纪90年代多党民主制恢复后，边缘化族群的权利在其自身的努力争取和执政者的不断让步下逐渐扩大，这使他们看到了政治解决自身诉求的希望，激励他们进一步参与到主流政治中来，而与主要政党以及其他地区性政党的交流、交往增多。

以主要政党为代表的政府在制宪进程中坚持地理与族群、历史与现实相结合的省份划分方案，将特莱平原划为6个不同的省份，人为打破了特莱地区因地理和族群相似性而自成一体的封闭性，为这些区域融入各自的省份提供了前提条件，从而在整体上促进特莱地区与全国其他地区之间的交流和联系。

第二节　特莱地区治理的不足之处

一、政治治理新旧矛盾叠加

尼泊尔内部和外部环境的改变只是为治理创造了更有利的条件，联邦制能否实现对特莱地区的高效治理、缓解族群对立还有待时间的检验，不复存在的中央集权政治体制和日益高涨的族群政治，中央权力与地方权力的此消彼长都可能使特莱地区进一步与尼泊尔其他地区对立，因此，在不断完善联邦制度的过程中，如何协调好国家主权统一与地方自治权力之间的关系是核心议题。

（一）中央政府主导权降低

尼泊尔自20世纪80年代以来就开始进行所谓"去中央化"（Decentralization），于1982年通过了《去中央化法案》，其目的是改革高度集中的国家治理体系，将部分权力下放到地方，但具体实践并不成功，尽管成立了许多新的机构，但权力仍旧被控制在加德满都的政治精英手中，传统的权力结构依然稳固如初。2015年新宪法颁布后，根据联邦制度进行国家治理的去中央化再次成为尼泊尔政治活动的主要议题，但由于联邦制度尚未健全、尼泊尔传统政治格局的根深蒂固，要实现去中央化的阻力巨大。

联邦政府不愿放松对地方政府的控制，将权力释放到地方意味着联邦政府逐步被架空，而主要政党尤其是执政的尼泊尔共产党在传统上一直是中央集权型的政党，其意识形态和领导人风格也是自上而下的权力控制型，在这种背景下进行去中央化困难较大。而且，目前在尼泊尔6个省执政的均为尼泊尔共产党，该党中央对各省、各地区，乃至各辖区的党支部委员会管理是十分严格的，下级党支部在党的内部管理和执政方式上对上级需绝对服从，中央不会允许地方脱离其管理。另一主要政党尼泊尔大会党采取的也是类似的党内管理机制，党中央的权威不容挑战。更深层次的考虑则在于主要政党不愿看到尼泊尔走向印度式的地方主义丛生的境地，一旦地方政府权力过大，国家分裂的风险就会增加，因此，在涉及去中央化的立法时，主要政党主要考虑的还是如何确保联邦政府的权威，而不是给予地方更多的权力，主要表现在其对税收、财政预算和人事权的把控上，联邦政府垄断了主要的税收来源，主导财政预算的制定和分配，并严格控制人事权。

地方政府试图争取更多的自主权，尼泊尔发展极为落后，地方政府都希望通过获取更多的资源来促进本地的发展，在资源极为有限的情况下，如何分配就成为核心问题，去中央化的目的是实现资源的最优配置。而根据目前的行政区域划分，全国共744个辖区，每个辖区的人口约4万人，这样小的人口规模是不足以发挥自治制度优势的，有专家指出，需要10~20万人口

第六章　对特莱地区治理的评价与反思

才能在一个自治区域内实现其制度优势[①]，因此，省一级的自治政府就成为去中央化的关键。以 2 号省为例，其省议会在 2018 年试图绕过联邦议会，在其制定相关法律前自行通过本省有关警察力量招募的法案，以便自主掌握本省的安全力量，联邦政府随即做出激烈反应，不承认其合法性，并发布行政命令，只允许 2 号省在联邦议会通过相关法律前临时性招聘本省警察，且给予警察的最高警衔不得超过副警督（sub-inspector），联邦法律通过后，2 号省需要修订相应的法律。同时，联邦政府还试图绕过各省政府，直接管理某些地区，在法律未完善前，联邦政府下属的各个政府部委在业务上可以绕过省级政府直接与各辖区政府对应的部门进行沟通，并管理其相关的运行活动，2 号省首席部长曾公开抱怨"加德满都绕过省一级政府向辖区和分区释放了过多权力"。[②]

传统的政治精英仍然把持权力，尼泊尔的社会流动性极低，阶级、族群和种姓之间泾渭分明，过去近 30 年的革命和改革在一定程度上改变了政治权力的形态，但并没有改变其根本结构，在地方政府中，把持权力的仍然是传统的高种姓精英们，曾经的边缘化群体，如女性、低种姓人群和原住民在议会等机构中获得了一定比例的席位，但仍然是处于被支配的地位，在 2 号省一些偏远的分区，胜选的分区领导人早在无党派评议会时期就是当地的领导人[③]，将更多的权力释放给地方只会固化传统的权力结构，使特莱地区的治理原地踏步。

去中央化的过程也伴随着严重的腐败问题，随着更多的资源和更大的权力被给予地方政府，相应的执行和监管体系却没有及时建立，贪污腐败和权力滥用问题大量滋生，根据尼泊尔滥用权力调查委员会（CIAA）的报告，新宪法实施以来其调查的案件数量呈逐年递增的趋势，且主要出现在教育和地方建设领域[④]，这两个领域是尼泊尔未来发展的最重要领域，其成败关系

[①] Iain Payne, Binayak Basanyat, *Nepal's Federalism Is in Jeopardy*, https://thediplomat.com/2017/07/nepals-federalism-is-in-jeopardy/.

[②] Om Astha Rai, *Mr Province 2*, June 14, 2018, https://www.nepalitimes.com/here-now/mr-province-2/.

[③] Mireille Widmer, *Nepal's radical decentralization: of surface winds and deep currents*, https://www.ids.ac.uk/opinions/nepals-radical-decentralisation-of-surface-winds-and-deep-currents/.

[④] Dipesh Kumar Ghimire, Decentralization and Corruption: Does Decentralization Lead to Corruption in Local Level in Nepal? *Molung Educational Frontier*, Vol. 8（2018）.

尼泊尔整个国家的成败。

从长远来看，2号省与联邦政府在权力上的博弈将是未来特莱地区治理的一个主要议题，该省在特莱地区具有主导性地位，执政的马德西政党不仅在省内政治地位稳固，在整个特莱地区保持着极强的号召力，其最初的政治目标是争取该地区作为整体的自治，在特莱地区被分割的背景下，2号省在一定程度上就变成了特莱自治省，再加上其人口构成和政治倾向等因素，与联邦政府进行权力博弈是不可避免的。同样，联邦政府对于2号省也是最为警惕的，作为唯一未被联邦政府执政党控制的省份，2号省在特莱地区的特殊地位，以及在此执政的马德西政党的相关诉求使执政的尼泊尔共产党不得不有所忌惮，其将着重巩固和加强联邦政府对于2号省的控制能力，防止该省逐步走向独立。

（二）特莱地区族群关系政治化

族群关系问题的根源在于移民政策，移民活动是特莱地区治理过程中最显著的特点之一，也是世界各国边疆治理的主要手段和内容之一，尼泊尔对移民进入特莱地区的态度经历了最初的鼓励移民，到中期的选择性移民，演变为后期的限制移民，其态度的转变与特莱地区的发展程度、人口规模和人口结构密切相关。早期移民的进入巩固了尼泊尔的国家统一，但移民问题也是衍生出族群问题诸多其他问题的根源。尼泊尔的族群问题可分为三个类型，即平原的马德西族群与山区族群的对立、外来族群与原生族群的对立，以及边缘化族群与主导性族群的对立，而这三类族群都与特莱地区的外来移民群体有关，来自印度北部等地的移民及其后裔决定了特莱地区马德西族群的基本形态，他们与尼泊尔原生族群的差异是对立的源头，移民群体大部分经济地位和社会地位低下，在种姓制度中又属于低种姓人群，受到山区高种姓族群的歧视，使他们长期被排除在社会主流之外，这又加剧了业已存在的对立情绪。

移民群体与特莱地区的原住民所构成的平原居民与尼泊尔山区居民文化迥异，在与治理主体的互动中形成了独特的族群认同，这种差异使特莱地区在20世纪50年代开始出现要求高度自治甚至独立的倾向，如何弥合差异、促进融合是特莱地区治理中始终要面对的首要问题，由此衍生出的族群对立和区域对立问题也极为复杂，因此，在50年代后尼泊尔国王政府通过国籍

第六章　对特莱地区治理的评价与反思

法等手段收紧了外来移民政策，而选择性地鼓励山区移民进入特莱地区，希望以此逐步改变当地人口的族群构成状况，在 90 年代当地人口饱和后又限制移民进入，然而，移民群体构成了特莱地区社会的基础，经济和社会类问题追根溯源往往都能回到移民问题上来。

族群政策失之偏颇加剧了族群问题。一是歧视性的族群政策。王室统治者和民主时期的执政者是高种姓山区族群的代表，其站在本族群的立场上看待平原上的族群，对后者的态度带有歧视性，将平原族群作为外来者而加以排斥，并试图通过国籍法律等手段限制该群体在尼泊尔的扩大。

二是强制性的融合政策。对于既有的平原族群，政府推动族群融合的政策带有强制性，其推动的语言文字、教育、习俗等政策忽视了治理客体的感受，单纯依赖政府在政治上的权威地位强行推动，虽然取得了一定的效果，但负面影响也是十分明显的，强硬政策助长了特莱地区族群的逆反心理，加强了他们对自身所属群体的认同。

三是"欺骗"性的整合政策。在 20 世纪 90 年代族群问题爆发后，执政者的处理方式不够果断，同时也由于政局混乱而缺少延续性和可操作性，使政府在处理特莱地区族群的诉求上屡屡违背承诺，态度一再反复，这种情况在特莱地区族群看来就是对他们的一再欺骗和背叛，使他们逐渐失去了对山区族群的政治精英们的信任，加剧了相互之间隔阂。

族群政治使族群关系紧张常态化，众多以族群为基础的政党在尼泊尔民主化进程中建立起来，并根据民主制度参与政治、主张自身权利，这些政党利用族群议题来争取支持，反复强调族群间的差异性，又通过放大差异性来强化本族群的认同，这种做法的后果对族群关系极为不利，一是使族群之间的关系由共存共生变为恶性竞争，不同的族群往往变成了对立的政党及其支持者，并相互攻讦，使族群关系变质。二是政府对族群的政策受到绑架，沦为处理政党关系的工具，制定政策的出发点不再是族群本身，而变成了其代表性的政党。

族群政治以族群为政治认同的边界，将族群利益置于国家利益之前，往往造成国家和社会的撕裂。马德西运动强化了马德西人对于"马德西"作为族群共同特征的认同，以及对由此衍生出的族群政治权利的认同，大量以马德西或特莱为名的族群性、地方性政党出现，对族群政治在尼泊尔的兴起起到了示范性的作用。在马德西运动的启发下，尼泊尔原住民群体，如尼

尼泊尔特莱地区治理研究

瓦尔、塔鲁人族群，边缘化群体，如低种姓人群、贱民阶层等群体也纷纷建立自己的权益组织，其中影响力最大的是"尼泊尔原住民族协会"（Nepal Federation of Indigenous Nationalities，NEFIN），号称代表占尼泊尔总人口38%的所有原住民。族群政治组织大量出现的后果是，传统的政治权威消失后产生的政治权力碎片化更加严重，所有的族群都希望将本族群的权益最大化，而资源始终是有限的，这将必然导致了族群间的竞争和冲突。马德西政党在特莱地区的强势地位使其开始忽略当地塔鲁人等原住民群体的利益，并且试图以马德西人的特征来替代原住民[1]，类似的矛盾正在更多地形成和爆发。

在民主制度下，不同族群间的竞争加剧，随着民主化程度的提高，以族群为边界的政党对民众的组织能力也不断提高，尼泊尔是一个人口众多、国土狭小、资源匮乏的国家，不同族群对于有限资源的争夺将越来越激烈，不同族群对于资源占有的程度不同就容易引起族群冲突，马德西问题的爆发实质上是平原和山区居民对于政治、社会和经济资源的争夺。而尼泊尔有着族群政治发展的肥沃土壤，一方面，尼泊尔族群高度多元化，而且，在2号省地区的马德西族群和原住民族群历史上一直是被边缘化的，他们有着充分的理由通过族群政治来维护自身权益。另一方面，实践也证明了通过结成族群政党与其他族群进行竞争，在特定环境下确实可以提高本族群的政治、经济和社会地位，马德西政党在2号省的执政便是鲜明的例子，这也将启发特莱地区其他族群加入族群政治的运动中来，使特莱地区出现更多族群性政党参加自治的地方治理，使竞争更加激烈。

制宪过程中关于联邦制的争议，实际上是以毛派和马德西族群为代表的新兴平原政治势力，与以尼共（联合马列）和大会党为代表的传统山区政治精英的对立。平原政治势力希望以族群为基础建立省，并尽可能多地争取自治权，这样便可以增强其政治自主性，也能更好地利用特莱地区的经济优势。对山区政治精英而言，特莱地区是国家不能失去的部分，从政治上而言，特莱地区是国家统一、领土完整不可分割的一部分，从经济上而言，特莱地区高度自治将使国家失去对这里的有效控制，使本来就相对落后的山区更加落后。联邦制度实施过程中特莱地区地方政府与联邦政府的权力博弈，实际上

---

[1] Bishnu Raj Upreti, Safal Ghimire, Suman Babu Paudel, *Ignored or Ill-Represented? the Grievance of Terai Madhes Conflict in Nepal*, Adroit Publications, 2012, p.75.

第六章　对特莱地区治理的评价与反思

也是这种对立的延续，作为既得利益者的山区高种姓精英试图维持其优势地位，新兴的平原势力则希望最大限度地拓展本族群和本地区的利益。

虽然联邦政府试图加强对地方政府的控制，但其控制能力已经远远不能与中央集权的单一体制时期相比，其协调族群之间关系的途径和能力都较为有限，而特莱地区，尤其是2号省，也是联邦政府与地方政府权力博弈的焦点，族群政治的发展程度也将超越其他地区。实际上主要政党在争取不同族群的支持时，使用了许多带有族群政治色彩的政治策略和宣传手段，如尼共（毛主义）在制宪进程中就反复操弄了族群议题，尼泊尔大会党和尼共（联合马列）也改变其传统的山区高种姓精英主导的形象，转而吸纳边缘化群体进入党内，以体现其包容性和多元化，这些主流政党主动拥抱族群政治的倾向也助推了其在尼泊尔的进一步发展。

（三）外部势力持续介入特莱地区

从尼泊尔的所处的国际环境来看，其与特莱地区治理最主要的外来因素印度之间的关系实现转圜，两国关系不断改善，印度也改变了其在特莱问题上的策略，转而使用更加隐蔽的手段来实现其利益。美国和中国等大国在尼泊尔的利益诉求也在一定程度上影响了尼泊尔对特莱地区的治理。

印度在特莱地区有着巨大的利益诉求，印度在马德西运动中发挥了重要作用，其在尼泊尔的利益很大一部分是由特莱地区及其附属的印-尼开放边界构成的，印度需要通过维持和加强其对特莱地区的影响力来维护本国在尼利益，其中马德西政党主导的2号省是印度的主要目标，2号省是两国贸易的主要通道，也是印度裔尼泊尔人最为集中的地方，其首府贾纳克普尔是尼泊尔印度教和印度教文化的中心，印度通过2号省对尼泊尔运用其文化软实力，具有很大的便利性和合理性。2018年印度总理莫迪访问尼泊尔时，就首先访问了贾纳克普尔，并朝拜了坐落在这里的印度教重要寺庙悉塔宫（Janaki Mandir），贾纳克普尔作为2号省的文化中心和首府，同时也是印度教史诗《罗摩衍那》中弥提罗国首都韦德哈所在地。尼泊尔媒体也对2号省首席部长先于尼泊尔总理奥利会见莫迪，且与莫迪大谈合作极为不满，认为印度的举动将助长2号省的独立倾向，由此可见印度与2号省关系的密切程度和敏感性。

2号省的马德西政党也希望继续与印度保持密切的关系，一方面，印度

尼泊尔特莱地区治理研究

一直是马德西运动的积极支持者，正是印度的配合才使得马德西政党能够成功发起2015年的禁运，而且两者在种族、文化等方面也更为接近，双方本身就具有天然的亲近感，且2号省在经济发展等诸多方面更加依赖印度，向印度靠拢能够使2号省获得更多的发展机遇。另一方面，马德西政党也深知尼泊尔主要政党和山区民众对他们的不信任，在与联邦政府进行博弈的过程中，发展与印度的良好关系可以增加2号省的博弈能力，为自身争取更多利益，使尼泊尔联邦政府在采取有关政策时不得不考虑印度因素，从而慎重决策。

同时，随着尼印两国关系的发展，印度希望加强两国的经贸关系、巩固传统的人文联系，特莱地区仍然是两国关系发展的最前沿，将从中受益，通婚、务工、求学、移民等关系也将继续在整个特莱地区与印度之间展开，而且，随着地方政府的自主权增加，特莱地区与邻近的印度各邦之间的直接交往也将更加便利。文化、语言、宗教、习俗上的近似性，印度在国家实力、形象等方面的优越性，以及印度在马德西运动发展过程中所给予的同情和支持，使部分特莱地区的居民对边界线另一侧的国家认同感强于对本国的认同，而在尼泊尔历代统治者对特莱地区的高压统治下，这里居民的共同受压迫经历又增强了他们的这种感受，对文化迥异、山高路远的本国政权更加疏远，而对同宗同源、近在咫尺的印度更加亲近。在年轻的一代特莱地区居民中，使用印地语、信仰印度教、崇拜印度流行文化、赴印度求学、在印度谋求职业是其普遍追逐的成功之路，印度对于他们的吸引力要远远高于自己的祖国尼泊尔，这种吸引力在特定的情形下可以轻易地转化为政治认同，对特莱地区而言是十分危险的。

而对于印度与马德西运动的关系，马德西精英人士与尼泊尔主流政党的观点明显是对立的，他们认为，印度与尼泊尔的特殊关系是客观事实，印度在历史上一直对尼泊尔政治发展施加影响，在马德西问题上印度确实发挥了影响，但他们认为这并不应该从干涉内政的角度受到谴责，应当考虑到两国关系的特殊性和复杂性。而且，印度是2006年尼泊尔《全面和平协议》签署的重要见证者，深度参与了尼泊尔的和平进程，制宪进程是和平进程的一部分，印度在2015年新宪法颁布后的禁运行动是完全合理的反应。笔者的访谈对象中，没有任何一个马德西精英愿意对印度在马德西运动中的角色予以否定或批评，尼泊尔马德西基金会（NEMAF）负责人在回应此问题时说道：

第六章　对特莱地区治理的评价与反思

我们基金会的宗旨是推动马德西人的权益保障，是一个完全非营利的公益组织，我们接受来自全世界任何国家和组织的善意支持，当然也包括来自印度的资助，但这并不意味着我们不是一个独立的机构，或者是为印度服务的。

美国和英国等西方国家在特莱地区开展援助项目，英、美都是尼泊尔最主要的援助国之一，在基础设施建设和民生等领域投入的援助较多，如道路交通设施、水电和太阳能、风能等可再生能源开发、饮水保障工程等，其中，美国在2017年与尼泊尔达成的协议中，美国政府下属的国际援助机构"千年挑战集团"（Millennium Challenge Corporation，MCC）将在此后5年内为尼泊尔提供5亿美元资金援助，尼泊尔也承诺安排1.3亿美元配套资金，用于改善尼泊尔的能源供应和交通运输条件，从而促进投资、就业和脱贫[①]，另一政府援助机构"美国国际开发署"（USAID）从20世纪50年代就在特莱地区进行农业、卫生、教育等领域的援助。特莱地区，尤其是西部和东部特莱的僻远地区人口众多、发展滞后，历来就是国际援助的主要目标区域。目前，尼泊尔仍然是联合国认定的世界最不发达国家（Least Developed Countries，LDC）之一，国际援助也将更多地往特莱地区倾斜。

大量西方非政府组织（NGO）在特莱地区开展活动，以NGO为代表的西方国家势力插手马德西问题，借民主、人权和宗教自由等议题介入尼泊尔内政，其途径主要有三种，一是将马德西人的权利问题与NGO对尼泊尔的援助挂钩，要求尼政府在相关问题上做出让步，大型国际性非政府组织，如卡特基金会、大赦国际、国际危机组织、无代表国家和人民组织（Unrepresented Nations and Peoples Organization，UNPO）等直接与尼泊尔政府进行交涉，参与尼政府同马德西政党的谈判和妥协。二是通过援助项目直接帮助马德西人进行有关政治活动，如提供人员培训、国际舆论支持等，一些基督教传教组织还借当地经济和社会条件落后的弱点，有针对性地提供医疗卫生、教育等援助，继而进行传教活动。三是资助特莱地区的尼泊尔非政府组织开展活动。

在特莱地区，教育和卫生事业是国际非政府组织最为关注的领域，近年来，族群议题、女性平权运动、少数边缘化群体权益保护等领域也吸引了大

---

① *U.S. and Nepal Sign $500 Million Compact*, September 14, 2017. https://np.usembassy.gov/u-s-nepal-sign-500-million-compact/.

批国际非政府组织的介入，甚至有支持特莱地区独立的国际非政府组织与马德西政党势力合作。[①] 同时，基督教、伊斯兰教等宗教的传教势力也在特莱地区开展活动，尽管尼泊尔法律规定强迫他人改变宗教信仰是违法行为，但基督教传教者利用医疗和教育援助等手段包装其传教活动，为落后地区的底层民众提供关怀，以吸引他们入教，这种现象在以印度教为基础的特莱地区也并不罕见，政府出于对宗教组织背后的西方国家的忌惮，往往也不敢过多干预其传教活动，而且，一些非政府组织绕过联邦政府直接与地方政府合作，使地方政府有利可图，也助长了国际非政府组织在特莱地区的活动。

（四）始终未能实现对边界的有效管理

尼泊尔与印度之间的边界维持开放的状态，两国国民不需要旅行证件或签证就可以自由往来，这是1950年两国签订的《和平友好条约》所规定的，根据该条约，两国国民在对方境内可自由进行经商、就业等活动，可以在对方境内拥有财产，最重要的是，允许两国人民在两国间自由移居。《和平友好条约》实际上是独立后的印度对英国在尼泊尔特权的正式继承，并以条约的形式确定，对尼泊尔主权和独立的损害巨大，对于特莱地区的治理而言，该条约带来的负面影响尤其严重。

第一，对国家主权的威胁。尼印《和平友好条约》看似平等，允许两国公民对等地进行自由移居、在对方国内享受对等的待遇，但是，尼泊尔的人口规模与印度根本不在一个数量级，即便是与特莱地区相邻的印度北方邦和比哈尔邦的人口也数倍于尼泊尔的总人口，签订这个条约的结果只能是印度人更多地自由进入特莱地区和尼泊尔其他地区。印度人涌入给特莱地区的治理带来了巨大挑战，如何区分本国公民和印度人是最大挑战，20世纪60年代起尼泊尔收紧国籍法的部分原因也在于此，特莱地区至今仍有大量拥有两国双重国籍的人员，以至于尼泊尔在举行重要选举时必须关闭主要的边界通道，以防印度人入境投票。如今，特莱地区的人口总量已经超过尼泊尔总人口的50%，若印度裔人口持续增长，再加上开放边界的影响，其未来将走向何方令人担忧。

---

① 无代表国家和民族组织（Unrepresented Nations and Peoples Organization, UNPO），该组织是世界各地诸多民族分裂势力，包括"藏独"势力的支持者，也是马德西运动的合作伙伴。

第二，对特莱地区社会稳定的影响。由开放边界引起的跨境犯罪问题一直是令两国都十分头疼的问题，商品走私、贩毒、人口贩卖、武器走私、制贩假钞、跨境绑架、谋杀、盗窃、抢劫、强奸等恶性犯罪活动长期影响边界线两侧的地区，两国就此进行过大量的司法和执法合作，但效果并不明显。笔者在特莱地区贾纳克普尔和比尔甘杰两地调研期间发现，尼泊尔本国边界管理措施十分松散，两国间人员往来几乎不受限制，大量印度牌照的汽车在尼泊尔境内自由通行，印度警察和安全部门人员频繁进入尼方一侧执法，2017年，印度情报部门甚至潜入尼泊尔中部的蓝毗尼绑架了在此活动的巴基斯坦三军情报局官员[1]，尼泊尔对此类行为熟视无睹，媒体也因慑于印度威胁而不愿介入。

第三，对整个区域安全的影响。由于从特莱地区入境印度的便利性，一些试图对印度发起袭击的极端分子借道尼泊尔入境，曾有来自克什米尔等地的极端分子借道特莱地区进入印度实施袭击，印度一直指责巴基斯坦三军情报局利用特莱地区作为对印度实施破坏的通道和行动基地[2]，美国也认为尼泊尔可能被国际恐怖分子用作中转中心，而特莱地区就是重点区域。同时，特莱地区的人口中也有大量穆斯林，已经有特莱地区的穆斯林在伊斯兰极端思想的影响下加入伊斯兰国（ISIS）的先例发生[3]，这种安全形势对整个南亚地区都是极为不利的。

同时，尼泊尔与印度的领土争端问题也一直没有得到彻底解决，尼泊尔方面主张对特莱地区西部卡拉帕尼（Kalapani）地区等多块争议领土的主权，但这些争议领土的实际控制权一直被印度掌握，其对尼泊尔提出的主张和举行对话解决争端的提议不加理会，尼泊尔对此束手无策。

（五）未能彻底解决特莱地区的暴力和分裂活动

自20世纪90年代尼泊尔爆发内战，其境内的暴力冲突不断，2006年，尼泊尔《全面和平协议》签署后，内战宣告结束，但暴力活动并没有就此绝

---

[1] *India wins interim tussle over 'spy' in Pakistan*, https://asiatimes.com/2019/07/india-wins-interim-tussle-over-alleged-spy-in-pakistan/.

[2] Lt Gen Prakash Katoch, *Nepal – fast becoming ISI Control Centre?* /http://www.indiandefencereview.com/spotlights/nepal-fast-becoming-isi-control-centre/.

[3] Malaysia deports Nepali charged with links to ISIS, https://thehimalayantimes.com/nepal/malaysia-deports-nepali-charged-links-isis/.

迹，反而因为族群矛盾、利益纠纷、政治分歧和历史纠葛等原因频繁发生，而特莱地区作为边疆区域，一直是该国暴力活动最严重的区域。

马德西运动是导致特莱地区暴力活动泛滥的重要原因，在内战中，特莱地区是毛派武装的主要活动区域，其还在这里建立了准军事组织"马德西民族解放阵线"来协助其武装活动，同时，马德西人受毛派武装斗争的启发，利用开放边界易于武器走私的特点，建立了众多大小不一的武装组织，据尼泊尔警方统计，到 2009 年时，特莱地区共有 109 个规模不等的武装组织，而其中只有 12 个是有明确政治诉求的，其他的都是以政治为名目的犯罪团伙。[1] 特莱地区的安全形势在内战结束后并没有好转，犯罪和暴力活动反而更加猖獗，针对党派领袖、政府机构的袭击和暗杀活动时有发生，尤其是在竞选等重大政治活动期间，特莱地区的暴力活动更加频繁。武器走私、人口贩卖、假钞运送等跨境犯罪活动成为特莱地区社会稳定的重大隐患。

分裂活动也在马德西运动中发展起来，早在 20 世纪 50 年代，早期的特莱地区政党就提出了地区自治的要求，但这种倾向很快就被无党派评议会制度下的高压政策所压制，马德西运动的发展使自治再度被提出，马德西政治人物乌彭德拉·亚达夫（Upendra Yadav）明确提出了"同一个马德西，同一个邦"（One Madhesh, One Pradesh）的诉求，并威胁称"如果政府不尊重我们的诉求，我们将被迫把特莱地区从尼泊尔分出来，我们更愿意实现自治"[2]，马德西运动要求在尼泊尔实行以族群为基础的联邦制度，将特莱地区单独划为一个省，同时又威胁若得不到满足就分裂国家。事实上，以寻求特莱地区彻底独立为政治诉求的个人和组织并不在少数，其中由"海外马德西人协会"创始人 C.K 劳特（C.K Raut）领导的"马德西独立联盟"（Alliance for Independent Madhesh）就是其中影响力最大的一个，该组织的独立立场也最为激进。

随着联邦制度的实施，尼泊尔联邦政府对于地方的控制力度正在弱化，2 号省作为特莱地区最重要的区域，移民占人口比例居高不下，马德西政党势力执掌政权，其对印度持亲近的态度，反而对以山区高种姓政治精英为代

---

[1] *70 armed criminal outfits operating*, https://thehimalayantimes.com/news-archives/latest/70-armed-criminal-outfits-operating/.

[2] Bishnu Raj Upreti, Safal Ghimire, Suman Babu Paudel, *Ignored or Ill-Represented? the Grievance of Terai Madhes Conflict in Nepal*, Adroit Publications, 2012, p.76.

表的尼泊尔联邦政府多有不满。这种局面对于尼泊尔的国家统一来说是十分危险的，若联邦制度在此后被证明无法有效解决尼泊尔的政治和社会分歧，那么，特莱地区分裂或独立的风险就会陡增，治理难度也将前所未有地加大。

二、社会治理遗留问题较多

（一）特莱地区民众的国家认同程度较低

国家认同又被称为国族认同，是指一个人对于国家或民族的归属感或认同感，这种认同感既包括对这个国家作为政治实体的认同，又包括对于共同语言、文化和历史的认同。尼泊尔作为一个多民族国家，不同民族或族群对于尼泊尔作为民族国家的认同是不一样的，而在特莱地区，这一问题更为关键。本研究对特莱地区居民国家认同的考察基于两个方面，一是对相关文献的梳理，二是对马德西族群精英的深度访谈，包括其政党领袖、知识分子、记者和青年学生，从而探寻他们对国家认同几个关键问题的认识。

通过对涉及尼泊尔国家统一历史的英文文本进行分析可以发现，大量的文本在书写尼泊尔统一过程时更倾向于将廓尔喀王国逐步统一尼泊尔的过程描述为"扩张"，这种现象引起的直接后果就是使特莱地区的分裂分子在要求高度自治和独立时容易找到"历史依据"，从而质疑现在的尼泊尔政府对特莱地区进行治理的合法性。一些学者、知识分子也对这样的历史观全盘接受，认为尼泊尔的统一过程实际上是廓尔喀王国不断对外扩张的过程，不认可尼泊尔民族主义历史学者主张的统一史观，他们认为这样的历史观是边缘化族群之所以被边缘化的根源，也是阻碍了其争取自身的权利[①]，这样的观点也被一些主张特莱地区独立的激进分子采用，为其分裂活动增加理论支持。这样的观点将特莱地区的居民及其后裔与尼泊尔的国家统治者对立起来，把今天特莱地区对现实的所有不满归结为历史上这一地区所遭受的不公正对待，进而要求现在的政府为过去的错误做出补偿，这显然是不利于特莱地区国家认同的发展的。

对尼泊尔统一合法性的质疑又进一步演化为对尼泊尔历代统治者和历

---

① Binayak Sundas, *The Gorkha Empire*, August 9, 2017, https://myrepublica. nagariknetwork.com/news/the-gorkha-empire/.

尼泊尔特莱地区治理研究

届统治者治理特莱政策合理性的质疑，较为流行的观点认为，尼泊尔统一后王室和拉纳家族对特莱地区采取的移民开发等治理过程是"殖民"的过程，统治者实际上是将特莱地区作为殖民地进行掠夺性统治，从这种观点出发对历史上的特莱治理政策进行解读，得出的结论往往是带有受害者情绪的，而大量的马德西学者和政党领袖都以这样一套理论来为自己争取权利的政治活动增加正当性。一名马德西活动人士在访谈中称：

> 特莱地区对于国家的贡献与其在这个国家享有的地位是完全不匹配的，山区的高种姓精英占据了这个国家大多数的政治、经济和社会资源，马德西人一直处于被压迫和剥削的地位，这是极度不公平的，马德西运动的目标是要拿回他们被剥夺的权利，不应受到道义上的指责。

对于印度公开支持特莱地区马德西人挑战尼泊尔新宪法、发起禁运等做法，受访谈者均对其进行了辩护，认为印度在特莱地区拥有广泛的利益，尤其是文化上的紧密联系是毋庸置疑的，而且特莱地区乃至尼泊尔在经济上依赖印度并不是后者的过错，相反，尼泊尔从印度获得了很多优惠，印度为了维护自身的利益所采取的做法是合理的。笔者在贾纳克普尔对当地的一名媒体记者进行了访谈，他的立场在马德西精英人群中具有一定的代表性：

> 印度是南亚地区的民主制度典范，尼泊尔从王室的统治下解放出来不过十余年，政党和政治人物都出身于山区，本身是山区的高种姓精英，以维护他们的利益为己任，毫无民主精神，在他们主导下制定的宪法不可能保护马德西人的权益。印度是尼泊尔和平进程的重要参与者，对内战和制宪进程中的危机进行调停，促成了两次制宪会议选举，尼泊尔主流政党在最终的宪法版本中违背了他们的承诺，是对印度的挑衅。印度官方从未宣布进行所谓"禁运"，2015—2016年在特莱地区出现的困难局面实际上是国内局势不稳定造成的，官方的强硬态度激怒了马德西人，镇压行为造成了数十名马德西人死亡，他们始终不愿给予马德西人平等的地位，这才是问题的根源。

在尼泊尔的知识界尤其是青年学生当中，人们对自己的出身来源有着清

第六章 对特莱地区治理的评价与反思

晰的认识和界限,即便是同样来自特莱平原同一地区,作为印度裔移民的后裔和山区移民的后裔往往会持有不同的立场,尽管未曾亲身经历,印度裔移民的后代在回顾历史问题时都带有受害者的心理,倾向于将自身境遇与族群在历史上的遭遇联系起来,从而扭曲、放大某些正常的社会问题。这种现象又反过来加剧了主流社会对特莱地区居民,尤其是印度移民后裔的不信任感,这反而将他们推到亲印的立场上去,一名来自比尔甘杰的青年学生领袖表示:

> 我的祖辈是从印度移民到尼泊尔的,我也认为自己是纯正的尼泊尔公民,但是我的肤色和长相更接近印度人,人们时常会根据肤色和长相来猜测我的政治立场,甚至会有人质疑我的国籍,认为我是印度人、为印度的利益服务,这是一个危险的信号,我们的国家和社会应该更加多元,而不是如此狭隘。

(二)特莱地区居民的族群认同存在偏差

尼泊尔的族群高度多元化,国内族群众多,马亨德拉国王在20世纪60年代推出了一系列被称为"文化民族主义"的治理政策,试图以山区高种姓族群为范本整合尼泊尔的不同民族,从而实现尼泊尔的民族国家建设,将国民的民族认同统一到尼泊尔人(Nepali)这一身份上来,这一身份是超越各民族对自身的认同的,也就是对于尼泊尔作为统一的多民族国家的认同,但是,从文献研究和访谈的结果来看,特莱地区的族群认同至少存在两个方面的问题。

首先,对族群的认同高于对国家的认同。特莱地区的居民构成可分为三个大的类别,即印度裔移民、本地原住民和山区移民,其中,前两者在历史上一直是被边缘化的群体,而后者则代表了山区统治者对特莱地区的统治,印度裔移民和原住民更多地倾向于认同自己的族群身份,即所谓马德西人(Madheshi)和加纳加提(Janajati)[①],而对他们共同的身份"尼泊尔人"(Nepali)则接受度不高。共同的历史记忆是构建民族认同的重要因素,特莱地区的马德西人、加纳加提与山区的民族显然不存在这样的共同记忆,反而是平原上的居民都有着在王朝和拉纳家族统治下被边缘化的共同经历,这

---

① 泛指尼泊尔的原住民,如尼瓦尔、塔鲁、塔芒等族群,以及低种姓人群。

无疑加强了他们对所在族群的认同。

其次，对族群对立性的高度敏感。马德西（Madheshi）这一词语就是作为与帕哈迪（Pahardi）相对应而出现的，帕哈迪指代山区的人和事务，马德西用来指代与山区相区别的平原人和事务，在马德西族群认同构建的过程中，往往以强调自身与山区族群的差异来强化其独特性，也就是说，差异性越是巨大、越是明显、越是被突出，马德西族群的独特性也就越具有说服力，在这一过程中，政治、经济和社会地位，以及其文化、语言和习俗所受到的待遇上的差异都被反复讨论，强化了其受害者心理，这进一步加剧了平原人群与山区人群的对立性。另外，在马德西运动和内战中，尼共毛派对于族群等议题的反复操弄，也是尼泊尔族群对立性尖锐的一个重要原因。

（三）特莱地区居民对于新宪法认可度不高

一是对新宪法制定和实施过程的不认可。一方面，认为制宪议会中的特莱地区居民代表数量未能真实反映特莱地区的人口规模，使其声音和诉求无法实现，其根本原因还是山区高种姓政治精英把持了国家政治资源。另一方面，认为主要政党在掌握制宪议会多数席位的情况下忽视了少数族群和边缘化族群的声音，也背离了此前的政治运动中对他们的承诺，所制定的宪法维护了既得利益者群体的地位，仅有的让步和妥协也不能改变现实中的巨大政治地位、社会地位和经济地位差距。同时，主流政党在新宪法颁布后遭到激烈反对的情况下仍拒绝倾听民意，坚持将新宪法付诸实施，其过程是对民主精神的背离和对边缘化群体权利的践踏。作者在对特莱地区相关人员的访谈中发现，受访者普遍对2015年新宪法的代表性和包容性持有异议，认为两次制宪会议选举和运行过程都是以山区高种姓政治精英为主导，而占全国人口过半的特莱地区并未在此过程中扮演应有的角色，他们的诉求被有意识地忽略了。

二是对宪法本身仍存在不满。尽管马德西政党在转型后基本接受了新宪法已经实施的事实，但其对宪法本身的不满之处始终还是存在的，这些不满仍然集中在制宪过程中其与主要政党反复交锋的几个关键问题，首先是省界的划分，仍有观点认为特莱地区应当单独划为一省或两省，但由于2015年新宪法已实施，通过修宪重新划分省份的可能性几乎为零。其次是关于选举制度和公共部门职位问题，特莱地区的人口优势是不争的事实，马德西政党

第六章　对特莱地区治理的评价与反思

要求按人口比例划分选区、分享公共部门的职位，并通过宪法来承认这样的安排。特莱地区普遍存在的跨国通婚者及其子女的国籍问题也是其对宪法不满的地方之一，新宪法尽管较过去涉及国籍的法规有所进步，但限制性条款仍然大量存在，这使入籍变得困难。

2015年12月，马德西联合阵线向政府提出了11点诉求[1]，这11点诉求包括：

1. 根据历史背景、民族特征、《2007年过渡宪法》第138条第1款（a）项、此前历届政府与边缘化群体的过往协议，以及2008年第一届制宪议会成立的国家重构和权力分配最高委员会提交的报告，应当将从梅吉河（Mechi River）到马哈卡里河（Mahakali River）直接的特莱平原/马德西地区划分为两个自治省，并保证其高度的自治权力；

2. 在新宪法基本权利一章下，应当有单独的条款确保边缘化群体的权利；

3. 确保边缘化群体按人口比例进入包括联邦和省级的所有各级政府机构和服务委员会；

4. 根据临时宪法的规定，确立以人口为基础的选区，以混合选举制选举议会下院议员，在每个省的人口和强制性代表的基础上，由省议会当选代表投票通过单一可转让选举制选举议会上院；

5. 对于婚姻公民权，宪法本身应该有明确的规定，而不是通过联邦法律，这类公民在宪法机构中的代表权必须是通过提名或根据临时宪法的规定；

6. 根据联邦政府的基本准则对司法机构进行重组，并按照人口比例在最高法院、高等法院和地方法院任命法官，根据省法律任命高等法院和地方法院的法官；

7. 在所有联邦，省和地方机构中执行多语言政策；

8. 成立包容委员会，成员应包括所有族群的代表，以及所有其他具有明确管辖权的委员会，同时确保各省在自然资源和财政委员会中的代表性；

9. 根据省法律建立地方机构和特别机构；

10. 尼泊尔军队民主化，使其具有全国性，并保证包括尼泊尔军队在内的所有安全力量按比例吸纳各族群人口；

---

[1] *11-Point Demands of United Democratic Madhesi Front (In Nepali & English)*, December 19, 2015, https://www.madhesiyouth.com/political/udmf-11-pt-demands/.

11. 应该将尼泊尔定义为一个多民族国家，而不是一个整体的民族国家。

政府方面与马德西政党代表进行了多轮谈判，表示愿意做出一定的妥协，但始终无法使马德西政党满意，在执政党联盟的推动下，2016年1月，尼泊尔议会以461票赞成通过了宪法第一修正案，以正面回应马德西人诉求，第一修正案的内容包括新宪法的第42条和第286条，在第42条增加了关于按比例确保边缘化族群权利的内容，在第286条增加了"在分配165个直接选举的议会席位选区时，优先考虑人口因素和地理因素，确保每个地区至少有1个选区"[①]，但是，联邦政府的让步并未使马德西政治势力满意，反而坚定了其斗争的信心。

马德西政党对于宪法修订的最终目标是建立类似印度的"表列"和"保留"制度，其行为逻辑是，首先使全社会承认其在历史和现实生活中遭受的不公待遇和所处的不利地位，从而使其维权活动更具正当性；其次是通过维权活动进一步加强本群体的组织性，从而形成统一的政治势力，参与国家层面的政治资源争夺；最后再将政治资源转化为实在的利益，确保本群体在政治、经济和社会生活中按人口比例获取固定的权益，如升学和就业机会等，并通过宪法予以确认。这种趋势的危险性在于，如果马德西人的诉求被写入宪法，那么尼泊尔国内其他族群势必群起效仿，要求分割资源，筑起更加森严的族群壁垒，使整个国家都将陷入事实上的分裂。

（四）特莱地区的移民和国籍问题依然存在

移民问题是特莱地区自18世纪以来就存在的一个话题，从历史上的移民来看，特莱地区作为尼泊尔的边疆地区，一直是作为国家的战略发展空间而进行开发的，鼓励引入移民的过程持续了近两个世纪，移民的进入促进了对特莱地区的开发，也塑造了今天的特莱地区人口结构，是诸多问题和矛盾的根源所在，当前，有组织的大规模移民活动已经停止，但移民活动并未停止，由此产生的问题也仍然存在。

一是外国移民的涌入。印度裔移民是特莱地区外来人口的最主要来源，由于开放边界缺乏有效管控，边界线另一侧的印度人可以轻易进入特莱地区

---

① *Nepal makes first amendment of its constitution four months after promulgation*, January 23, 2016, https://thehimalayantimes.com/nepal/breaking-nepal-makes-first-amendment-of-its-constitution/.

第六章　对特莱地区治理的评价与反思

寻求生计，语言相通、文化和习俗相近、且存在长期的通婚关系，使印度裔移民可以较快融入特莱地区。正是因为这样的便利条件，来自孟加拉国、不丹等南亚国家的难民也将这里视为理想的栖身之地，一些国际恐怖组织甚至将这里作为中转站和安全藏身地。[①] 外来移民的进入不同程度上挤占了本国人口的生存空间，更为重要的是，如果这种趋势不能得到改善，特莱地区的人口结构将被彻底改变，届时对其进行治理的难度将更大。

二是无国籍人员问题。无国籍人员问题同样是由移民活动造成的，历史上无序的移民活动使特莱地区人口迅速增长，到20世纪50年代王权恢复后，国王政府开始以法律的形式对国籍问题进行规范，同时也借机排除"外国人"，增强特莱地区居民的国家认同，其严格的国籍法律就此诞生，使大量移民及其后裔无法入籍，逐渐形成了尼泊尔的无国籍人员群体。90年代多党民主制度恢复后，民众对于修改国籍法的呼声强烈，政府随即对其做出了一定的调整，但在根本上依然坚持此前的原则，限制妇女在国际婚姻中将国籍身份传递给子女的权利。而且，尼泊尔行政效率低下、缺乏历史档案、官员腐败严重等问题也使法律上已经扫清障碍的入籍活动变得十分困难。1995年，尼泊尔议会成立了一个专门委员会研究国籍问题，该委员会估计，此时尼泊尔境内的无国籍尼泊尔人约34万，其中大多数来自特莱地区[②]，而实际数字要远远大于34万，尼泊尔媒体和国际组织对此的估计少则数十万，多则数百万。2017年的美国《国别人权报告》称，尼泊尔仍然有540万人是无国籍身份者[③]，美国的人权报告尽管可信度存疑，但也反映出这一问题的严重性。

在对特莱中部地区拉特纳加尔县（Ratnanagar）官员的访谈中发现，无国籍移民问题及其衍生问题在当地相当严重，该县的无国籍者群体较大，其构成既有印度裔移民，也有从孟加拉国、不丹等国回流尼泊尔的难民，甚至还有一些无地的低种姓尼泊尔本国公民因种种原因混入其中，其共同特征是无法满足尼泊尔几经修订的《国籍法》相关规定，或无法提供出生和居住证

[①] United States Department of State Publication Bureau of Counter terrorism, *Country Reports on Terrorism 2018*, October, 2019. p.175.

[②] Dipendra Jha, *Federal Nepal: Trials and Tribulations*, AAKAR books, New Delhi, 2018, p.66.

[③] '5.4 million people stateless in Nepal', April 22, 2018, https://thehimalayantimes.com/kathmandu/5-4-million-people-stateless-in-nepal/.

明，或血统不符，或语言不通。[①] 无国籍者不能享有任何政治权益，在经济活动中受到极大的限制，不能拥有土地和房屋等不动产，社会地位也极为低下，受到当地其他人群的歧视，在尼泊尔的生存条件恶劣，这使得他们与当地社区之间的矛盾尖锐，冲突时有发生。作者在巴格马拉村（Baghmara）进行实地考察的过程中发现，当地政府为了规范对无国籍者的管理，将其集中在划定的国有土地上生活，并筹集资金为其修建房屋，但是，此举也招致部分其他当地居民的不满，认为这样做只会吸引更多无国籍者的到来。为无国籍者修筑房屋、统一居住的例子在特莱地区并不具有普遍性，巴格马拉村所在地区经济条件较好，且修建房屋的活动也得到了非政府组织的资助，特莱地区无国籍者更为普遍的情况是政治、经济和社会地位的全面受限。

（五）歧视和不平等问题广泛存在

特莱地区是尼泊尔受印度教文化影响最深刻的地区，也是印度教文化中落后观念最为顽固的区域，种姓制度、性别歧视等问题仍然在特莱地区广泛存在，且发生的概率明显高于尼泊尔其他地区，尽管新的宪法、法律等明确规定了对低种姓者和其他边缘化群体的保护，但在实际生活中，对这些群体权益的保护还远未成为特莱地区社会的共识，尤其是在基层的农村社会，传统的政治精英、高种姓者和经济上占优势地位者仍然把持着绝大多数的社会资源。民主化运动虽然改变了政治活动的规则，尤其是新宪法规定了女性和少数族裔、低种姓者在立法机构等的代表比例，但是这反而成为高种姓者进行权力寻租的漏洞，他们将这些本应当赋予特定人群的资源当作交换的筹码，实际境况并没有改变，一名受访者在谈及这一问题时表示：

> 有些当选民意代表的女性连自己的名字都不会写，你还指望她们能提出什么好的议案吗？她们不过是一些党派领导人的姐妹，按他们的指令投票而已，真正的穷人和女性，要么在田里劳作，要么在厨房里做饭。

在特莱地区的农村，歧视女性的问题仍然非常严重，残杀女婴的现象不

[①] 笔者曾试图向该县索取具体的统计数据等信息，但他们以该议题涉及人权问题、过于敏感为由拒绝提供。但笔者实地调查的其中一个无国籍者定居点就有约20户，近100人。

第六章　对特莱地区治理的评价与反思

时出现，女性在月经期间被认为是极度不洁，不被允许进入家门，只能在户外的窝棚里度过，这又加大了她们被强暴等的风险。国籍法的规定仍然限制女性入籍和其配偶、子女入籍的权利。女性在就学、就业、从政等诸多社会领域均远远落后于男性，也落后于本国其他地区的女性。①

三、经济治理的痼疾仍在

特莱地区的经济治理在整体上促进了当地和整个尼泊尔的经济发展，特莱地区在国家经济中的地位举足轻重，成为国家工业、农业和贸易的绝对中心所在，但是，发展不平衡的传统问题仍然在加剧，对印度经济依赖的局面未能取得实质性改变，还出现了贫富差距加大、人口外流等新的问题。

（一）贫困和贫富差距问题极其严重

特莱地区经济发展的成就并未被所有人分享，一方面，高速增长的人口吞噬了经济增长带来的资源，人口的增长率远超经济增长率，人口增长速度极快。该国历史上第一次人口统计是在1911年，当年统计显示尼泊尔人口为560万，到1976年再次进行统计时，人口已经翻了一番，达到1160万，而2011年该国人口统计显示总人口已达2650万，仅2001—2011年间的人口年平均增长率就达1.35%。按当前的人口增长率，预计到2021年尼泊尔人口将达到3000万，到2031年突破3360万。② 而土地集中在地主手中，佃农和大量的无地、少地农民在经济地位的改善方面几乎没有任何机遇。

作为整个尼泊尔农业和工业最为发达的特莱平原核心区域2号省，同时也是尼泊尔贫富差距最大、贫困率和贫困人口最高的省份，根据尼泊尔政府发布的数据，2号省的540万人口中，有250万属于多维贫困（Multidimensionally Poor）人口，占尼泊尔多维贫困人口总数的35%。尼泊尔的"多维贫困指数"是以联合国可持续发展目标（SDG）为参照进行统计的，

---

① Asian Development Bank（ADBO, *Overview of Gender Equality and Social Inclusion in Nepal, 2010*. https://www.adb.org/sites/default/files/institutional-document/32237/cga-nep-2010.pdf.

② UNFPA Nepal, *Population Situation Analysis of Nepal (With Respect to Sustainable Development), 2017*.

245

包括儿童死亡率、就学年限、入学率、营养、烹饪燃料、卫生条件、饮用水、电、资产以及住房条件，以此为标准，2号省的多维贫困发生率近50%。同时，该省的教育状况也十分落后，其6岁以上男性的文盲率近30%，6岁以上女性文盲率超过50%。[①] 贫困问题与受教育水平低下、健康条件差的问题交织，形成了一种恶性循环，在特莱地区中部拉特纳加尔县（Ratnanagar）与当地社区工作者的座谈中，与会者的说法具有很大的代表性：

> 家庭经济条件好的家庭都愿意把孩子送到私立学校上学，富裕的家庭甚至会把孩子送到加德满都或者印度的精英学校，大学则会选择去美国或者欧洲等英语国家，他们毕业后要么直接移民，要么回到尼泊尔继续成为这个国家的精英。而穷人的孩子只能去公立学校，但是能坚持下去的很少，上学的成本很高，穷人家庭负担不起，他们只能选择继续做农民，或者去城市打零工谋生。现在有很多年轻人去中东和东南亚打工，但是不识字、不会英语的人也没办法出国，只能留在国内继续受穷。

（二）人口流出不断加剧

特莱地区早期的人口增长主要来源于经济开发所吸引的移民进入和人口的高自然增长率，但是，随着当地政治、经济和社会环境的变化，人口流出的问题逐渐暴露出来，寻求改变自身经济地位是促使人口流出的首要原因，主要表现为青壮年劳动力离开当地，到其他国家务工。更多的来源于山区的居民选择离开特莱，其途径包括迁移至加德满都等山区的大城市、赴中东地区富裕石油国等国家务工，以及移民邻近的印度尼泊尔裔社区，总体而言，山区移民流出的速度和比例要高于平原居民。[②] 造成山区居民离开特莱地区的原因有两个，第一，在内战和马德西运动中不断高涨的族群矛盾直接将矛头指向山区居民，族群间的对立性使他们在特莱地区的生存环境恶化。第二，2017年大选结束后，马德西政党在特莱地区的政治优势明显，山区居民在这里变成了政治上和族群上的少数，受到马德西族群的逆向歧视。

---

① *Province 2 of Nepal in maps and charts*, https://codefornepal.org/2018/04/province-2-nepal/.

② 笔者与特莱地区记者访谈中掌握的情况。

第六章 对特莱地区治理的评价与反思

根据世界劳工组织的研究，截至2014年，约220万尼泊尔青壮年劳动力在本土之外工作，这一数据占该国总人口的近10%，是全国总劳动力人口的12%，其在2013-2014财年汇回尼泊尔的侨汇收入占该国国民生产总值（GDP）的25%以上。[①] 按尼泊尔人口分布特征来看，特莱地区人口在这一过程中的流出量也是极为严重的，笔者在对特莱地区多次的实地调研中掌握的情况也印证了这一现象，农村人口呈现出或老或小的两极化，有社区工作人员称：

> 年轻人宁愿去中东国家从事3D工作（Difficult, Dirty, Dangerous）也不愿留在本地当农民，最有本事的年轻人去中东国家和东南亚国家，韩国和日本也有人去，办不了护照和签证的就会找机会去印度打工，就算出不了国，年轻人也愿意到加德满都和其他城市做苦力、做小生意，留在村子里的都是他们的父母和孩子，很难看到年轻人。

农村人口空心化带来一系列经济和社会问题，农业生产力下降，使尼泊尔粮食和蔬菜自给自足的目标永远无法实现，粮食安全只能依赖于印度。同时，另一种形式的人口流出形势也极为严峻，在2008年以来的政治动荡和平权运动影响下，特莱地区族群关系对立严重，强化了印度裔移民群体与山区移民群体对各自来源地和来源地族群的认同，前者甚至喊出了要求后者离开特莱地区的口号，在人口比例上属于少数的山区移民群体开始出现"逃离"特莱地区的现象，笔者访谈对象之一、贾纳克普尔当地一名记者说道：

> 人们认为马德西政党在特莱地区掌权后会不利于山区移民，一些富裕的山区移民或变卖家产，或将产业出租，自己则与家人到国外或者加德满都生活，从特莱地区走出去的年轻人也不愿再回到这里。10年前，我在街道上看到的山区移民经营的商店要远远多于现在，2015年新宪法颁布后，示威者把矛头对准那些经济条件好的店铺，因为他们支持以山区政治精英为代表的政府，这种环境下很多人选择了离开，这种现象可能还会继续下去。

---

① Labour migration in Nepal, https://www.ilo.org/kathmandu/areasofwork/labour-migration/lang--en/index.htm.

结语

从边疆的基本概念出发，本研究探究了地理意义、文化意义和政治学意义上边疆的内涵，认为边疆作为国家治理活动中的一种特殊现象，随着其内涵的不断延伸已经不再局限于领土和人口规模较大、且不同区域间存在巨大差异的国家，而是作为国家治理的特定场域中边缘与核心部分差异的产物，尽管仍然是以国家主权为存在的基本前提，但脱离了领土、领空等物理实体的限制。特莱地区作为尼泊尔的边疆，既是其地理意义上的领土边缘和偏远部分，也历来是其国家治理的薄弱环节，又先后受到英属印度和印度联邦在政治、经济和文化上的巨大影响，对特莱地区治理的必要性和艰巨性都远超尼泊尔国内其他地区，其"小国家、大边疆"的特征十分明显。

边疆总是与国家的主权独立、领土完整、国家安全等议题紧密相连的，国家在遭受外敌入侵时，边疆是最先受到冲击的部分，而外国对于本国的蚕食、渗透也大都从边疆地区开始，边疆地区也是分裂活动、族群冲突等国家安全问题容易爆发的区域，对于小国而言，尤其是面对国家规模远超本国的邻国时，边疆地区的主权、领土和安全更容易受到危害，其对地区独立、统一的诉求也更为敏感。在当今世界全球化进程与保守主义、民族主义的发展齐头并进的格局下，小国出于自保的本能而倾向于选择保守主义，对深化与大国的关系保持谨慎和疑虑，这是"一带一路"倡议在南亚地区乃至延续到其他小国面临的一个重要挑战，也是西方国家炒作"中国威胁论"和"债务陷阱"等阴谋论能够在这些国家获得一定响应的主要原因。本研究通过从边疆的视角研究尼泊尔对其国内边缘区域的治理，深入剖析了其在本国治理能力薄弱、治理手段有限，且面对巨大外部压力的情况下形成的与时俱进的治理理念、采取的灵活多变的治理举措和由此形成的治理模式，对于理解尼泊尔这样的小国在面临此类问题时的策略选择具有标志性意义，同时，特莱地区治理过程的启示意义也是多方面的。

首先，特莱地区的治理对于中国边疆治理具有积极的启示意义。通过对尼泊尔历代治理者对特莱地区进行治理的得失进行评价可以发现，尽管他们完成了基本的治理目标，但在政治、经济和社会领域仍遗留了诸多问题，这

尼泊尔特莱地区治理研究

些问题仍需要进一步地深入治理，中国的边疆治理实践在一定程度上也面临着与其类似的问题，如边疆人民有序参与政治活动、国家认同与民族认同的关系、对外开放与经济安全的平衡、族群关系、外国势力干涉等，特莱地区治理的得失为中国边疆治理提供了一个可以参照、借鉴的例子，中国可以从中得到启示，趋利避害。

其次，尼泊尔在特莱地区治理过程中应对国内和国际挑战时的策略选择，以及由此形成的国内政治格局和治理体系是中国在发展中尼双边关系、推动两国在"一带一路"倡议框架下的战略合作中需要着重考虑的因素。特莱地区的治理及其成效在很大程度上塑造了今天尼泊尔的政治、经济和社会面貌，而且，随着中国在尼泊尔的存在日益增强，中国的利益必然延伸至特莱地区，也必然要与发端于特莱地区的政治势力产生交集，本研究对这一过程的梳理和呈现也能够对中国对尼外交有所启示。

同时，尼泊尔对特莱地区的治理对于全球小国国内治理也具有一定的启示意义。尼泊尔的统一和治理特莱地区的过程始终面临着严重的外部势力介入，治理者不断调整对特莱地区的治理理念和治理模式，化解了英国殖民者吞并整个特莱地区、将尼泊尔逐步殖民地化的企图，成为南亚地区硕果仅存的未被殖民的国家，保持了国家的独立和统一。尼泊尔在经济上不得不依赖印度的情况下，竭力保持政治上的独立，并试图通过经济多元化来实现政治上的完全独立自主，逐步排除印度对特莱地区和整个国家的渗透。面对美国等大国介入其国内事务、并将其作为遏制中国崛起的工具时，尼泊尔谨慎地维持中立态度，从中获取实质性的经济和政治利益。特莱地区的治理是典型的小国应对大国干涉、维护主权独立和领土完整的例子，其经验值得其他小国借鉴。

通过研究也能够回答研究设计时提出的以下几个方面的问题，即：

第一，特莱地区治理面临的问题和其治理的目标是什么？

第二，特莱地区政治、经济和社会领域的治理模式和政策有何特殊之处？

第三，特莱地区治理的成效如何？存在什么问题？

研究发现，特莱地区治理面临的主要问题存在于政治、经济和社会三个领域，包括特莱地区的政治秩序问题，即其主权归属和领土争端、政治权力和权利分享的问题；特莱地区的经济建设问题，即其早期开发、产业发展和经济依附问题；特莱地区的社会发展问题，即其族群关系、语言文字和教科文卫，以及国际非政府组织问题。针对以上领域的种种问题，尼泊尔治理者的治理目标主要可以概括为三个方面，即实现政治上的主权独立和领土完整、经济上的开发和建设、族群融合和和解以及社会其他事业的进步。

尼泊尔的治理者在不同的治理理念指导下，根据不同时期的内外环境，在以上三个领域采取了一系列特殊的治理举措，在继承的基础上改革既有政策，形成了独特的治理模式，这一套治理模式从独裁到民主、从依附到独立、从保守到开放，具有相当大的进步性。

特莱地区的治理在整体上达成了其治理目标，但也存在遗留和新出现的问题。在政治上，代表国家权威的联邦政府丧失了对特莱地区的绝对主导权，其对特莱地区的权威性大为降低，族群政治大行其道，新旧外部势力对特莱地区的渗透仍然广泛存在，实现政治完全独立的目标仍需努力，边界管理和领土争端问题突出，暴力和分裂势力泛滥的问题也亟待解决。在经济上，贫富差距问题愈加突出，进一步撕裂了特莱地区的阶层构成，经济完全独立的目标短期内很难实现，人口大量流出等新问题也日益严重。在社会治理领域，特莱地区的居民对于国家的认同度较低，对2015年新宪法的认可度不高，国籍议题和无国籍人员问题依然困扰着当地。

特莱地区治理对中国边疆治理和中国对尼外交政策的选择具有重要的启示意义，论文从边疆治理与国家的兴衰、中央政府在边疆治理中的绝对主导地位等7个方面对此进行了论述，同时，特莱地区的治理与中国国家安全和"一带一路"建设关系密切，需要中国在国际、双边等层面的对尼政策中加以应对。

参考文献

一、中文文献

（一）中文著作及译作

［1］陈振明：《公共政策分析》，北京：中国人民大学出版社，2003年。

［2］费孝通主编：《中华民族多元一体格局（修订本）》，北京：中央民族大学出版社，2003年。

［3］李安宅：《边疆社会工作》，石家庄：河北教育出版社，2012年。

［4］李帆、邱涛：《近代中国的民族国家建设》，北京：商务印书馆，2015年。

［5］李捷、杨恕：《分裂主义及其国际化研究》，北京：时事出版社，2013年。

［6］林承节：《独立后的印度史》，北京大学出版社，2005年。

［7］林承节：《印度史》，北京：人民出版社，2004年。

［8］鲁正华：《统一尼泊尔的普·纳·沙阿大君》，北京：商务印书馆，1986年。

［9］马大正：《当代中国边疆研究（1949—2014）》，北京：中国社会科学出版社，2016年。

［10］马大正：《热点问题冷思考——中边疆研究十讲》，上海：上海辞书出版社，2013年。

［11］马大正：《中国边疆经略史》，武汉：武汉大学出版社，2012年。

［12］唐晓峰、姚大力等：《拉铁摩尔与边疆中国》，上海：生活·读书·新知三联书店，2017年。

［13］王宏纬、鲁正华编：《尼泊尔民族志》，北京：中国藏学出版社，1989年。

［14］王宏纬：《尼泊尔—人民和文化》，西宁：昆仑出版社，2007年。

［15］王宏纬：《高山王国尼泊尔》，北京：中国社会科学出版社，1980年。

［16］王宏纬：《列国志·尼泊尔》，社会科学文献出版社，2004年。

［17］王剑峰：《族群冲突与治理：基于冷战后国际政治的视角》，北京：社会科学文献出版社，2014年。

［18］王明珂：《华夏边缘：历史记忆与族群认同》，北京：社会科

学文献出版社，2006年。

［19］王艳芬：《共和之路——尼泊尔政体变迁研究》，北京：社会科学文献出版社，2013年。

［20］王宗：《尼泊尔印度国家关系的历史考察（1947—2011）》，北京：中国出版集团，2014年。

［21］吴楚克：《边疆政治学》，北京：中央民族大学出版社，2005年。

［22］徐黎丽主编：《中国边疆安全研究（二）》，北京：社会科学文献出版社，2016年。

［23］徐亮：《尼泊尔对印度的经济依赖研究》，北京：人民日报出版社，2015年。

［24］余太山主编：《西域通史》，郑州：中州古籍出版社，1996年。

［25］余潇枫、徐黎丽、李正元等：《边疆安全学引论》，北京：中国社会科学出版社，2013年。

［26］俞可平：《论国家治理的现代化》，北京：社会科学文献出版社，2015年。

［27］俞可平：《权利政治与公益政治》，北京：社会科学文献出版社，2003年。

［28］俞可平：《走向善治》，北京：中国文史出版社，2016年。

［29］袁群：《尼泊尔联合共产党（毛主义）"新民主主义革命"的理论与实践》，北京：中国社会科学出版社，2012年。

［30］张植荣：《国际关系与西藏问题》，北京：旅游教育出版社，1994年。

［31］周平：《多民族国家的族际政治整合》，北京：中央编译出版社，2012年。

［32］周平：《中国边疆治理研究》，北京：经济科学出版社，2011年。

［33］周平主编：《中国边疆政治学》，北京：中央编译出版社，2015年。

（二）中文译作

［1］［英］埃里克·霍布斯鲍姆著，李金梅译：《民族与民族主义》，上海：上海世纪出版集团，2005年。

［2］［英］安东尼·D. 史密斯著，王娟译：《民族认同》，南京：译

林出版社，2018年。

［3］［美］本尼迪克特·安德森著，吴叡人译：《想象的共同体》，上海：上海人民出版社，2016年。

［4］［美］弗朗西斯·福山著，郭华译：《国家构建：21世纪的国家治理与世界秩序》，上海：学林出版社，2018年。

［5］［美］拉铁摩尔著，唐晓峰译：《中国的亚洲内陆边疆》，南京：江苏人民出版社，2005年。

［6］［美］巴菲尔德著，袁剑译：《危险的边疆：游牧帝国与中国》，南京：江苏人民出版社，2011年。

［7］［美］艾尔·巴比著，邱泽奇译：《社会研究方法（第十一版）》，北京：华夏出版社，2009年。

［8］［美］弗里德里克·杰克逊·特纳著，董敏、胡晓凯译：《美国边疆论》，北京：中国出版集团公司&中国对外翻译出版有限公司，2012年。

［9］［美］里亚·格林菲尔德著，王春华等译：《民族主义：走向现代的五条道路》，北京：上海三联书店，2010年。

［10］［英］安东尼·吉登斯著，胡宗泽等译：《民族—国家与暴力》，上海：生活·读书·新知三联书店，1998年。

（三）中文期刊论文

［1］曹李海、李月明：《边疆治理研究的认知谱系与深层机理探究》，《实事求是》，2018年第2期。

［2］陈霖：《我国边疆问题与边疆治理探讨》，《社会主义研究》，2009年第6期。

［3］陈宇：《依法治边与中国边疆治理的现代化进程》，《学术探索》，2017年11月。

［4］邓红英：《印度邻国政策的旧难题与新变化》，《东南亚南亚研究》，2016年第4期。

［5］丁忠毅：《"一带一路"建设中的西部边疆安全治理：机遇、挑战及应对》，《探索》，2015年第6期。

［6］丁忠毅：《命运共同体建设视域下陆地边疆治理现代化研究》，《广西民族大学学报（哲学社会科学版）》，第39卷第3期，2017年5月。

［7］杜德斌、马亚华：《"一带一路"：中华民族复兴的地缘大战略》，《地理研究》，2015年第6期。

［8］方盛举：《对我国陆地边疆治理的再认识》，《社会科学文摘》，2018年第1期。

［9］方盛举：《新边疆观：政治学的视角》，《新疆师范大学学报（哲学社会科学版）》，第39卷第2期，2018年3月。

［10］高永久、崔晨涛：《"一带一路"与边疆概念内涵的重塑——兼论新时代边疆治理现代化建设》，《中南民族大学学报（人文社会科学版）》，第38卷第2期，2018年3月。

［11］何修良：《"一带一路"建设和边疆治理新思路——兼论"区域主义"取向的边疆治理》，《国家行政学院学报》，2018年第4期。

［12］李涛、高亮：《尼泊尔2017年大选及其影响》，《当代世界社会主义问题》，2018年第1期。

［13］李英铭：《尼泊尔民主化进程现状与未来稳定性分析》，《南亚研究》，2014年第3期。

［14］栗献忠：《跨境民族问题与边疆安全刍议》，《学术论坛》，2009年第3期，总第218期。

［15］刘华夏、袁青欢：《去差异化边疆治理：前现代国家的历史逻辑》，《湖北民族学院学报（哲学社会科学版）》，第36卷第1期，2018年1月。

［16］龙兴春、楼春豪：《尼泊尔政局现状及前景》，《现代国际关系》，2009年第9期。

［17］罗中枢：《论边疆的特征》，《新疆师范大学学报（哲学社会科学版）》，第39卷第3期，2018年5月。

［18］罗中枢：《中国西部边疆研究若干重大问题思考》，《四川大学学报（哲学社会科学版）》，2015年第1期，总第196期。

［19］马大正：《中国边疆治理：从历史到现实》，《思想战线》，2017年第4期，总第43卷。

［20］宋志辉、谢代刚：《20世纪90年代以来尼泊尔政局持续动荡原因探析》，《四川大学学报（哲学社会科学版）》，2008年第2期。

［21］苏力：《大国及其疆域的政制构成》，《法学家》，2016年第1期。

［22］孙保全、赵健杉：《"边疆治理"概念的形成与发展》，《广

西民族大学学报（哲学社会科学版）》，第 39 卷第 3 期，2017 年 5 月。

[23] 孙勇、王春焕：《时空统一下国家边疆现象的发生及其认识——兼议野边疆建构论冶与野边疆实在论冶争鸣》，《理论与改革》，2018 年第 5 期。

[24] 万秀丽、牛媛媛：《国家安全视野下西部边疆治理研究》，《实事求是》，2018 年第 1 期。

[25] 王宏纬：《试论尼泊尔的土地改革》，《南亚研究》，1988 年第 1 期。

[26] 王江成：《论中国的边疆观与边疆治理的互动关系》，《民族问题研究》，2017 年第 2 期。

[27] 王静：《尼联共（毛）2013 年大选失利评析》，《中国矿业大学学报》，2014 年第 1 期。

[28] 王静：《尼联共（毛）的发展及其面临的挑战》，《马克思主义研究》，2011 年第 8 期。

[29] 王艳芬、汪诗明：《冷战以来美国与尼泊尔的关系》，《南亚研究》，2009 年第 1 期

[30] 王艳芬：《论尼泊尔潘查亚特体制的历史影响》，《史学集刊》，2008 年第 5 期。

[31] 王艳芬：《论尼泊尔潘查亚特体制实行的历史背景》，《世界历史》，2008 年第 6 期。

[32] 王艳芬：《试论拉纳家族政权的建立》，《苏州科技大学学报（社会科学版）》，第 29 卷第 6 期，2012 年 11 月。

[33] 王宗：《尼泊尔民主运动与王权政治的衰落》，《解放军外国语学院学报》，2008 年第 7 期。

[34] 夏文贵：《论边疆治理中国家认同的系统建构》，《中南民族大学学报（人文社会科学版）》，第 38 卷第 2 期，2018 年 3 月。

[35] 杨明洪：《反"边疆建构论"：一个关于"边疆实在论"的理论解说》，《新疆师范大学学报（哲学社会科学版）》，第 39 卷第 1 期，2018 年 1 月。

[36] 杨明洪：《试论边疆的"二重属性"》，《新疆师范大学学报（哲学社会科学版）》，网络首发论文 2019 年 11 月。

[37] 于海洋：《尼泊尔大选：僵持与和解》，《中国经济周刊》，2010 年 10 月 18 日。

［38］于沛：《从地理边疆到"利益边疆"——冷战结束以来西方边疆理论的演变》，《中国边疆史地研究》，第15卷第2期，2005年6月。

［39］俞家海、林延明：《印度的边疆和边疆研究述评》，《印度洋经济体研究》，2017年第3期。

［40］袁剑：《近代西方"边疆"概念及其阐释路径——以拉策尔、寇松为例》，《北方民族大学学报（哲学社会科学版）》，2015年第2期，总第122期。

［41］袁剑：《人类学视野下的中国边疆史》，《读书》，2009年第4期。

［42］袁群、方文：《尼联共（毛）2013制宪议会选举失利原因探析》，《社会主义研究》，2014年第3期，总第215期。

［43］袁群、刘丹蕊：《尼联共（毛）崛起中的美国因素》，《社会主义研究》，2013年第3期。

［44］袁群、张立锋：《尼泊尔共产主义运动的历史演进探析》，《社会主义研究》，2015年第2期。

［45］张健：《美国边疆治理的政策体系及其借鉴意义》，《云南行政学院学报》，2011年第5期。

［46］张立国：《边疆非传统安全的合作治理机制建构探析》，《西北民族大学学报（哲学社会科学版）》，2017年第1期。

［47］张树彬：《尼泊尔共产党的演变与分合走向》，《南亚研究季刊》，2017年第4期，总第171期。

［48］周平：《边疆多民族地区政治文明建设的重大问题分析》，《思想战线》，2006年第5期。

［49］周平：《边疆民族地区的政治文明建设》，《思想战线》，2003年第3期。

［50］周平：《边疆研究的国家视角》，《社会科学文摘》，2018年第1期。

［51］周平：《边疆在国家发展中的意义》，《思想战线》，2013年第2期。

［52］周平：《边疆治理视野中的认同问题》，《云南师范大学学报（哲学社会科学版）》，2009年第1期。

［53］周平：《国家崛起与边疆治理》，《广西民族大学学报（哲学社会科学版）》，第39卷第3期，2017年5月。

［54］周平：《国家视阈里的中国边疆观念》，《政治学研究》，2012年第2期。

［55］周平：《论我国边疆治理的转型与重构》，《云南师范大学学报（哲学社会科学版）》，2010年第2期。

［56］周平：《我国边疆概念的历史演变》，《云南行政学院学报》，2008第4期。

［57］周平：《我国的边疆与边疆治理》，《政治学研究》，2008年第2期。

［58］周平：《我国的边疆治理研究》，《学术探索》，2008年第2期。

［59］周平：《中国的边疆治理：族际主义还是区域主义？》，《思想战线》，2008年第3期。

［60］周平：《中国的崛起与边疆架构创新》，《云南师范大学学报（哲学社会科学版）》，2013年第2期。

（四）中文学位论文

［1］陈应成：《建国以来中国共产党边疆治理理论与实践研究——以构建和谐边疆为视角》，陕西师范大学博士学位论文，2011年。

［2］李朝辉：《美国的边疆架构与国家发展》，云南大学博士学位论文，2015年。

［3］李庚伦：《我国陆地边疆政治安全治理研究》，云南大学博士学位论文，2017年。

［4］李丽：《印度东北边疆治理研究》，云南大学博士学位论文，2016年。

［5］李强：《英属印度西北边疆政策和中国西部边疆危机：1757—1895年中、英在喜马拉雅山区、喀喇昆仑山区和帕米尔地区争端的研究》，暨南大学博士学位论文，2005年。

［6］林士俊：《清末边疆治理与国家整合研究》，中央民族大学博士学位论文，2010年。

［7］卢鹏：《边疆少数民族国家认同的构建——以中越边境哈尼族果角人为中心的讨论》，云南大学博士学位论文，2015年。

［8］卢远：《尼泊尔联合共产党（毛派）崛起的印度因素》，暨南大

学博士学位论文，2012年。

［9］吕朝辉：《当代中国陆地边疆治理模式创新研究》，云南大学博士学位论文，2015年。

［10］石正义：《影响我国边疆民族地区安全稳定的美国因素研究》，中央民族大学博士学位论文，2012年。

［11］孙雯：《中国民族国家构建与边疆民族地区治理》，中央党校（国家行政学院）博士学位论文，2018年。

［12］王东旭：《边疆民族地区政府治理能力现代化研究》，吉林大学博士学位论文，2018年。

［13］王志辉：《我国西南边疆社会治理精细化研究》，云南大学博士学位论文，2017年。

［14］谢贵平：《认同能力建设与边疆安全治理研究》，浙江大学博士学位论文，2015年。

［15］朱金春：《现代国家构建视野下的边疆治理研究》，中央民族大学博士学位论文，2012年。

二、英文文献

（一）英文著作

［1］Abhay Charan Mukerji, *Life of Maharaja Sir Jung Bahadur of Nepal*, Ratna Pustak Bhandar, Kathmandu, Nepal. 2017.

［2］Aditya Adhikari, *the Bullet and the Ballot Box, the Story of Nepal's Maoist Revolution*, New Delhi, 2014.

［3］Arjun Guneratne, *The Tarai, History, Society, Environment*, Khathmandu, 2011.

［4］Bina Pradhan, *The Newar Women of Bulu*, The Status Of Women In Nepal Volume II, Part 6, 1981 (firstprinting).

［5］Bishnu Raj Upreti, Safal Ghimire, Suman Babu Paudel, *Ignored or Ill-Represented? the Grievance of Terai Madhes Conflict in Nepal*, Adroit Publications, 2012.

［6］Charles Stonor, Hollis & Carter, *The Sherpa and the Snowman*, 1955.

［7］Deepak Chaudhary, *Tarai/Madhesh of Nepal: An Anthropological Study*, Ratna Pustak Bhandar, Kathmandu, Nepal. 2011.

［8］Deepak Thapa, Bandita Sijapati, *A Kingdom Under Siege*, Himal Books, Kathmandu, 2003.

［9］Dipendra Jha, *Federal Nepal: Trials and Tribulations*, AAKAR books, New Delhi, 2018.

［10］Frederick H. Gaige, *Regionalism and National Unity in Nepal*, Khathmandu, 2009.

［11］Gisele Krauskopff, Pamela Meyer, *The Kings of Nepal and the Tharu of the Tarai, i: The Panjiar Collection, Fifty Royal Documents 1726 to 1971*, Rusca Press, Los Angeles, USA. 2000. p.40.

［12］Gopal Singh Nepali, *The Newars of Nepal*, PhD dissertation, Department of Sociology, University of Bombay, 1959.

［13］Hari Bansh Jha, *the Terai Community and National Integration in Nepal*, Adroit Publishers, New Delhi, 2017.

［14］Janak Rai, Malaria, Tarai Ādivāsi and the Landlord State in the 19th century Nepal: A Historical-Ethnographic Analysis, *Dhaulagiri Journal of Sociology and Anthropology*, Vol. 7, 2013.

［15］Kalpana Jha, *The Madhesi Upsurge and the Contested Idea of Nepal*, Springer, 2017.

［16］Kalyan Bhakta Mathema, *Madheshi Uprising: The Resurgence of Ethnicity*, Mandala Book Point, Kantipath, Kathmandu, Nepal.2011.

［17］Kul Chandra Gautam, *Lost in Transition, Rebuilding Nepal from the Maoist Mayhem and Mega Earthquake*, Kathmandu, 2016.

［18］L. A. Waddell, *Among the Himalayas*, New York, Amsterdam book co., Westminster, A. Constable & co.1899.

［19］Ludwig F. Stiller, S.J., *the Rise of the House of Gorkha*, Educational Publishing House, Kathmandu, Nepal. 2017.

［20］Ludwig F. Stiller, S.J., *The Silent Cry (the People of Nepal:1816-1839)*, Educational Publishing House, Kathmandu, 2018.

［21］Ludwig F.Stiller, S.J., *Prithwinarayan Shah in the Light of Dibya*

Upadesh, Himalaya Book Centre, Kathmandu, Nepal. 1989.

［22］Mahendra Lawoti, Susan Hangen, *Nationalism and Ethnic Conflict in Nepal, Identities and Mobilization after 1990*, London, 2013.

［23］Major T. Warren, *A Shorter English - Nepali Dictionary*, first Published in 1944.

［24］Manjushree Thapa, *Battles of the New Republic, a Contemporary History of Nepal*, New Delhi, 2014.

［25］Manjushree Thapa, *the Tutor of History*, New Delhi, 2014.

［26］Marie Lecomte-Tilouine, *Revolution in Nepal: An Anthropological and Historical Approach to the People's war*, New Delhi, 2013.

［27］Meena Acharya & Lynn Bennett, The Rural Women of Nepal: An Aggregate Analysis and Summary Of 8 Village Studies, *The Status Of Women In Nepal Volume II*, Part 9, 1981 (first printing).

［28］Megan Adamson Sijapati, *Islamic Revival in Nepal: Religion and a New Nation*, Routledge, 2012.

［29］Michael Hutt, Pratyoush Onta, *Political Change and Public Culture in Poat-1990 Nepal*, Cambridge University Press, 2017.

［30］R. S. N. Singh, *The Unmaking of Nepal*, Lancer Publishers, 2010.

［31］Ram Manohar San, *The Middle Country: The Traverse of Madhesh through War, Colonization&Aid Dependent Racist State*, Adroit Publications, New Delhi, 2017.

［32］Sagar S.J.B. Rana, *Singha Durbar: Rise and Fall of the Rana Regime of Nepal*, Rupa Publications India Pvt. Ltd 2017.

［33］Satish Kumar, *Rana polity in Nepal: Origin and Growth*, Indian School of International Studies, Delhi, 1967.

（二）英文期刊论文和报告

［1］ADB, *Nepal: Preparation of National Resettlement*, ADB Technical Assistance Consultant's Report, Project Number: 3821501 October 2006. Policy Framework.

［2］Amit Kumar, *Nepal: The Politics of Constitution Drafting*, Indian

参考文献

Council of World Affairs, Issue Brief, April 16, 2015.

［3］Amrit Sarup, Transit Trade of Land-Locked Nepal, *The International and Comparative Law Quarterly*, Vol. 21, No. 2 (Apr., 1972), pp.287-306.

［4］Anil Chitrakar, *Kipat, Heritage Tale*, Issue 69, July, 2010. http://ecs.com.np/heritage-tale/kipat.

［5］Arjun Guneratne, Modernization, the State, and the Construction of a Tharu Identity in Nepal, *The Journal of Asian Studies*, Vol. 57, No. 3 (Aug., 1998).

［6］Babu Ram Acharya, *Land Tenure and Land Registration in Nepal*, Integrating Generations FIG Working Week 2008, Stockholm, Sweden, 14-19 June 2008.

［7］Carsten Smith Olsen, The Trade in Medicinal and Aromatic Plants from Central Nepal to Northern India, *Economic Botany*, Vol. 52, No. 3 (Jul. - Sep., 1998).

［8］Christoph von Fürer-Haimendorf, The Inter-Relations of Castes and Ethnic Groups in Nepal, *Bulletin of the School of Oriental and African Studies*, University of London, Vol.20, No. 1/3, Studies in Honour of Sir Ralph Turner, Director of the School of Oriental and African Studies, 1937-57 (1957), pp. 243-253.

［9］Dahal D.R., *Economic development through indigenous means: A case of Indian migration in the Nepal terai*. Contribution to Nepalese Studies 11(1): 1-20. (1983).

［10］Daniel W. Edwards, *The Daudaha (Inspection Tour System) Under the Ranas*, http://himalaya.socanth.cam.ac.uk/collections/journals/contributions/pdf/INAS_03_02_02.pdf.

［11］Deepak Adhikari, Hydropower Development in Nepal, *Economic Review*, Nepal Rastra Bank, Vol 18_art 4.

［12］Dev Raj Dahal, Elections and Conflict in Nepal (Country Analysis).

［13］Dipesh Kumar Ghimire, *Decentralization and Corruption: Does Decentralization Lead to Corruption in Local Level in Nepal?* Nepal Journals

Online (NepJOL), Vol. 8 (2018).

［14］Durga P. Ojha, *History of land settlement in Nepal Terai*, Contributions to Nepalese Studies, Vol. 11, No.3, December, 1983.

［15］F.O.C., The Land of the Gurkhas, or the Himalayan Kingdom of Nepal. *The Geographical Journal*, Vol. 91, No. 4 (Apr., 1938), pp. 370-371.

［16］Frederick Gaige, Nepal: The Search for a National Consensus, *Asian Survey*, Vol. 10, No. 2, A Survey of Asia in 1969: Part II (Feb., 1970), pp. 100-106.

［17］Gopi Nath Sharma, *The impact of education during the Rana period*, Volume 10, Number 2 Himalayan Research Bulletin No. 2 & 3, Article 6.

［18］Horace B. Reed, Nepalese Education Related to National Unity, *Economic Development and Social Justice. Comparative Education*, Vol. 15, No. 1, Special Number (3): Unity and Diversity in Education (Mar., 1979), pp. 43-61.

［19］https://www.nepalitimes.com/here-now/the-mosquito-that-changed-nepals-history/.

［20］Humayun Kabir, *Education, Nationalism, and Conflict in Plural Society in Nepal: Terai Region in the Post-Maoist Context*, Hiroshima University Partnership Project for ［14］Peace Building and Capacity Development, Discussion Paper Series, Volume 19.

［21］Jason Miklian, *Nepal's Terai: Constructing an Ethnic Conflict*, International Peace Research Institute, Oslo (PRIO),2008.

［22］John W. Garver, China-India Rivalry in Nepal: The Clash over Chinese Arms Sales, *Asian Survey*, Vol. 31, No. 10 (Oct., 1991).

［23］John Whelpton, Nepal and Bhutan in 2007: Seeking an Elusive Consensus, *Asian Survey*, Vol. 48, No. 1 (January/February 2008), pp. 184-190.

［24］John Whelpton, Nepal and Bhutan in 2008: A New Beginning? *Asian Survey*, Vol. 49, No. 1 (January/February 2009), pp. 53-58.

［25］John Whelpton, Nepal Politics and the Rise of Jang Bahadur Rana, 1830-1857, Department of History, *School of Oriental and African Studies*, University of London, February 1987.

［26］John Whelpton, Reviewed Work(s): Towards a Democratic Nepal:

Inclusive Political Institutions for a Multicultural Soc. *Bulletin of the School of Oriental and African Studies*, University of London, Vol.69, No. 1 (2006), pp. 160−162.

[27] Kailash Pyakuryal, Murari Suvedi, *Understanding Nepal's development(context, interventions and people's aspirations)*, Department of Agriculture and Natural Resources, Michigan State University, November 2000.

[28] Keshab Khadka, Land and Natural Resources: Central Issue in the Peace and Democratization Process in Nepal, *Economic Journal of Development Issues* Vol. 11 & 12 No. 1-2 (2010) Combined Issue.

[29] Kiran Raj Awasthi, Kazeem Adefemi, Mamata Sherpa Awasthi, Binaya Chalise, *Public Health Interventions for Control of Malaria in the Population Living in the Terai Region of Nepal*, Nepal Health Res Counc 2017 Sep- Dec;15(37):202-7.

[30] Kirsty Martin, Local voices on community radio: a study of 'Our Lumbini'in Nepal, *Development in Practice*, Vol. 20, No. 7 (September 2010), pp. 866−878.

[31] Krishna Hachhethu, Sanjay Kumar, Jiwan Subedi, *Nepal in Transition: A Study on the State of Democracy*, DSA/Nepal Chapter and International IDEA Kathmandu, Nepal, January 2008.

[32] Krishna Hachhethu, *Mass Movement 1990*, Contributions to Nepalese Studies, CNAS, Tribhuvan University, Vol.17, No.2, July 1990.

[33] Leo E. Rose, Nepal in 1965: Focus on Land Reform, *Asian Survey*, Vol. 6, No. 2 (Feb., 1966), pp. 86−89.

[34] Madhav Joshi and T. David Mason, Land Tenure, Democracy, and Insurgency in Nepal: Peasant Support for Insurgency Versus Democracy, *Asian Survey*, Vol. 47, No. 3 (May/June 2007).

[35] Mahendra Lawoti, Nepal and Bhutan in 2009: Transition Travails? *Asian Survey*, Vol. 50, No. 1 (January/February 2010), pp. 164−172.

[36] Mahesh. C. Regmi, *Land tenure and taxation in Nepal*, Volume 2, Institute of International Studies, University of California, Berkeley, 1961.

[37] Mani Nepal, Alok K. Bohara and Kishore Gawande, More

Inequality, More Killings: The Maoist Insurgency in Nepal, *American Journal of Political Science*, Vol. 55, No. 4 (October · 2011).

[38] Miklian, J. *Nepal's Terai: Constructing an Ethnic Conflict. South Asia Briefing Paper #1*, (2009), Oslo: International Peace Research Institute. ISBN 82-7288-309-5.

[39] Mona Laczo, Deprived of an Individual Identity: Citizenship and Women in Nepal. *Gender and Development*, Vol. 11, No. 3, Citizenship (Nov., 2003), pp. 76-82.

[40] Nancy E. Levine, Caste, State, and Ethnic Boundaries in Nepal, *The Journal of Asian Studies*, Vol. 46, No. 1(Feb, 1987).

[41] Nanda R. Shrestha, Raja P. Velu and Dennis Conway, Frontier Migration and Upward Mobility: The Case of Nepal, *Economic Development and Cultural Change*, Vol. 41, No. 4 (Jul., 1993), pp. 787-816.

[42] Nanda R. Shrestha, Raja P. Velu, Dennis Conway, Frontier Migration and Upward Mobility: The Case of Nepal, *Economic Development and Cultural Change*, Vol. 41, No. 4 (Jul., 1993).

[43] Narayan Khadka, Crisis in Nepal's Partyless Panchayat System: The Case for More Democracy. *Pacific Affairs*, Vol. 59, No. 3 (Autumn, 1986), pp. 429-454.

[44] National Planning Commission Secretariat&Central Bureau of Statistics National Population and Housing Census 2011(National Report).

[45] Nava Raj Chalise, *Land tenure reform in Nepal*, Nepal Rastra Bank, 1991.

[46] Nava Raj Chalise, *Land tenure reform in Nepal*, NRB Economic Review, Nepal Rastra Bank, Research Department, Vol. 5.

[47] Parmanand, The Indian Community in Nepal and the Nepalese Community in India: The Problem of National Integration, *Asian Survey*, Vol. 26, No. 9 (Sep., 1986), pp. 1005-1019.

[48] Paul K. Davis, Eric V. Larson, Zachary Haldeman, Mustafa Oguz, Yashodhara Rana, *Understanding and Influencing Public Support for Insurgency and Terrorism*, RAND Corporation. (2012).

[49] Pratikshya Bohra and Douglas S. Massey, Processes of Internal and International Migration from Chitwan, Nepal. *The International Migration Review*, Vol. 43, No. 3 (Fall 2009), pp. 621-651.

[50] Rabindra Mishra, India's Role in Nepal's Maoist Insurgency, *Asian Survey*, Vol. 44, No. 5 (September/October 2004).

[51] Richard Burghart, The Formation of the Concept of Nation-State in Nepal. *The Journal of Asian Studies*, Vol. 44, No. 1 (Nov., 1984), pp. 101-125.

[52] Rishi keshab Raj Regmi, Deforestation and Rural Society in the Nepalese Terai, *Occasional Papers in Sociology and Anthropology*, Volume 4(1994).

[53] S. K. Mittal and Krishan Dutt, Raj Kumar Sukul and the Peasant Upsurge in Champaran, *Social Scientist*, Vol. 4, No. 9 (Apr., 1976), pp. 25-36.

[54] Sara Shneiderman and Mark Turin, Nepal and Bhutan in 2011 Cautious Optimism, *Asian Survey*, Vol. 52, No. 1 (January/February 2012), pp. 138-146.

[55] Satish Kumar, *Rana polity in Nepal: Origin and Growth*, Indian School of International Studies, Delhi, 1967.

[56] Seira Tamang, the politics of conflict and difference or the difference of conflict in politics: the women's movement in Nepal. *Feminist Review*, No.91, south asian feminisms: negotiating new terrains (2009), pp. 61-8.

[57] Shankar Sharma, Nepal's Economy: Growth and Development, *Asian Survey*, Vol. 26, No. 8 (Aug., 1986), pp. 897-908.

[58] Shaphalya Amatya, *Rana Rule in Nepal*, Nirala Publications, New Delhi, 2004.

[59] Sharon Stash and Emily Hannum, Who Goes to School? Educational Stratification by Gender, Caste, and Ethnicity in Nepal, *Comparative Education Review*, Vol. 45, No. 3 (August 2001), pp. 354-378.

[60] Skar, H. O. (1995), *Myths of origin: the Janajati Movement, local traditions, nationalism and identities in Nepal*, Contributions to Nepalese Studies 22 (1).

[61] Stacy Leigh Pigg, *Inventing Social Categories through Place: Social Representations and Development in Nepal*, Comparative Studies in Society and History, Vol. 34, No. 3 (Jul., 1992), pp. 491–513.

[62] Surendra R.Devkota, *Nepal in the 21st century*, New York, Nova Science Publishers, Inc., 2010.

[63] Susan Banki, Refugee Integration in the Intermediate Term: a Study of Nepal, Pakistan, and Kenya, *UNHCR working paper*, No.108, October,2004.

[64] Susan Hangen, Nepal and Bhutan in 2010 At an Impasse. *Asian Survey*, Vol. 51, No. 1 (January/February 2011), pp. 125–130.

[65] Susan Hangen, *Race and the Politics of Identity in Nepal*, Ethnology, Vol. 44, No. 1 (Winter, 2005), pp. 49–64.

[66] T. Louise Brown, *The challenge to democracy in Nepal*, London Routledge, 2010.The Nepal Interim Government Act, 1951.

[67] Tom Robertson, *the Insect that changed Nepal's history*, March 28, 2018.

[68] UNHCR, Fact-sheet Nepal, September, 2014.

[69] United States Department of State Bureau of Democracy, Human Rights and Labor. *Nepal 2013 Human Rights Report*.

[70] Urmila Phadnis, *Nepal: The Politics of Referendum. Pacific Affairs*, Vol. 54, No. 3 (Autumn, 1981), pp. 431–454.

[71] Vijay Kumar Tiwary, Advent of Indian Railways: Its Expansion in the Bordering Districts of Nepal and Their Impact on Indo- Nepal Trade Relations (1846-1947), *Proceedings of the Indian History Congress*, Vol. 69, 2008.

[72] WHO Regional Office for South-East Asia, *Nepal Malaria Programme Review*, 7-16 June 2010.

[73] William B. Wood, Forced Migration: Local Conflicts and International Dilemmas. *Annals of the Association of American Geographers*, Vol. 84, No. 4 (Dec., 1994), pp.607–634.

[74] World Bank, *A National Transport System for Nepal*, Washington, D.C. June 1965.

（三）英文网站

[1] 国际山地综合发展中心：https://www.icimod.org/。

[2] 国际移民组织尼泊尔办公室：https://nepal.iom.int/。

[3] 加德满都邮报：https://kathmandupost.com/。

[4] 今日尼泊尔报：https://risingnepaldaily.com/。

[5] 联合国发展署驻尼办公室：https://www.np.undp.org/。

[6] 联合国驻尼办公室：https://un.org.np/。

[7] 马德西独立联盟官网：http://madhesh.com/。

[8] 马德西青年：https://www.madhesiyouth.com/。

[9] 马德西权利论坛：http://teraimadhesh.org/。

[10] 马德西之声：https://madheshvani.com/en/。

[11] 尼泊尔2号省土地管理与农业合作部：http://molmac.p2.gov.np/contact.php。

[12] 尼泊尔边界研究中心：http://www.bordernepal.com/。

[13] 尼泊尔大会党官网：https://www.nepalicongress.org/index.php?linkId=26。

[14] 尼泊尔共产党官网：http://ncp.org.np/。

[15] 尼泊尔内政部官网：http://www.moha.gov.np/。

[16] 尼泊尔时报：https://www.nepalitimes.com/。

[17] 尼泊尔外交部官网：https://mofa.gov.np/。

[18] 尼泊尔网络期刊：https://www.nepjol.info/index.php/index。

[19] 尼泊尔选举委员会：http://www.election.gov.np/election/np。

[20] 尼泊尔移民局官网：http://www.nepalimmigration.gov.np/。

[21] 尼泊尔议会官网：https://www.parliament.gov.np/。

[22] 尼泊尔政府官网：https://www.nepal.gov.np/。

[23] 尼泊尔中央统计局：https://cbs.gov.np/。

[24] 无代表民族和人民组织（UNPO）：https://unpo.org/。

[25] 喜马拉雅时报：https://thehimalayantimes.com/。

[26] 新墨西哥大学尼泊尔研究中心：https://digitalrepository.unm.edu/nepal_study_center/。

[27] 研究之门：https：//www.researchgate.net/。

[28] 印度外交部：https：//mea.gov.in/。

[29] 印度驻尼泊尔大使馆：https：//www.indembkathmandu.gov.in/。

附录 1
《苏高利条约》

Treaty of Sugauli, 2nd December 1815
between
East India Company and the kingdom of Nepal

Article - I

There shall be perpetual peace and friendship between the Honourable East India Company and the King of Nepal.

Article - II

The Rajah of Nepal renounces all claim to the lands which were the subject of discussion between the two States before the war, and acknowledges the right of the Honourable Company to the sovereignty of those lands.

Article - III

The Rajah of Nepal hereby cedes to the Honourable the East India Company in perpetuity all the under-mentioned territories, viz-

1: – The whole of the lowlands between the Rivers Kali and Rapti.

2: – The whole of the low lands (with the exception of Bootwul Khass) lying between the Rapti and the Gunduck.

3:– The whole of the lowlands between the Gunduck and Coosah, in which the authority of the British Government has been introduced, or is in actual course of introduction.

4:– All the low lands between the Rivers Mitchee and the Teestah.

5:– All the territories within the hills eastward of the River Mitchee including the fort and lands of Nagree and the Pass of Nagarcote leading from Morung into the hills, together with the territory lying between that pass and nagerr. The aforesaid territory shall be evacuated by the Gurkha troops within forty days from this date.

Article - IV

With a view to indemnify the Chiefs and Barahdars of the State of Nepal, whose interests will suffer by the alienation of the lands ceded by the foregoing Article, the British Government agrees to settle pensions to the aggregate amount of two lakhs of rupees per annum on such Chiefs as may be selected by the Rajah of Nepal, and in the proportions which the Rajah may fix. As soon as the selection is made, Sunnuds shall be granted under the seal and signature of the Governor General for the pensions respectively.

Article - V

The Rajah of Nepal renounces for himself, his heirs, and successors, all claim to or connextion with the countries lying to the west of the River Kali and engages never to have any concern with those countries or the inhabitants there of.

Article - VI

The Rajah of Nepal engages never to molest to disturb the Rajah of Sikkim in the possession of his territories; but agrees, if any difference shall arise between the State of Nepal and the Rajah of Sikkim, or the subjects of either, that such differences shall be referred to the arbitration of the British Government by which award the Rajah of Nepal engages to abide.

Article - VII

The Rajah of Nepal hereby engages never to take of retain in his service any British subject, nor the subject of any European or American State, without the consent of the British Government.

Article - VIII

In order to secure and improve the relations of amity and peace hereby established between the two States, it is agreed that accredited Ministers from each shall reside at the Court of the other.

Article - IX

This treaty, consisting of nine Articles, shall be ratified by the Rajah of Nepal within fifteen days from this date, and the ratification shall be delivered to Lieutenant-Colonel Bradshaw, who engages to obtain and deliver the ratification of the Governor-General within twenty days, or sooner, if practicable.

Done at Segowlee, on the 2nd day of December 1815.

附录 2
尼共（毛主义）40 点诉求

40 Point Demand

4 February, 1996

Right Honourable Prime Minister

Prime Minister's Office,

Singha Darbar, Kathmandu

Sub: Memorandum

Sir,

It has been six years since the autocratic monarchical partyless Panchayat system was ended by the 1990 People's Movement and a constitutional monarchical multiparty parliamentary system established. During this period state control has been exercised by a tripartite interim government, a single-party government of the Nepali Congress, a minority government of UML and a present Nepali Congress-RPP-Sadbhavana coalition. That, instead of making progress, The situation of the country and the people is going downhill is evident from the fact that Nepal has slid to being the second poorest country in the world; people living below the absolute poverty line has gone up to 71 per cent; the number of unemployed has reached more than 10 per cent while the number of people who are semi-employed or in disguised employment has crossed 60 per cent; the country is on the verge of bankruptcy due to rising foreign loans and deficit trade; economic and cultural encroachment within the country by foreign, and especially Indian, expansionists is increasing by the day; the gap between the rich and the poor and between towns and villages is growing wider. On (lie other hand, parliamentary parties that have formed the government by various means have shown that they are more interested in remaining in power with the blessings of foreign imperialist and expansionist masters than in the welfare of the country and the people. This is clear from their blindly adopting so-called privatisation and liberalisation to fulfil the interestes of all imperialists and from the recent 'national consensus' reached in handing over the rights over Nepal's water resources to Indian expansionists. Since 6 April, 1992, the United People's Front has been involved in various struggles to fulfil relevant demands related to nationalism, democracy and livelyhood, either by itself or with others. But rather than fulfil those demands, the governments formed at different times have violently suppressed the agitators and taken the lives of hundreds; the most recent example of this is the armed police operation in Rolpa a few months back. In this context, we would like to once again present to the current coalition government demands related to nationalism, democracy and livelihood, which have been raised in the past and many of which have become relevant in the present context.

Our demands Concerning nationality:

All discriminatory treaties, including the 1950 Nepal-India Treaty, should be abrogated.

The so-called Integrated Mahakali Treaty concluded on 29 January, 1996 should be repealed immediately, as it is designed to conceal the disastrous Tanakpur Treaty and allows Indian imperialist monopoly over Nepal's water resources.

The open border between Nepal and India should be regulated, controlled and systematised. All vehicles with Indian licence plates should be banned from Nepal.

The Gurkha/Gorkha Recruitment Centres should be closed. Nepali citizens should be provided dignified employment in the country.

Nepali workers should be given priority in different sectors. A 'work permit' system should be strictly implemented if foreign workers are required in the country.

The domination of foreign capital in Nepali industries, business and finance should be stopped.

An appropriate customs policy should be devised and implemented so that economic development helps the nation become self-reliant.

The invasion of imperialist and colonial culture should be banned. Vulgar Hindi films, videos and magazines should be immediately outlawed.

The invasion of colonial and imperial elements in the name of NGOs and INGOs should be stopped.

Concerning people's democracy

A new constitution should be drafted by representatives elected for the establishment of a people's democratic system.

All special privileges of the king and the royal family should be abolished.

The army, the police and the bureaucracy should be completely under people's control.

All repressive acts, including the Security Act, should be repealed.

Everyone arrested extra-judicially for political reasons or revenge in Rukum, Rolpa, Jajarkot, Gorkha, Kabhre, Sindhupalchowk. Sindhuli, Dhanusa, Ramechhap, and so on, should be immediately released. All false cases should be immediately withdrawn.

The operation of armed police, repression and state-sponsored terror should be immediately stopped.

The whereabouts of citizens who disappeared in police custody at different times, namely Dilip Chaudhary, Bhuwan Thapa Magar, Prabhakar Subedi and others, should be investigated and those responsible brought to justice. The families of victims should be duly compensated.

All those killed during the People's Movement should be declared martyrs. The families of the martyrs and those injured and deformed should be duly compensated, and the murderers brought to justice.

Nepal should be declared a secular nation.

Patriarchal exploitation and discrimination against women should be stopped. Daughters should be allowed access to paternal property.

All racial exploitation and suppression should be stopped. Where ethnic communities are in the majority, they should be allowed to form their own autonomous governments.

Discrimination against downtrodden and backward people should be stopped. The system of untouchability should be eliminated.

All languages and dialects should be given equal opportunities to prosper. The right to education in the mother tongue up to higher levels should be guaranteed.

The right to expression and freedom of press and publication should be guaranteed. The government mass media should be completely autonomous.

Academic and professional freedom of scholars, writers, artists and cultural workers should be guaranteed.

Regional discrimination between the hills and the tarai should be eliminated. Backward areas should be given regional autonomy. Rural and urban areas should be treated at par.

Local bodies should be empowered and appropriately equipped.

Concerning livelihood

Land should be belonging to 'tenants'. Land under the control of the feudal system should be confiscated and distributed to the landless and the homeless.

The property of middlemen and comprador capitalists should be confiscated and nationalised. Capital lying unproductive should be invested to promote industrialisation.

Employment should be guaranteed for all. Until such time as employment can be arranged, an unemployment allowance should be provided.

A minimum wage for workers in industries, agriculture and so on should be fixed and strictly implemented.

The homeless should be rehabilitated. No one should be relocated until alternative infrastructure is guaranteed.

Poor farmers should be exempt from loan repayments. Loans taken by small farmers from the Agricultural Development Bank should be written off. Appropriate provisions should be made to provide loans for small farmers.

Fertiliser and seeds should be easily available and at a cheap rate. Farmers should be provided with appropriate prices and markets for their produce.

People in flood and drought-affected areas should be provided with appropriate relief materials.

Free and scientific health services and education should be available to all. The commercialisation of education should be stopped.

Inflation should be checked. Wages should be increased proportionate to inflation. Essential goods should be cheaply and easily available to everyone.

Drinking water, roads and electricity should be provided to all villagers.

Domestic and cottage industries should be protected and promoted.

Corruption, smuggling, black marketing, bribery, and the practices of middlemen and so on should be eliminated.

Orphans, the disabled, the elderly and children should be duly honoured and protected.

We would like to request the present coalition government to immediately initiate steps to fulfil these demands which are inextricably linked with the Nepali nation and the life of the people. If there are no positive indications towards this from the government by 17 February, 1996, we would like to inform you that we will be forced to adopt the path of armed struggle against the existing state power.

Thank you.

Dr Baburam Bhattarai

Chairman

Central Committee, United People's Front, Nepal

Source: Deepak Thapa, ed., Understanding the Maoist Movement of Nepal, Kathmandu, Martin Chautari, 2003, pp. 391.

附录 3
精英人物访谈提纲

1. 你如何定义自己所属的族群？
2. 你的母语是什么语言？
3. 你属于什么种姓？
4. 你的种姓和族群特征在你的求学和工作过程中给你带来了便利或者不便吗？
5. 你对尼泊尔当前的族群关系和种姓文化有何看法？
6. 你如何认识廓尔喀王国统一尼泊尔的这段历史？
7. 你对拉纳家族对特莱地区的治理有何看法？
8. 你对移民进入特莱地区的历史如何看待？
9. 你对推行尼泊尔语言和文字的做法有何看法？
10. 你对《国籍法》的制定和修订有何看法？
11. 你如何看待山区移民与印度裔移民的关系？
12. 你如何看待马德西运动？
13. 你如何定义印度与马德西运动的关系？
14. 你如何看待特莱地区与印度的联系？
15. 你对2015年禁运持何种态度？
16. 你对联邦制度和省份划分有何看法？
17. 你是否认为2015年新宪法有修正的必要？
18. 你认为当前特莱地区治理最大的问题是什么？

附录 4
精英人物访谈实施情况

为保护受访者隐私、遵守学术伦理，相关人物的姓名均以字母代替。同时，笔者在尼泊尔工作和生活期间，与相关领域人士的日常交流、讨论不受时间、形式等的约束，未作为正式访谈进行记录，但此类日常交流有助于笔者建立对研究对象更加全面、深刻的认识，对于本研究的开展同样意义重大。

1. 2019年7月，对尼泊尔马德西基金会（NEMAF）主席T.N.S的访谈。

2. 2019年7月，对尼泊尔著名记者D.A的访谈。

3. 2019年7月，对BBC驻尼泊尔记者P.B的访谈。

4. 2019年8月，对尼泊尔康提普尔电视台（Kantipur TV）总编辑P.A的访谈。

5. 2019年8月，对特里布文大学教授、尼泊尔族群问题研究者C.P、S.P的访谈。

6. 2019年8月，对尼泊尔族群活动人士C.K.L的访谈。

7. 2019年8月，对尼泊尔大会党青年领袖P.J的访谈。

8. 2019年9月，对特里布文大学青年学生S.P、K.P和S.S的访谈。

9. 2019年9月，对尼泊尔共产党前中央委员Y.C.S的访谈。

10. 2019年9月，对特莱中部地区拉特纳加尔县（Ratnanagar）官员、村民代表座谈。

11. 2019年9月，对国际山地综合发展中心（ICIMOD）基层治理、传统文化保护领域专家座谈、交流。

12. 2019年10月，对某马德西党派干部K.B.M的访谈。

13. 2020年1月，对贾纳克普尔本地记者A.S、编辑R.G的访谈。

14. 2020年1月，对贾纳克普尔边界口岸、比尔甘杰口岸、海关办公室的实地调研。

附录 5
访谈记录选摘

访谈对象：尼泊尔马德西基金会主席 T.N.S，以下简称 T
访谈人：笔者，以下简称 B
访谈时间：2019 年 7 月 18 日
访谈地点：该基金会办公室（加德满都）

B：T 先生，您好，非常感谢您接受我的访问，我的基本情况想必 D 先生已经向您做过介绍，我是中国 ×× 大学的博士研究生，我的研究涉及特莱地区的治理和马德西族群问题，您是尼泊尔知名的活动人士，所以我此次来拜访的主要目的是就相关问题请教您的看法。

T：你好，欢迎你来，有中国学者愿意关注特莱地区的问题是一个积极的信号，大多数中国朋友都只知道尼泊尔是雪山王国，对尼泊尔的认知也局限于加德满都，而实际上尼泊尔也有大片的平原，也有大量的人口居住在加德满都谷地以外的地方，了解加德满都是不够的，这里不是完整的或者说真实的尼泊尔，我们希望有更多的中国朋友来关注特莱地区的发展和马德西族群问题。

B：谢谢您和贵基金会对中国学者的信任，那么我们接下来就正式开始今天的访谈，我会向您提出一系列问题，主要涉及特莱地区治理的历史和现实，根据您的回答，我会进行补充性的提问。

T：好的。

B：请问您如何定义自己所属的族群？

T：按血统来讲，我是出生在特莱地区萨普塔里（Saptari）县的卡斯族人（Khas），我们的祖先是来自印度北部的移民，这在尼泊尔是很普遍的，包括曾经的王室，他们也是从印度迁徙到尼泊尔的。但是族群问题不能单单从历史和血统的角度来定义，因为这与个人的认同、现实的政治因素等有关，从这个角度讲，我是马德西人，我们创立这个机构的初衷就是要维护马德西族群的权益。

B：那么贵机构主要开展哪些工作来推进族群权益的保护呢？

尼泊尔特莱地区治理研究

T：我们更准确地说是一个研究机构，用科学的事实说话，将特莱地区的真实情况反映给公众和政党，让公众给政党形成民意压力，从而促进情况的改变。研究的对象是特莱地区的人权保护、基层治理、公共事业发展等议题，我们有自己的网站和刊物，定期发布最新研究成果供公众使用，你可以拿一些我们前期已经出版的刊物。之前我们已经做过的研究项目包括特莱地区的安全饮水卫生调查、女童入学率调查、基本医疗保障调查等，这些你都可以从我们的网站上找到研究报告。你也看到了，我们目前有专职的研究人员近10人，他们都是尼泊尔国内和国外著名大学毕业的、非常专业的研究者。

B：主要是以什么方式开展研究？

T：我们主要是通过实地调查的方式开展研究，我们的研究人员深入特莱地区当地进行调研，但是受资金等限制，目前也会请求当地的志愿者帮我们开展调研，获取数据，调研范围目前是以县为单位，但是随着时间的推移，我们将覆盖整个特莱地区。

B：方便透露一下资金来源吗？

T：我们是一个独立的非营利机构，主要靠捐赠维持运转，所以研究也是以项目制的形式进行，我们欢迎任何来自所有国家的友好人士提供资助。

B：包括来自印度的资助吗？

T：当然包括印度，印度对我们的支持是最重要的资金来源，但是我们的运作都是独立、透明的，这并不意味着我们不是一个独立的机构。

B：T先生，我们现在是用英语在交流，请问您的母语是什么语言？

T：我出生在特莱平原东部的萨普塔里，我们的母语是迈蒂利语（Maithili），与尼泊尔语有很大区别。

B：那么您接受的语言教育又是什么样的？

T：我的小学和中学是在贾纳克普尔完成的，学校教学都是以尼泊尔语进行的，所以在中小学阶段我的学习是比较困难的，因为首先要克服语言障碍，也正是在贾纳克普尔求学的时期我加入到马德西运动中。后来我到了加德满都上大学，尼泊尔语和英语就基本上没有障碍了。

B：您属于什么种姓？

T：你从我的名字应该就能猜出来，我是传统意义上的高种姓婆罗门。

B：那么您的种姓和族群特征在你的求学和工作过程中给你带来了便利或者不便吗？

附录 5　访谈记录选摘

T：实事求是地讲，由于我的种姓地位较高，虽然并不是我主动争取的，但种姓并没有给我带来什么不便，相反，高种姓给我带来了很多便利，例如求学，在我的那个时代，低种姓的马德西人想要入学是很困难的一件事。但是语言问题确实是一个障碍，我刚刚讲过，作为一个以迈蒂利语为母语的人，进入以尼泊尔语教学的学校学习不是一件容易的事。

B：语言障碍确实是一个问题。那么您对尼泊尔当前的族群关系和种姓文化有何看法？

T：尼泊尔的族群关系最大问题在于族群不平等，马德西人长期处于被系统性歧视的地位，权益被忽视，在政治上没有享有应得的权力。至于种姓问题，尽管法律制度上已经不存在种姓和对于低种姓的歧视问题，但是在实际生活中，种姓制度在尼泊尔仍然是广泛存在的，在大城市，由于经济发展程度高、教育和文明程度高，种姓观念已经相对淡化了，但是在偏远落后的地区，尤其是特莱地区，由于其受到印度教文化的影响最深刻，种姓制度也是最顽固的，远远超过山区。在特莱地区，低种姓者和不可接触者（Dalit）受到严重的歧视，因为跨种姓婚姻造成的年轻人自杀、荣誉谋杀等事件几乎都出现在特莱地区。在实际生活中，低种姓者的入学、就业、参与政治等活动都受到很大的限制，当前的法律制度只是消极地规定了平等和不歧视的原则，但在主动保护他们的权益方面还做得很不够，这也是我们基金会为之奋斗的一个目标。

B：那么您认为法律制度应该在哪些方面保障马德西族群和低种姓者的权益呢？

T：我们认为，马德西族群只是尼泊尔被边缘化群体的典型代表，我们国家要解决的社会公平问题不仅仅限于马德西问题。目前最为紧迫的是宪法修正问题，以及其他相应领域的立法问题，在各类资源的分配问题上，应该为处于边缘化和不利地位的群体保留相应的份额，如就学机会，参加公务员、军队等部门职位的机会，总之，公平是最根本的诉求。

B：实际上，从历史的角度来看，所有这些问题的出现也是一个历史的过程，与尼泊尔的统一过程有关，请问您是怎么看待廓尔喀王国逐步统一尼泊尔的这段历史的？

T：我不是研究历史的专业学者，我只能谈一些个人的看法，廓尔喀王国将原本各自为政的小土邦统一为一个完整的尼泊尔王国，这才有了今天的

尼泊尔特莱地区治理研究

尼泊尔这个国家，从这一点来讲是意义重大的。我知道你提这个问题的原因，因为一直有观点指出，廓尔喀王国统一国家的过程是对外扩张，包括特莱地区等领土是其军事扩张的结果，我认为我们不应该以现代的评判标准去要求过去的事物，尼泊尔统一的时期，整个南亚次大陆都是处在土邦自治的状态，是英国人将他们统一起来，英国人也曾试图夺取特莱地区，是廓尔喀王国为我们保留了特莱地区，印度独立后兼并土邦的过程是不是也应该被称为扩张呢？

B：但是有人质疑廓尔喀王国夺取特莱地区的目的，并非为了统一，而是为了土地和土地上的资源，统一只是副产品。

T：我刚说过了，不能用今天的标准去衡量过去的事物，国家、领土等概念在廓尔喀王国的时期可能根本就不存在，或者是有着完全不同的内涵，即便当时的统一过程不够完美，但最终的结果是留给我们一个统一的国家，这已经是伟大的功绩。

B：王室的直接统治并不长，反而是拉纳家族主导了近代的尼泊尔历史，请问您怎么看待拉纳家族对特莱地区的治理？何有评价？

T：我再强调一下，我不是专业的历史学家，我只谈个人的看法。拉纳家族对整个尼泊尔的影响十分深远，我们今天的很多制度仍然受到那个时期遗留的影响。特莱地区在拉纳家族治理时期是一个类似于殖民地的存在，他们从特莱地区丰富的自然资源中赚取经济利益，鼓励移民来到这里从事农业，马德西族群的形成与拉纳家族有直接关系，他们的家族成员在特莱地区拥有大量的土地和各类产业，凡是能赚钱的行业中，都有他们家族的身影。他们在特莱地区的大城市发起的建设也促进了经济发展，特莱地区是尼泊尔最早拥有汽车的地方，加德满都的汽车都需要从特莱地区进口，拆解成零件后运输到加德满都再组装。但是，特莱地区的族群不平等关系也是拉纳家族最先造成的，他们把特莱地区当作殖民地，对移民采取了歧视的态度，任意压迫，剥夺了他们应有的权利。但是，历史问题就是历史问题，我们还是要关注现实问题，历史上的环境就是那样，历史造成的问题需要我们去努力纠正和解决，所以我们现在不能重复历史的老路。

B：您刚刚也多次提到移民的问题，请问对于移民进入特莱地区的历史，您有何看法？

T：是的，特莱地区的历史就是一部移民史，包括我本人就是移民的后裔。

特莱地区在尼泊尔统一早期人口稀少,但是王室和拉纳家族需要开发特莱地区,为他们的战争和维持政权提供财政支持,因此就需要发展农业,因为特莱地区的气候、地形都适合发展农业,而农业又需要大量的劳动力,通过鼓励移民来增加劳动力在当时是唯一的办法。但是移民的来源主要分为两个部分:一是早期的印度裔移民,二是20世纪的尼泊尔山区移民,他们构成了特莱地区目前的族群基本形态,也是族群矛盾的根源之一。

B:与移民紧密相连的一个问题是国籍问题,请问您如何看待尼泊尔《国籍法》的制定和修订过程,以及与此相关的诸多问题?

T:我觉得需要指出的一个问题是,历史上的移民与现代观念中的移民是不同的,那个时期,现代国家、领土和主权等观念还没形成或者正在形成中,而且当时整个南亚的人口流动都是十分普遍的现象,现在来将当时的人口迁移行为划定为移民是不合理的。但自20世纪60年代开始,尼泊尔的国籍法开始将印度裔移民排除在外,使很多人成为无国籍人员,这种做法与不丹在80年代驱逐尼泊尔裔移民是相同的,极不合理。我们基金会和我本人专门研究过特莱地区马德西人的国籍问题,尼泊尔最早的《国籍法》将是否会使用尼泊尔语作为获得国籍的主要条件,这明显是针对特莱地区母语为迈蒂利语和其他语言的移民,想要把他们排除在外,这是狭隘的民族主义做法。尽管后来《国籍法》经历过多次修订,但一直保留了歧视印度裔移民的特征,尼泊尔人口比印度少太多了,政客们惧怕印度通过人口来逐步控制尼泊尔,所以在国籍问题上设限,使印度裔移民无法参与政治活动。即便是当前最新的宪法中,尽管已不再强调语言问题,但关于配偶、子女等形式的入籍仍然受到很大限制,而我们知道跨国婚姻、两国通婚在特莱地区十分普遍,宪法中的规定仍然是为了限制特莱地区的印度影响。我们理解国家对于主权的敏感性,但将这种敏感性传导给作为个体的国民无疑是错误的,对于个体来说,国籍问题是致命的,无国籍人士在特莱地区的地位甚至比难民还低。

B:你刚刚提到了语言与国籍问题挂钩,请问你如何看待尼泊尔政府推广尼泊尔语言和文字的做法?

T:尼泊尔本来就是一个多元化的国家,有众多的族群,语言也是多种多样的,推广国家通用语言的做法可以理解,但是不能以牺牲少数族群的语言为前提,实际上,20世纪60—80年代强行推广尼泊尔文字的做法激起了很大的矛盾,并没有达到同化不同族群的作用,反而使大家意识到本族群语言和文化的珍贵，从今天的现实状况来看，受过良好教育的人一般都能够熟练掌握尼泊尔语和英语等通用语言，普通人在生活中运用尼泊尔语的机会较少，因此还是以说自己的母语为主，而且法律已经不再仅仅强调尼泊尔语为官方语，随着联邦制度的实施，各地对于本土语言文化的保护会加强，所以我对这个问题的看法比较乐观。

B：我还想请教一下，在特莱地区，同时存在山区移民群体和印度裔移民群体，请问这两个群体间的关系是怎么样的？是否存在矛盾？

T：这是个很复杂的问题，也很敏感。族群矛盾肯定是存在的，这在整个南亚地区都是常态，问题上矛盾的尖锐程度，特莱地区的族群矛盾我认为是比较严重的。

B：您认为造成这种矛盾的主要原因是什么？

T：印度裔移民进入特莱地区的时间更早，从尼泊尔统一初期就开始了，他们的后裔在当地生活了数百年，但是文化上还是与印度联系得更紧密，而山区的移民进入特莱地区历史则要短得多，是进入20世纪中期以后的事，他们一方面在文化特征上更倾向于山区，主要是中部山区的土著，而且由于政策等原因，他们的经济条件也普遍要好于低种姓的印度裔移民，这两大差异是导致矛盾的根本原因。在马德西人看来，山区移民是对其进行歧视的帮凶，山区移民则认为马德西人与印度人站在一起，尤其是2015年的禁运活动，使尼泊尔整个社会将怒火指向马德西人，认为他们帮印度人做事，为了私利绑架整个国家，加剧了对他们的不信任。两个群体之间的猜疑使矛盾非常复杂。

B：您如何评价马德西运动？

T：我本人就是马德西运动的参与者和推动者，我从20世纪90年代就加入了围马德西人争取权益的社会运动。最早的时候我们认为马德西人受压迫的境况是不民主的制度造成的，所以我们首先寻求的是民主，认为民主制度可以解决所有的问题，但是人们对于民主的理解不一样，有的人被尼共（毛派）宣传的以族群为基础的联邦制度吸引，因此支持他们的游击战争。内战结束后，毛派在制宪过程中违背了他们最初的诺言，这才引发了2007年的马德西大起义（受访者原话uprising）。马德西运动就是一场马德西人的维权运动，我们发现，民主制度本身不能直接解决问题，而是为解决问题提供一种途径，只有不断地推动立法和社会变革才能真正解决马德西族群被边缘化的问题。

B：社会变革指的是什么？

T：就是对传统的种姓制度、性别歧视、地域歧视，甚至种族歧视问题的改革，我们最终的目标是实现整个国家、社会范围内不同族群、群体、性别、种族之间的平等，我们不是要追求超越其他族群的优越条件，那样不是我们的初衷，我们只要求平等、公平。

B：印度在马德西运动中扮演了重要角色，这是公认的事实，请问您如何评价印度的角色？

T：的确是这样的，印度长期介入尼泊尔的事务这不是什么秘密，大家都很清楚，因为印度在尼泊尔有其特殊的利益，两国之间的关系也被称作"特殊关系"，尤其是在特莱地区，马德西人与印度的文化联系非常密切，民间往来、通婚都十分普遍，边界附近的很多村庄都只是被国界线隔开而已，尼泊尔一侧的很多儿童每天都去印度一侧上学。所以在内战期间，印度对毛派游击队的态度十分复杂，印度一方面支持国王政府打击毛派的行动，另一方面又是毛派领导人的庇护者，包括普拉昌达等领导人都长期藏匿在印度，所以，在2006年签署《全面和平协议》的时候，印度是重要的居中调停者，也相当于担保人。2007年马德西大起义的时候也是印度居中调停，也就是说，尼泊尔的主要政党在制宪过程中确保马德西人的权益，这是他们对印度的承诺。但是，2015年宪法却没有履行这些承诺，印度对此不满是理所应当的。

B：那您认为印度在2015年发起的禁运也是理所应当的吗？

T：首先我需要纠正一下您的说法，印度官方从没有宣布过对尼泊尔实施"禁运"，禁运是尼方的说法。但是2015年确实发生了两国贸易困难的事件，但是根源还是在尼泊尔一方，他们强行颁布实施新宪法，完全不顾及马德西人诉求，强硬镇压马德西人的示威活动，造成了至少45人死亡，这才导致了第二次的马德西大起义，激进的抗议者占据主要贸易通道，以此向加德满都的当政者施压，这种做法确实给国家的贸易造成了严重困难和损失，这是所有人都不愿看到的。印度作为尼泊尔的邻国和制宪进程的重要参与者，对尼泊尔新宪法的包容性表达关切，我认为这是十分合理的做法。

B：那么您如何看待特莱地区与印度的紧密联系？您认为这对尼泊尔国家而言是利大于弊还是相反呢？

T：特莱地区与印度的紧密联系是有目共睹的，我相信你作为研究者已

附录 6
尼泊尔大事年表

18 世纪

年份	日期	事件
1743		普里特维·纳拉扬·沙阿（Prithvi Narayan Shah）继承廓尔喀王位。
1768		普里特维·纳拉扬·沙阿攻占加德满都谷地，统一的尼泊尔王国基本形成。
1792		尼泊尔入侵中国西藏，被清朝政府派军击败。

19 世纪

年份	日期	事件
1806		比姆森·塔帕（Bhimsen Thapa）出任尼泊尔王国首相，成为实际上的统治者。
1814—1816		英–尼战争爆发，尼泊尔战败后签订《苏高利条约》（Treaty of Sugauli），割让特莱地区部分领土，允许英国征召廓尔喀士兵。
1846		忠格·巴哈都尔·拉纳（Jang Bahadur Rana）发动政变，夺取军政要职，开启拉纳家族统治。
1857—1858		尼泊尔出兵支援英国镇压印度民族大起义，起义结束后英国归还了部分特莱地区领土给尼泊尔，以示感激。

20 世纪

年份	日期	事件
1923	12月21日	尼泊尔与英国签订《尼–英条约》（Nepal-Britain Treaty），确认了尼泊尔的独立、主权国家地位。
1951	1月7日	拉纳家族统治结束，王权统治恢复，特里布万国王（Tribhuvan Bir Bikram Shah）亲政。
1955	3月13日	特里布万国王去世，马亨德拉（Mahendra Bir Bikram Shah）即位。
1959	5月27日	多党民主制实施，尼泊尔国大党上台执政，B.P.柯伊拉腊出任首相。
1960	12月15日	马亨德拉国王解散议会，结束多党民主制。
1962		国王颁布新宪法，实施无党派评议会制度（Panchayat），在该制度下，国王权力至高无上。

续表

年份	日期	事件
1972	1月31日	马亨德拉国王去世，比兰德拉（Birendra Bir Bikram Shah Dev）继位。
1980		全国公投表决继续实施无党派评议会制度。
1989		为惩罚尼泊尔购买中国武器，印度对尼泊尔实施禁运，导致尼泊尔国内经济危机。
1990		尼泊尔大会党和左翼政党发起全国民主运动，比兰德拉国王最终让步，同意恢复多党民主制度。
1991	5月26日	尼泊尔国大党赢得首次民主选举。吉里贾·普拉萨德·柯伊拉腊（Girija Prasad Koirala）出任总理。
1994	11月30日	柯伊拉腊政府在遭得不信任动议弹劾，尼泊尔共产党（联合马列）组建新一届政府。
1995	12月12日	共产主义政府解散。
1996	2月4日	尼泊尔共产党（毛主义）发表《40点诉求》。2月13日，内战开始。

21世纪

年份	日期	事件
2001	6月1日	比兰德拉国王、艾西瓦娅王后和其他近亲在枪击中丧生，枪手为王子迪彭德拉（Dipendra Bir Bikram Shah）。迪彭德拉行凶后自杀未遂，重伤中被加冕为尼泊尔国王。
2001	6月4日	迪彭德拉不治身亡，比兰德拉国王胞弟贾南德拉（Gyanendra Bir Bikram Shah）继位。
2002—2004		贾南德拉国王与党派关系恶化，议会反复解散、政府频繁更迭，内战更趋激烈。
2004	2月1日	贾南德拉国王以打击毛派游击队为由，解散政府，宣布全国进入紧急状态，并直接亲政。
2005	4月30日	国内暴力罢工和游行不断，国王在国际压力下解除了紧急状态，任命G.P.柯伊拉腊（G.P. Koirala）为总理。
2006	5月	议会一致投票通过决议，限制国王的政治权力。政府和毛派开始和平谈判。
2006	11月22日	政府和毛派签署《全面和平协议》，宣布正式结束10年内战，毛派加入过渡政府，游击队的武器置于联合国监管之下。

附录6 尼泊尔大事年表

续表

年份	日期	事件
2008	1月	特莱平原自治运动频繁发起抗议，发生系列炸弹袭击，死伤惨重。
	4月	第一届制宪议会选举，尼共（毛主义）成为第一大党。随即，议会正式通过法案，废除君主制，尼泊尔成为共和国。
2012	5月28日	制宪议会始终无法就联邦制度、特莱地区行政区域划分、国籍问题等达成一致，议会任期结束后即宣告解散。
2013	11月19日	第二届制宪议会选举，尼泊尔大会党成为第一大党。
2015	9月20日	总统拉姆·巴兰·亚达夫(Ram Baran Yadav)颁布了2015年新宪法，尼泊尔进入联邦制。
	9月底	印度对尼泊尔2015年新宪法不满，认为该宪法忽视了马德西人的权益，随即实施禁运。
2017	11月26日	尼泊尔联邦制度下首次全国大选举行，尼泊尔共产党取得优势地位。

致谢

本书从选题、开题、预答辩到送审，其间几易其稿，最终呈现的结果已经远远超出最初的设想，这个过程充满了艰辛和挑战，幸而有良师益友和家人的支持，我才得以坚持走到今天。首先要感谢我求学生涯中最重要的恩师李涛教授，李老师是我学术上的领路人，指引我专注于南亚区域与国别研究，尤其是尼泊尔国内政治和中尼关系研究。这几年来，李老师多次带我赴尼泊尔、孟加拉国等国家参加国际学术交流和调研，极大地丰富了我的知识和阅历，也使我更加坚定了将尼泊尔国内治理作为博士论文和今后进一步深入研究对象的信心。在学习上，李老师对学生从来不会有责难，而只有鼓励，老师对我工作和生活上的关照也令人十分感动，师生情谊是我求学生涯中最珍贵的收获之一。

南亚研究所的李建军老师、曾祥裕老师、雷鸣老师、黄正多老师、蒋筱然老师是我在攻读硕士学位期间就结识的良师益友，他们在我攻读博士学位期间仍然给予了我无私的帮助，非常感谢他们。四川大学公共管理学院的王卓教授推荐我于2019年赴国际山地综合发展中心（ICIMOD）工作，使我得以长期驻扎尼泊尔，开展博士论文研究涉及的访谈和调研，这对于本论文的完成至关重要，由衷感谢王老师的信任和帮助。边疆中心的谢贵平教授治学严谨、待人谦和，在为博士生授课和平时的交流中对我有诸多启发，这篇博士论文在写作和修改期间，谢贵平教授、罗中枢教授等老师提出了许多中肯的意见和建议，我在此表示感谢。四川大学的张凌华博士、腾格尔博士、苏楠博士先于我赴国际山地中心工作，他们为我在该中心的工作和生活提供了宝贵的建议。我在选题、写作和修改论文的过程中，与我的博士研究生同学进行过大量的讨论，尤其是张克泽、李洪珠和刘昌威同学，提出了很多切实可行的意见，帮助我最终完成此论文，我的同门杨富坤、秦卫娜、袁晓姣、颜波、张姣玲、吴展羽等同学也对我帮助甚多，在此一并向他们表示感谢。

2019年5月—2020年2月，我在国际山地综合发展中心工作期间，我的同事Shachi博士、Achala、Kritika、Bhawana、Udayan、Rheka等，同在此工作的兰州大学龙瑞军教授、易绍良博士、中科院成都生物所何奕忻博士、贾思腾、刘蓉昆等都给予了我无私的帮助。我的好友 Pradeep Bashyal、Injina Panthi、Prem.R.Joshi、Hari.P.Chand、Deepak Adhikari、Prashant Aryal、Menuka Ghimire，特里布文大学的 Chintamani Pokharel 教授、Khadga K.C 教授等对我在尼泊尔的生活、开展访谈和调研极为关键，尤其是 Pradeep Bashyal 作为 BBC 高级记者，陪同我深入特莱地区和尼－印边界进行调研，为我联系受访人，Hari.P.Chand 先生与我和 Injina 女士共同编著、出版了英文专著（*Nepal and Its Neighbours in the Changing World*）。我的尼泊尔室友 Sunil 先生也对我在尼泊尔的生活提供了大量的帮助。实际上，我在尼泊尔期间获得的帮助远不止以上提到的，包括我的受访者在内的很多朋友我都无法在此一一列举，但尼泊尔人的友好、善良使我坚定了继续从事尼泊尔相关问题研究的决心。

  最重要的是要感谢我的家人，没有他们对我的支持，我绝无可能完成这篇博士论文，我的母亲在这几年帮我们分担家务，照顾我们的生活起居。我的妻子是一位坚韧的伟大女性，她对我的支持是无比珍贵的，我出国期间，她在繁忙的工作之余还肩负起照顾女儿的重任，让我可以安心工作和学习。我的女儿十分乖巧，给我的求学生涯带来了无尽的快乐，对她的爱和责任支撑我度过了博士论文写作过程中最煎熬的阶段，也感谢她来到我的生命中。

  本书的完成并没有使我感到如释重负，而是让我更加明白了学术之路的任重道远，我会坚守进入四川大学时立下的初心，在众多师友的激励和帮助下继续前行。

高亮

2021 年 11 月